南开大学农业保险研究中心·农业保险系列教材

农业保险理赔实务

赵君彦　主编

南开大学出版社

天　津

图书在版编目(CIP)数据

农业保险理赔实务 / 赵君彦主编. —天津：南开
大学出版社，2021.1
南开大学农业保险研究中心·农业保险系列教材
ISBN 978-7-310-06035-1

Ⅰ. ①农… Ⅱ. ①赵… Ⅲ. ①农业保险－理赔－中国
－高等学校－教材 Ⅳ. ①F842.66

中国版本图书馆 CIP 数据核字(2020)第 272161 号

农业保险理赔实务
NONGYE BAOXIAN LIPEI SHIWU

南开大学出版社出版发行
出版人：陈　敬
地址：天津市南开卫津路 94 号　　邮政编码：300071
营销部电话：(022)23508339　营销部传真：(022)23508542
http://www.nkup.com.cn

北京明恒达印务有限公司印刷　全国各地新华书店经销
2021 年 1 月第 1 版　　2021 年 1 月第 1 次印刷
260×185 毫米　16 开本　18.25 印张　2 插页　384 千字
定价：46.00 元

如遇图书印装质量问题,请与本社营销部联系调换,电话:(022)23508339

编委会名单

主　任：庹国柱

委　员：（按姓氏笔画排序）

牛国芬　石　践　卢一鸣　冯文丽

朱　航　江生忠　江炳忠　李连芬

李勇权　邱　杨　沈光斌　张　峭

张仁江　张海军　陈元良　周县华

单　鹏　赵　明　段应元　施　辉

姜　华　郭　红

编写组成员

中国保险行业协会

郭红　刘阳　徐强　杨大明　李俊利

河北农业大学

赵君彦　高彦　郝妍

中国人民财产保险股份有限公司

李越　何鹏　吕松

中国太平洋财产保险股份有限公司

吕铁　刘姣　杨志鹏

华农财产保险股份有限公司

于福宽　于洋

中原农业保险股份有限公司

王俊　苏振兴　谢嫘

总　序

经南开大学农业保险研究中心（以下简称南开农研中心）将近两年的精心策划、筹备、招标、研讨，以及各位专家学者的艰苦写作，我国农业保险界第一套专业丛书陆续问世了。这是一件值得农业保险界和保险界高兴和庆贺的事。

从 20 世纪 40 年代的商业性试验算起，中国的农业保险到现在已有 70 多年的历史了，但是真正的制度化农业保险的启动、试验和发展，只不过 12 年时间。在这 12 年时间里，农业保险学界和业界，在中国农业现代化发展和乡村振兴的背景下，借鉴和吸收了不同国家发展农业保险的实践和经验，努力设计出一套有我们自己特色的制度模式和经营方式，开发出丰富多彩的产品体系，在这个领域创造出中国的经验和中国速度。这可能是我们的农业保险界前辈和国际农业保险界做梦也没有想到的。

实践是理论和政策的先导，理论和政策又进一步指导着实践。近年来，农业保险的实践不断给农业保险研究提出新课题，推动着农业保险理论的不断探索。同时，我们的实践经验也在一点一滴地积累和总结。这套教材就是政、产、学、研在这几十年里实践和研究成果的结晶，这些成果必定会为农险制度和政策的完善、业务经营和管理的改进提供指导和规范。

几十年来，特别是近 12 年来，我国农业保险的发展走过了一条循序渐进之路。在业务性质层面，从开始的单一的商业化农业保险的试验，到后来的政策性农业保险和商业性农业保险并行试验和全面实施的阶段。当然，在目前的农业保险领域，政策性业务已经占到农业保险业务 95% 以上的份额。在农业保险的内容层面，也从最初的种植业和养殖业保险，扩大到涉农财产保险的广阔领域。在农业保险产品类别和作业方式层面，我们从最初的以承保少数风险责任的生产成本损失，扩大到承保大多数风险责任的产量和收入。承保方式也从传统的一家一户的承保理赔方式，扩展到按照区域天气指数和区域产量承保和理赔的方式。在农业保险制度构建的层面，我们从商业性保险领域分离出来，建立了专门的农业保险制度。这个发展和建设过程虽然不短，但相比其他国家，特别是其他发展中国家，速度是最快的，而且从 2008 年以来我们的农业保险市场规模已经稳居亚洲第一、全球第二了。

随着农险业务和制度的发展变化，我们遇到越来越多的法律、政策问题，以及上述所有业务拓展领域的理论和实践问题。在商业性农业保险试验屡战屡败的背景下，最早被提出的是"农业保险有什么特殊性质"的问题。随着理论方面的认识深化和逐步统一，制度和法律建设问题被随之提出。2007 年，政府采纳了农业保险界的意见，开始对农业保险给予保险费补贴。随着这类有财政补贴的政策性农业保险的试验和扩大，业务经营和扩展的问题也逐渐被提上议事日程。《农业保险条例》出台之后，随着全国普遍实施政策性农业保险和广大小农户的参保遭遇承保理赔的困境，天气指数保险、区域产量保险等经营方式和产品形态受到广泛关注和开发。随着国家出台针对大宗农产品定价机制改革的政策，作为配套政策的农业收入保险和其他与价格风险相关的保险产品的研究也变得迫切起来。近年来，特别是近十几年中，制度创新、经营模式创新、组织创新、产品创新等我们需要面对和探讨的课题，一个一个被提出，我们的农险研究在逐步形成的政、产、学、研体制下，广泛地开展起来，参与研究的专家、学者、研究生和相关领域的从业者越来越多，各类成果呈现几何级数式增长的态势。我们有关农业保险的法律和政策就是在这样的基础上产生并不断完善，促进了我国农业保险的制度建设、业务规模和服务质量的快速推进和发展。

本套丛书既是为适应业界业务发展的需要，也是为适应学校教学的需要，在保险监管部门的充分肯定和大力支持下，集行业之力，由众多学者、业界专家和研究生共同努力，一边调研一边讨论，共同撰写出来的。从该创意的提出，到题目征集、选题招标、提纲拟定和交流、初稿的讨论，再到审议、修改和定稿，历时较长，但功夫不负有心人，现在丛书终于陆续出版，与读者见面了。我想，所有参与研讨和写作的专家、学者和研究生，在本套丛书付梓的过程中都经受了调研和写作的艰苦，也享受到了获得成果的喜悦。我们相信，本套丛书会为我们的农险实践提供帮助和支持。

本套丛书是我国第一套农业保险专业图书，也是我所知道的世界上第一套全方位讨论农业保险的图书，虽然不敢说具有多么高的理论水平和实践价值，但这是一个很好的开头，是我们这些农业保险的热心人对我国农业保险的促进，为世界农业保险发展做出的一点贡献。当然，我们的实践经验有所不足，理论概括能力也有限，无论观点、论证和叙述都会有很多不足甚至谬误，需要今后进一步修正、提高和完善。我们欢迎业界和学界广大同仁和朋友在阅读这套作品后多加批评和指正。

南开农研中心要感谢本套丛书的所有参与者、支持者和关注者，特别是各位主编及其团队，感谢大家对农业保险"基建工程"的热爱及付出的巨大热情和辛劳，感谢诸多外审专家不辞辛劳悉心审稿。也要感谢南开农研中心所有理事单位对本套丛书的鼎力支持和帮助。南开农研中心也会在总结组织编写这套丛书经验的基础上，继续推出其他系列的农业保险图书，更好地为所有理事单位服务，更好地为整个农业保险界服务，为推动我国农业保险事业的蓬勃发展做出更多的贡献。

南开大学出版社的各位编辑们加紧审稿，精心设计，付出诸多心血，在此表达我们的深深谢意。

庹国柱

2019 年 5 月于南开大学

目　录

第一章　农业保险理赔概述

【本章学习目的】通过阅读本章，了解农业保险理赔的概念，熟悉农业保险理赔的作用和任务，掌握农业保险理赔的特征、目标和原则。

理赔是农业保险经营的重要环节，是保险人履行保险赔偿责任、农户获得损失补偿和风险保障的最重要环节，直接体现了保险的职能及保险合同当事人的权利和义务。做好农业保险理赔工作，不仅关系到整个农业保险领域的规范健康发展，对于保障国家惠农政策有效落实、提高保险公司经济效益、保障农户合法权益和保证农业再生产顺利进行也具有至关重要的意义。

第一节　农业保险理赔的概念与特点

一、农业保险理赔的概念

农业保险理赔是保险人在承保标的发生保险事故且被保险人提出索赔要求后，根据农业保险合同的规定，对事故的原因和损失情况进行确定并予以赔偿的行为。

二、农业保险理赔的特点

相比其他财产保险，农业保险理赔受多种因素影响，理赔过程更为复杂和多变。

（一）农业风险的复杂性

1. 农业风险种类多

农业风险既包括干旱、低温、风灾、雹灾、病虫害、动物疾病疫病、洪水、雷电等自然灾害，还包括由于过失和操作不当引起的火灾等意外风险，以及经济环境变化带来的市场风险、技术发展带来的技术风险、农业污染带来的环境风险等。各种农业风险类型的作用机制不同，引起的农业生产损失形态和程度差异巨大，且具有显著的区域性和季节性。

2. 农业风险的持续性和伴发性

同一种农业自然灾害在农作物的一个生长周期内常常连续持续发生，并且一种灾害发生的同时往往可能并发其他灾害，如雹灾，往往与风灾和暴雨同时发生，连续阴雨容易诱发农作物病虫害。这导致面对农业损失时，很难分清是由哪一次、哪一种灾害所致，对保险责任的界定造成干扰。近年来，随着农业保险保障水平的提高，保险责任更加宽泛，基本涵盖了所有常见的自然灾害。因此，在实践中，虽然保险标的在整个生长期可能遭受多种灾害影响，但基本都属于保险责任范围，在收获时可一并测产定损，在一定程度上降低了保险责任界定的难度。

（二）农业保险标的的特殊性

1. 农业保险标的物具有多样性

按照农业的生产对象，农业可分为种植业、养殖业和林业。种植业涵盖了传统的小麦、水稻、玉米等粮食作物，以及棉花、烟草、油菜等经济作物。养殖业涵盖了生猪、奶牛、肉牛、家禽、水产，以及特种养殖等。林业包括水源涵养林、水土保持林、防风固沙林、农田/牧场防护林、护岸林、护路林等。每种标的物都有不同的生长规律和风险因素，风险损失的形式和程度也有很大差异。

2. 农业保险标的具有自我恢复性

对于种植业和林业生产来讲，其生产对象是有生命的生物体，它可以通过自身的生理机能恢复来弥补灾害所致的局部损失，这可能造成农作物在发生灾害之后最终实际产量不受损失或损失减小。因此，在农业保险理赔中，有时通过一次定损并不能确定最终损失程度，需要涉及多次定损。

3. 农业保险标的损失价值的变化性

一般来说，农作物从播种到收获期间，它的外表形态是不断变化的，直到收获前夕，它只有理论上的价值，而没有实实在在的价值。因此，按目前国内现有的成本类保险条款的定位，农作物所处生长时期不同，损失赔偿就不同，生长时间越长，价值越高，赔付也应越多。以小麦为例，其生长阶段分为返青期、抽穗期、灌浆期和成熟期，如果发生绝产，除了成熟期能按保险金额赔偿以外，其他几个生长阶段只能按照保险金额的一定比例确定赔偿标准。例如，在成本保险中，赔偿比例的确定以各生长阶段投入成本多少作为依据。

4. 核定损失程度的科学性

普通财产保险标的发生保险事故后，要对受损标的逐一定损。而农业保险事故发生后，保险标的的受损面非常广泛，逐一定损不仅需要耗费巨大的人力物力成本，而且及时赔付更加困难，会影响农业再生产的进行。《农业保险条例》第12条规定：保险机构接到发生保险事故的通知后，应当及时进行现场查勘，会同被保险人核定保险标的受损情况。保险机构按照农业保险合同约定，可以采用抽样方式或其他方式核定保险标的的损失程度。采用抽样方式核定损失程度的，应当符合有关部门规定的抽样技术规范。

综上可以看出，与其他保险标的无生命的财产保险相比，农业保险理赔的专业性、技术性更强。因此，在实践中，保险公司须聘请农业专家、气象专家和农业管理人员参与农业保险定损理赔。

第二节　农业保险理赔的作用与任务

一、农业保险理赔的作用

从政府角度看，农业保险是世界各国普遍采用的符合世界贸易组织（WTO）规则的农业保护手段，是我国政府强农惠农政策的重要抓手。因此，农业保险理赔工作有利于促进社会管理水平的提升，关系到政府财政资金的使用效率和惠农政策的落实效果；有利于农业产业结构调整和优化，关系到国家粮食安全战略的实现；有利于稳定农民收入，关系到和谐社会的构建。

从保险公司角度看，农业保险理赔工作做得好，可以提高保险公司的声誉，有助于农户对农业保险的正确认知，扩大整个保险业务在市场上的影响。通过农业保险业务的规范开展，保险公司可以开拓其他农村保险市场，如农民人身保险、农村财产保险、农业信用保证保险等，有利于保险公司提高农村市场份额、优化业务结构、提升保险服务"三农"能力，具有重要的经济效益和社会效益。此外，通过农业保险理赔，对承保业务和风险管理质量进行检验，能够发现保险条款和防灾防损工作中存在的问题和漏洞，为提高农业保险经营管理水平、改进保险条件、完善风险管理提供依据。

从农业经营者角度看，农业保险理赔可以使农户遭受的损失得到补偿，因此，农业保险是否及时、足额、顺利理赔，对提高农业抗风险能力、保障农业再生产至关重要，并在一定程度上影响着农户的保险意识和认知。尤其是在乡村振兴战略背景下，培育新型农业经营主体成为构建现代农业经营体系的关键，而农业保险将在服务新型农业经营主体中发挥越来越重要的作用。

二、农业保险理赔的任务

（一）确定保险标的承保情况

客户出险报案后，应详细查询保单、批单等有关单证，确定被保险人和保险标的承保情况，包括被保险人名称、承保的险种险别、保险金额、保险期限、是否足额投保、缴费情况、以往理赔情况等。

（二）确定造成保险标的损失的真正原因

确定造成保险标的损失的真正原因是判定损失是否属于保险责任的前提条件。保险公司在接到报险后，应在第一时间赶赴现场，通过实地调查，全面掌握出险情况后加以客观分析，最终确定造成标的物损失的原因。如果涉及多项灾害或事故发生，应按照近因原则确定最主要、最关键的引起标的损失的原因。

（三）确定标的损失是否属于保险责任

根据农业保险合同规定，将出险原因与保险条款进行对照，判断保险标的损失是否属于保险责任，是否属于免赔范围。这是决定是否实施理赔的决定性环节，因此，判断时要实事求是。

（四）确定保险标的的受损范围、损失程度和损失金额

保险公司在现场勘查的基础上，经过必要的施救和整理工作后，确定标的的损失程度和损失金额。在必要的情况下，可以聘请农业专家参与农作物定损。

（五）确定被保险人应得的赔偿金额，及时进行赔款支付

保险公司在完成上述工作后，应按照保险合同的规定，根据保险金额、实际损失确定赔偿金额，及时进行赔款支付和公示，补偿被保险人的财产损失，使之尽快恢复生产。

第三节　农业保险理赔的目标与原则

一、农业保险理赔的目标

农业保险理赔的目标包括：进一步规范农业保险理赔处理流程，提高理赔质量，提升农业保险服务能力；充分发挥农业保险的经济补偿职能，促进灾后农业再生产的顺利进行；保障财政支农资金落到实处，提高惠农强农政策的落实效果。

二、农业保险理赔的原则

根据《农业保险条例》《关于加强农业保险理赔管理工作的通知》等规章制度，确

定农业保险理赔原则。

（一）诚实信用，规范运作

遵守国家法律法规和行业规定，依法合规开展农业保险业务经营。按照农业保险合同开展经营活动，认真履行各项义务，不欺骗、不隐瞒，切实做到公开、公平、公正。

（二）优质高效，服务农户

农业保险理赔要始终以保障投保农户的合法权益为根本出发点，贯彻"主动、迅速、科学、合理"的基本原则，做到"理赔结果到户""赔款支付到户"和"理赔结果公开"，赔案处理规范，确保赔款及时、足额支付给被保险人。以"农户至上"为工作的基本出发点，提高服务意识，强化服务手段，为广大农户提供优质高效的保险服务。

（三）防赔结合，合理理赔

农业保险理赔应充分借助各级政府、涉农部门及农村基层组织的作用，依靠其网络、人员、技术、管理等服务农村方面的优势，提高农业保险理赔的科学性、合理性。加大防灾防损投入力度，减少农业灾害发生的可能性，减少农业灾害损失，维护国家和农户财产安全，实现预防和理赔相结合。

（四）技术支撑，创新发展

产品和技术创新是解决农业保险理赔难题的根本路径。3S 地理信息技术、物联网、生物识别、区块链等新技术的开发应用，在一定程度上提高了理赔速度和精准度，简化了理赔流程，降低了保险公司的合规经营风险和理赔成本。结合各地农业保险发展实际，积极开展产品创新、技术创新，不断提高农业保险理赔服务水平。

【本章术语】

风险：事件发生的不确定性。

风险管理：人们对各种风险的识别、估测、评价、控制和处理的主动行为。

风险事故：造成损失的直接的或外在的事件。

保险责任：保险合同中约定的，保险事故发生后应由保险人承担的赔偿或给付保险金的责任。

保险事故：保险合同约定的保险责任范围内的事故。

损失：非故意的、非预期的和非计划的经济价值的减少和灭失。

损失程度：保险标的可能遭受的损失的严重程度。

近因：造成损失最直接、最有效并对损失的发生起主导作用或支配作用的原因，但不一定是时间或空间上的与损失最接近的原因。

近因原则：保险人仅对以保险事故为近因造成的损失承担保险责任的原则。

【课后思考题】

1. 与其他财产保险相比，农业保险理赔有何特征？主要原因有哪些？

2. 从政府、保险公司和农业经营者三个角度，阐述农业保险的重要作用。

3. 农业保险理赔的任务有哪些？

4. 通过农业保险理赔，将实现什么目标？为了实现该目标，在实务操作中应遵循哪些原则？

第二章　种植业保险理赔

【**本章学习目的**】通过阅读本章，了解种植业保险的概念与分类，熟悉种植业保险理赔的特征和要求，正确理解种植业防灾防损的作用、措施和方法。能够绘制农业保险理赔工作流程，并能够区分一次定损和多次定损工作流程。掌握重要农作物保险理赔的技术要点，包括农作物的生活习性、风险损失类型与特征、查勘定损与理算方法。

第一节　种植业保险理赔概述

一、种植业保险的概念与分类

（一）种植业保险的概念

种植业是以土地为重要生产资料，利用绿色植物，通过光合作用把自然界中的二氧化碳、水和矿物质合成有机物质，同时把太阳能转化为化学能贮藏在有机物质中。它是一切以植物产品为食品的物质来源，也是人类生命活动的物质基础。农业保险经营过程中，以各种农作物为保险对象的一类保险统称为种植业保险。

（二）种植业保险的分类

我国种植业的生产对象广泛，根据不同的标准，种植业保险可划分为不同的类别。

1. 根据保险标的不同分类

（1）粮食作物保险。包括禾谷类、豆类及根茎类作物保险。

（2）经济作物保险。包括纤维类、油料、糖料、原料、药用类及其他经济作物等保险。

（3）蔬菜作物保险。包括瓜类、茄果类、葱蒜类、绿叶类、水生类、甘蓝类等作物保险。

（4）园艺作物保险。包括花卉作物及其他园艺作物保险。

（5）水果及果树类保险。包括仁果类、核果类、浆果类、坚果类等保险。

（6）其他作物保险。包括设施农业、作物制种、牧草等保险。

2. 根据农作物生长期不同分类

（1）生长期农作物保险。以发苗至收获前处于生长过程中的农作物作为保险标的的保险。

（2）收获期农作物保险。承保农作物收获后在进行晾晒、轧打、脱粒和烘烤加工过程中，因遭受水灾、洪水、暴风雨等灾害而造成农作物产品损失的一种保险。

二、种植业保险理赔的特点

种植业工作一般都是在自然条件下完成的，因此标的的生长与自然环境密切相关。目前我国种植业保险面临的主要自然灾害包括：干旱、洪涝、冰雹、大风、冻害、冷害、病虫害及地质灾害。由于造成农作物损失的原因及标的本身的特性等因素不尽相同，种植业保险的理赔工作也呈现出不同的特点。

（一）及时性

农作物在生长过程中往往会遭受到多种类型自然灾害的破坏，最终的损失程度与每次灾害对农作物的危害大小有关。由于农作物本身具有一定的恢复再生能力，因此出险后，保险公司查勘工作人员应及时赴现场查勘，评估每次灾害可能会造成的损失大小，拍摄每次事故的现场照片，详细记录每次事故发生的时间、地点、受灾面积、作物生长阶段、出险原因等，为最终定损结果提供准确的数据信息。

（二）季节性

我国气象灾害的季节性比较突出，比如由于受季风影响，夏季冷暖空气交替，降水量也呈现季节性变化。每年汛期的 4 个月（北方一般为 6～9 月，南方为 5～8 月），降雨量可占全国的 60%～80%，降雨集中的 7、8 月份的降雨量可占全年的 50%～60%。对于霜冻天气，春季主要发生在北方冬麦区，秋季主要发生在东北、华北及西北部分地区，冬季主要发生在江南、华南及西南地区等。因此，种植险理赔工作也因不同季节、农作物遭受不同类型的自然灾害，呈现出不同特点。

（三）专业性

种植业保险理赔工作要求保险公司理赔工作人员应具备一定的农作物基本知识，了解常见的自然灾害发生规律及特点，能够初步判断农作物受损特征，判定是否属于保险责任范围并预估造成的损失大小。对于无法确认出险原因、难以对案件进行定损的情况，保险公司还应联合农业部门相关专业人员共同定损。

（四）普遍性

从时间和空间分布来看，我国几乎每年都有地区遭受不同程度的自然灾害，如常见的旱涝灾害。就某一地区而言，或干旱或多雨，或先旱后涝，或先涝后旱，或旱或涝等情况均可能出现。在同一时期内，既可能发生大范围的干旱或涝灾，也可能一个地区多雨成涝，而另一个地区则少雨干旱。

（五）连续性

种植险理赔工作的连续性主要体现在各种自然灾害在农作物的不同生长阶段均会发生，如病虫害、风灾等。因此，为了确定保险标的的最终损失，需要在农作物恢复生长期间，连续多次查勘，直至农作物收获阶段（绝产情况除外），才能确定赔款金额。

（六）复杂性

我国农业区域间发展不平衡、差异大，土地类型、作物种类、经营主体、种植方式及种植区域多种多样。一旦出险，保险公司将面临标的分散、查勘路途遥远、受损程度难以确定等一系列困难。

三、种植业保险理赔的基本原则和要求

（一）坚持保障被保险人合法权益的原则

保险公司应贯彻"主动、迅速、科学、合理"的定损原则，按照事故造成的实际损失，依据保险条款规定，客观合理地确定赔款金额，并由被保险人或其直系亲属签字确认。

（二）坚持依法合规的原则

保险公司应严格按照监管要求开展种植险理赔各项工作，应保持报案渠道畅通，报案后 24 小时内查勘工作人员应及时进行现场查勘，并在报案后 10 个自然日内及时立案。与被保险人达成赔偿协议后，应在 10 个工作日内向被保险人支付赔款，发生重大灾害等特殊情形除外。

（三）查勘定损方式多样性、科学性原则

农业保险种植险标的多种多样，不同类型标的的生长形态也有所不同，因此出险时应依据农作物不同生长阶段特点及出险的实际情况，制订科学合理的查勘定损方式。以粮食作物中的小麦为例，既可以按照植株损失率进行定损，也可以按照产量进行定损，而对于经济作物中的烟草，一般按照损失率进行定损，按照产量反而不容易定损。

（四）集体投保业务理赔公示原则

目前，由于我国土地的集约化程度不高，种植业保险仍然存在大量个体农户投保的情况，为确保每一位农户都能了解保险公司的查勘定损信息，保险公司应把以个体农户为单元、集体投保的业务，以及详细的定损信息予以公示，切实保护每一位投保农户的知情权。

（五）坚持保险补偿与防灾防损相结合原则

保险公司应实地勘察，科学测算，做好损失评估工作。由于种植业保险标的具有自我恢复能力，保险事故发生后，保险公司应采用科学的查勘方法，确保定损的准确性，避免被保险人利用保险事故获取额外利益。此外，保险公司应重视防灾防损工作，尽量采取合适的防灾防损工作措施，帮助广大投保农户减少因出险造成的损失。

阅读材料 2-1　国外种植业保险的发展模式

1. 日本种植业保险模式

（1）保险对象

日本种植业保险的保险标的是保险成本，具体承保方式有两种：以每块耕地的损失为标的或以每个农户的损失为标的。承保方式因保额、保费、赔偿金方面的不同而有所不同，如下表所示。

承保方式	承保标的	赔偿方式
以每块地为单位的保险	水稻、陆稻、麦类	每一块地的减产量（基准产量-实际产量）超过其基准产量的30%的情况下，对超出的部分支付保险赔偿金
以农户为单位的半抵保险	水稻、麦类	农户的受灾耕地的减产量合计超过农户常产的20%时，对超出的部分支付赔偿金
以农户为单位的全抵保险	水稻、麦类	农户的减产量超过农户常产的10%时，对超出部分支付赔偿金
灾害收入保险方式	麦类	每个农户在考虑品质基础上的产量低于常产，而且减少的产值（按承保时价格计算）超过10%的情况下，对超出的部分支付保险金
质量保险方式	水稻	

农户可以从中选择不同的投保方式，但是对于全抵保险方式、灾害保险方式及品质保险方式，只有那些能够提供翔实产量（及产值）销售资料的农户才能加入。

（2）保险金额

承保方式不同，保险金额的确定方式也不同，如下表所示。

承保方式	保险金额
田块承保方式	单位产品（kg）的保额×耕地的基准产量的70%
半抵承保方式	单位产品（kg）的保额×农户的基准产量的80%
全抵承保方式	单位产品（kg）的保额×农户的基准产量的90%
灾害收入保险方式、质量保险方式	基准产值×（40%～60%）

（3）赔偿金额（如下表所示）

承保方式	赔偿金额
田块承保方式、半抵承保方式和全抵承保方式	单位产品的保额×保险的减产量
灾害收入保险方式及质量保险方式	单位产品的基准产值×90%－单位农户的实际产值

（4）保险费率

农林水产省以过去一定年限（原则上为 20 年）的受灾情况为基础制订基准保险费率，保险机构在不低于该基准保险费率的范围内设定保险费率，也可以根据不同地区和农户的受灾情况设定不同危险阶段的保费费率。基准保险费率一般每 3 年修改一次。

（5）日本政府在种植业保险中的作用

①规制保障

自 1929 年开始倡导农业保险后，1938 年 4 月日本颁布了第一部《农业保险法》，并于 1939 年正式实施农业保险计划。1947 年又颁布了《农业灾害补偿法》，之后根据农业发展的需要，分别于 1957 年、1963 年、1966 年、1972 年、1978 年、1985 年和 2003 年对农业保险法律制度进行了多次修订，从而为日本农业保险的持续发展提供了强有力的规制保障。

②财政补贴

日本政府为农户提供保费补贴，且保费补贴比例依费率不同而高低有别，实行超率累进，费率越高，补贴越高。例如，水稻最高补贴70%（费率超过4%），旱稻最高补贴80%（费率为15%以上），小麦最高补贴80%。

③强制参加

日本政府规定，在农作物保险中，超过规定面积以上的农户，必须加入保险，将对国计民生有重要意义的稻、麦等粮食作物均列为法定保险范围，实行强制保险。

④其他方面

日本政府减免种植业保险的全部税收，为种植业保险机构提供业务费补助，并接受基层保险机构组织的再保险。

2．美国种植业保险模式

（1）美国种植业的保险内容

从保险学角度讲，美国的种植业保险是以产量、产值或部分产值为承保对象的产值保险，保险费率按照产值或产量的风险率测定，如下表所示。

产品名称	保险内容
作物巨灾保险	保障水平为平均产量的 50%，赔偿价格为风险管理局公布的市场预测价格的 55%，保费全部由政府补贴，农民只按规定缴纳管理费（贫困农民可以免缴）

	续表
作物扩大保障保险	在巨灾保险的基础上，投保人可以选择购买保障水平更高的保险；投保产量最高可达到平均产量的 85%，投保价格最高可为风险管理局公布的市场预测价格的 100%
区域平均产量保险	保险金额按照一个县预测产量的一定比例来确定，若发生灾害损失，只有在全县平均产量低于保险产量时，才能获得保险赔款，如果县平均产量在保险产量之上，即使被保险人的作物产量低于保险产量，也得不到赔款
作物收益保险	按市场价格测定的毛收入的损失作为赔偿依据
农户收入保护保险	以基本价格作为计算保额，要求投保人必须以整个农场作为保险单位，并将其在一定范围内的同种作物一并投保（不受地块限制）

（2）美国政府在种植业保险中的作用

①立法保护

经过长达 14 年的实践后，美国国会于 1938 年通过了《美国联邦农作物保险法》。1980 年，美国政府颁布了新的《联邦农作物保险法》，开始全面推广农作物保险，1994 年又颁布了《联邦农作物保险改革法》，对农作物进行立法保护。

②财政补贴

美国的保费补贴比例因险种不同而有所差异，2000 年平均补贴额为纯保费的53%。

③强制参保

美国种植业保险原则上实行自愿投保，但有促使农民投保的强制条件，如保费补贴、农户信贷、生产调整和价格补贴等都与是否参加保险相联系。1994 年，美国《农业保险修正案》明确规定，必须购买巨灾保险，才能购买限制性保险和追加性保险，这些规定在一定程度上造成了事实上的强制性保险。

④其他方面

美国政府承担联邦农作物保险公司的各项费用及农作物保险推广和教育费用，向承办政府农作物保险的私营保险公司提供 20%～25% 的业务费用（包括定损费）补贴。此外，美国通过联邦农作物保险公司对参与农业保险的各私营保险公司、联营保险公司和再保险公司提供再保险支持。

3. 日美种植业保险模式的主要异同之处

美国和日本的农业保险有许多共性，两国都在不断修订农业保险的立法，为投保人提供保费补贴并规定一定程度的强制；为农险经营者提供业务费用补贴和再保险支持。主要差异在于日本的种植业保险产品之间差异较小；美国的种植业保险产品按照费率和保障程度不同，有多种产品可供投保人选择。

第二节　种植业保险的防灾防损

一、种植业保险防灾防损的概念与意义

（一）种植业保险防灾防损的概念

种植业保险防灾防损是保险公司对其所承保农作物可能发生的各种风险进行识别、分析和处理，以防止灾害事故发生和减少灾害事故损失的工作。开展种植业防灾防损工作有利于降低和减轻农户在农业经营过程中由于自然灾害等保险事故造成的经济损失。保险公司可通过风险防范宣传，提高参保农户风险意识，保障农业持续、健康发展。同时，也有利于减少保险企业赔付，促进保险企业改善经营管理。

（二）种植业保险防灾防损的意义

1. 做好防灾防损是保险合同规定的被保险人的义务

就保险合同主要内容来讲，除了保险的风险责任、免除责任、保险金额、保险费等条款之外，还须包含防灾防损的条款，包括一部分保证条款，这些是被保险一方应尽的合同义务。

有人以为，保险不就是解决保险事故导致的被保险人损失的补偿问题的吗？但如果仅强调补偿而不强调防灾防损，就有可能引起道德风险，导致不必要的标的损失。例如，某省发生麦场火灾，尽管场边有一排防火用的水缸，村民们只是站在一边看热闹，谁也不去救火，那么这时保险是不是起了反作用？对于社会财富来说，施救和不施救造成的后果是不一样的。因此，对被保险人来说，防灾防损是重要的合同义务。

2. 防灾防损是保险公司进行风险管理的重要措施

保险公司参与农业风险管理后，为控制承保风险、降低赔付金额，通常在承保前会进行风险评估，以确定是否承保及风险对价。在承保过程中，会加强对保险标的及被保险人风险的跟踪、检测、指导，要求被保险人采用必要的风险管理技术、设施，改进流程。有时保险公司自己也可能雇用专家、购买相关设备来帮助客户防范风险，并推动政府、行业完善相关法律、标准体系，从而规避、降低标的损失风险。这些措施的开展，对微观个体来说，可以降低事故发生率，减少风险与损失，防患于未然，有利于保险公司降低赔付，节约成本。

3. 防灾防损是农业保险农村社会治理功能的体现

防灾防损是认识风险、了解风险事故规律，积极防范和应对社会的各类风险，减

少社会财产损失的重要环节和手段，其最重要的意义在于对整个社会财富的安全保障和农村社会治理水平的提升。保险公司通过实施防灾防损工作，为客户提供安全生产生活建议，向公众、政府分享承保、理赔数据，引进新的农业防灾防损技术，参与政府管理等活动，有助于降低农业的整体风险水平，减少风险损失，相当于为社会创造了新的财富。例如，不少保险机构开展的防雹手段，对减少雹灾损失起到积极作用。不少公司与气象部门密切合作，有针对地发布灾害天气、作物病虫和畜禽疫病疫情的预测，对于投保农户加强防范起到很好的效果，既减少了灾害损失，也相当于增加了作物和畜禽的产量。目前，世界各国签署的共同应对全球气候变化方面的协议，也是利用人们管理风险方面的经验，为了减少气象灾害发生，降低气象灾害对人类自身和社会财富的破坏性影响而做出的努力。这期间，保险所积累的风险管理经验，起到了重要作用。

阅读材料 2-2　制订条款时关于防灾防损应注意的问题

一般的农业保险条款在确定保险金额的时候，应充分考虑防灾防损方面的问题，即无论是农作物还是家畜家禽，保险金额都要在标的实际价值基础上打折扣，其他国家，如美国、加拿大，农作物保险金额最高仅达到实际价值的 85%。

农业保险条款还须列明被保险人防灾防损的义务。我国现行的保险条款均规定了被保险人有接受有关部门和保险公司提出的做好安全防灾工作的建议、切实做好安全防灾工作的义务等内容，如果被保险人不履行条款规定的义务，保险企业根据具体情况，有权终止保险合同，拒绝履行损失赔偿责任，以促使被保险人重视防灾防损。

防止道德风险的条款。在制订农业保险条款时，应该明确规定，凡是被保险人及其关系人的故意行为造成的农业保险标的的损失属于除外责任，保险人不予负责，以通过条款规定的法律约束力来规范被保险人的行为，防止或减少道德风险的发生。

在赔案处理相关条款中，要提出抢救和保护受灾标的的要求。发生农业保险合同规定的保险责任范围内的风险损失时，被保险人必须履行抢救和保护受损标的的义务，积极施救，防止灾害的蔓延、扩大及损失程度的增加，对未被损害和损余物资进行保护和妥善处理。如果被保险人未履行该义务，其加重的损失部分，农业保险的保险人不负赔偿责任。

限制条款的规定。农业保险的保险人应当通过制订某些限制性条款来控制自身承担的风险责任。除了上述问题，在农业保险合同中应规定最高赔偿限额，超限额部分的责任，保险人不负责赔偿，由被保险人自行承担。农作物保险、牲畜保险、水产养殖保险都可以采用此方法。例如，对犯罪、他人恶意行为等造成的损失，应规定拒赔或实施代位追偿来加以限制。限制条款的规定有助于减轻风险损失程度，促使被保险人主动做好农业保险标的的防灾防损工作。

二、种植业保险防灾防损的内容

1. 适当选择风险，合理设计保单

农业风险非常广泛，开发险种时应精心选择风险，这也是防灾防损的逻辑起点。不适当地选择和确定承保风险本身就为保险防灾防损增加了难度。为什么最初多家公司设计传统多风险保险产品时，保险责任中不包括干旱？为什么有的天气指数保险只选择低温或者降水指数？除了技术和数据等原因之外，防灾防损是一个重要考量。旱灾往往具有系统性，对于局部地区来说，无法防范；洪水、台风也具有这种性质。这些巨灾责任的纳入，是政府予以补贴的重要原因之一，也是广泛发展农业保险的机制性要求之一。商业保险之所以不敢承保这些风险，就是考虑到这类灾害难以防范，损失也就难以控制。天气指数保险也不能包含多种风险因子，否则指数难以准确确定，相当于给保险经营增加了风险。当然，政策性农业保险产品在开发时，风险选择受到政府的某些限制，如将旱灾纳入保险责任，这是监管部门要求的，无法剔除。那就需要在全公司范围内通过合理的资源配置（特别是空间拓展时考虑灾害的分布）来予以解决。特殊产品开发时可对风险做出某些选择。除了选择风险，合同条款设计也很重要。

2. 做好风险区划和费率分区

农业保险的自然和地理环境与其生产风险息息相关，不同地区的气候和气象条件、土壤和经济条件都对保险价格有重要影响。做好风险区划，准确地厘定费率，能在很大程度上防止逆向选择和道德风险。

3. 验险

承保时要进行验险，那些有意作假的假保单除外。在正常情况下，无论是农作物，还是畜禽养殖、水产养殖的保险标的，都必须进行验险。验险至少有两个目的：一是确认保险标的及其数量的真实性；二是了解保险标的的种养环境，两者都着眼于保险利益的真实性确认和道德风险的防范。例如，有的农作物或者养殖动物被种养在泄洪的河道里，有的养殖鱼虾带病投保，更有甚者把不在财政补贴范围内的作物作为补贴作物投保，如种大麦却按照小麦投保。

阅读材料 2-3　以森林保险为例，介绍验险的内容和流程

1．验险的主要内容

（1）核对投保标的的名称、地址等与投保单注明的条款是否一致。

（2）检查投保单位各种预防火灾事故的设施、器材是否处于良好状态，配备是否合理，位置是否合适，以及防火警示牌、警示标语的竖立情况等。

（3）检查投保单位林场的火源管理各项规章制度建立及落实情况，尤其是防火戒严期和节假日等重点时期，以及高火险地域、旅游景点和保护区等重点地域。

（4）检查投保单位林场是否有完善的林火监测系统，如地面巡护、瞭望台监测、无人机巡护、卫星监测等。

（5）检查投保单位林场的林火阻隔工程开设情况，如防火隔离带、防火沟、生土带、防火林带等。

2．验险的基本流程

此处参考了几家保险公司的案例和内部规定。开办林木保险业务的分公司应根据投保林场的规模、地形复杂程度，确定是自行验险，或是聘请有关专家或林业技术人员协助验险。验险的基本流程包括：

（1）调查了解投保林区的基本情况，包括生产经营的对象、生产工艺、存在的主要危险等。

（2）有针对性地学习和掌握国家有关林木安全生产的法规、条例，以及森林防火工程技术标准等方面的规定。

（3）准备好各种检验工具、验险记录表等。

（4）通过听、问、查、看、验等各种手段，对标的验险的主要内容进行全面了解。

（5）出具书面验险报告，验险报告应包括以下内容：

①投保林场的安全状况。检查防火车辆、灭火器具、通信器材、通信瞭望塔、宣传牌等基础设施、设备检修、保养和管理工作是否到位，防火油料、给养等物资储备是否充足。

②火灾防范的措施和能力。了解林场森林防火内业管理、组织机构、责任制度是否健全，扑火队伍建设是否达标，检查巡护、瞭望监测设备等是否能正常运转、发挥作用。

③林场防灾防损建议。

④根据验险结果，给出投保标的等级及费率档次。

4. 建立被保险人防灾档案，掌握保险标的风险状况

对于农业保险总保险额达到一定数额以上，以及特别重要或特别危险的保险标的（圈舍、大棚等），应逐户或者对同一类标的的村建立防灾档案，这一工作可结合防灾安全检查工作进行。尤其对于那些重点农户、家庭农场、其他新型经营主体，要建立防灾档案。例如，处于低洼地区的农田或者建立的养殖场、养殖场的建筑物及其防护设施情况等。

5. 开展防灾防损安全检查

在灾害发生前，对农业保险承保标的所处环境进行防灾防损安全检查，及时发现安全隐患，并向被保险人提出整改建议。凡属建档的对象，尤其是往年承保标的中出险概率较大的或新承保的保险标的，在承保标的的生长发育阶段或保险期间内，至少应进行一次防灾安全检查，然后出具安全检查报告，并视情况向被保险人发送危险整改通知书，提出整改建议。

6. 制订防灾预案

防灾预案是承保公司为防止保险事故发生，或当保险事故发生后对保险标的进行有效施救而预先制订的防灾防损工作方案。制订防灾预案是为了明确保险合同双方防灾防损工作的内容，明确保险内容中各岗位的防灾职责，规范防灾防损工作程序，突出防灾防损工作的重点，使防灾防损工作有条不紊地进行，进而取得良好的社会效益和自身经济效益。

防灾预案的主要内容包括指导思想、组织机构、工作任务、具体措施等，其重点是明确工作任务，制订切实可行的防灾措施。制订防灾预案的关键是建立防灾责任，使防灾工作规范化、制度化。一般采取定人定点分片包干的办法，集定点联络、防灾报灾和灾后理赔于一体，实现保险、防灾、赔付一条龙服务，使保险业务人员与被保险人紧密相连，通过保前、保中、保后的防灾服务，达到减少灾害损失的目的。

7. 签订防灾防损协议

为了落实保险双方的防灾防损责任，保险公司在展业承保时，对于防灾重点保户可采取签订《防灾防损协议书》的方式，使保险双方的防灾防损工作法律化，以促进被保险人强化防灾防损意识，切实落实防灾措施，减少社会财产的损失。《防灾防损协议书》的内容一般包括：防灾防损的具体保险标的、地理位置、防灾时间、施救方法、组织结构、保险双方所采取的措施，以及违约责任等。

8. 完善防灾防损的技术措施

保险公司应与政府有关部门建立防灾防损协调机制，积极争取政府和社会其他力量的支持，充分发挥人工消雹降雨等先进技术在种植业保险防灾防损中的重要作用。运用遥感、通信信息、计算机等先进技术对农业灾害进行预防，建立防灾抗灾体系的技术支撑；引导参保农民或当地政府增加防灾防损投入，开展筑堤防洪和开渠引水、喷洒农药和除草剂、喷洒防冻液等有针对性的防灾防损措施。

9. 做好防灾防损的财务安排

保险公司每年应提取一定比例的防灾防损费用，作为农业生产过程中减轻灾害损失程度的专项资金。例如，保险公司可以向农户赠送排水设备，用于夏季抵御洪涝灾害；为其购买防冻液，用于帮助农户抵御果树冻灾等。

10. 鼓励和支持被保险人防灾防损

保险公司在承保业务管理中合理安排人力和资金，对被保险人的防灾防损工作进行指导和支持，应该有合理的预算。例如，指导被保险人防治病虫害，对积极防灾防损且效果突出的被保险人进行奖励。

有效的防灾防损肯定会减少风险损失，降低赔付成本。因此，农业保险的保险人应当把防灾防损与农业保险费率联系起来，对于防灾防损工作做得好的农业生产经营单位和个人，应当在费率上给予优待，如降低费率或在续保时给予费率的折扣优惠。相反，对于不重视防灾防损，甚至不进行防灾防损或拒绝接受有关安全防灾部门和保险公司提出的安全防灾工作建议的农业生产者，则可以通过提高费率进行限制，通过经济手段促使其做好防灾防损工作。因此，通过给予差别费率，或通过奖优罚劣等手段，既能防治道德风险，也可减少农牧业损失，还能减少赔付，实属一举三得。

11. 防灾防损宣传

（1）媒体宣传

开办农业保险业务的分公司可组织、联系承保地区所在县、市电视台，在天气预报节目中播放农牧业防灾知识，以公益广告等形式普及农业防灾常识，也可组织新闻媒体对防灾工作进行系列报道，尤其是对在防灾工作中涌现出来的先进集体和个人进行宣传报道，使防灾工作家喻户晓。

（2）预防宣传

联系当地气象局发布特殊灾害的预报，如森林防火指挥部及时发布林木火险警报，将天气信息以短消息形式发给县委、县政府主要领导、防火指挥部成员、乡镇党委书记、乡镇长、乡镇林业站长等。

（3）标语宣传

组织在交通要道设立固定宣传牌或警示牌，刷写永久性宣传标语。在一些防灾关键时期，如春夏季等火灾易发季节，组织人员进村入户宣传林木防火知识，并张贴、发放防火宣传资料。

三、加强防灾防损的机制建设

农业保险防灾防损工作需要有一套好的机制和制度指引。做好防灾防损的机制建设，要努力实现五个"密切结合"。

1. 将农业保险防灾防损与农业防灾防损密切结合

农业保险的防灾防损是农业防灾防损制度的一个重要组成部分。无论是预防还是抢险救灾活动，都与保险财产的安全关联在一起，所以我们要积极关心和主动参与当地政府及农业防灾减灾部门安排部署的相关防灾减灾、抢险救灾活动。正确处理大家和小家的关系，正确处理社会财产和保险财产关系，正确处理社会责任和保险财产安全的关系。只有这样，才能把参与社会防灾减灾、抢险救灾活动当作我们义不容辞的责任。只有社会财产安全了，保险财产才能安全，只有社会防灾防损工作做好了，保险经营效益才能有保障。

2. 与依靠地方政府落实防灾防损措施密切结合

虽然农业保险防灾防损的主体是保险机构，但是实践表明，政府动员和组织农户防灾减灾一般来说都是奏效的。无论是旱灾、涝灾、风灾、病虫害等灾害的预防，还是抗灾、减灾、抢险、救灾活动，虽然都是为了农户的利益，但单靠保险公司与由政府出面动员和组织的效果显然是不一样的。一般来说，依靠地方政府落实防灾防损工作，才能做到真正落实防灾防损。

3. 与农业技术部门密切结合

与农业技术部门密切结合既是一种很好的机制，也是一种成功的经验。我国在半个多世纪的农业发展实践中，已经建立起完善的四级农业技术服务网，其在推广新技术、防疫治病、防灾减灾等方面发挥了非常积极的作用。实践证明，农业保险与农机部门密切结合对于做好灾害预防和疾病预防工作，减少保险财产的损失有非常好的效果。例如，在农作物发生病害之前，在农业技术部门的帮助下进行及时预防，也会有效减少病害的影响程度。

4. 与合作组织密切结合

从目前的实践来看，在防灾防损问题上，还有必要加强与其他新型农业经营组织的合作。例如，加强与各类专业农林牧渔组织的合作，这对于提高保险防灾防损的效率，甚至于提高农业保险经营的效率，都是很重要的。

5. 与投保农户密切结合

农业保险防灾防损，要通过投保人和被保险人来落实，因为保险标的在被保险人手里。我们需要在完善农业保险合同的同时，也要将保险合同中防灾防损方面双方的责任和义务密切结合起来，特别是在保险人的指导下，调动起被保险人防灾防损的积极性。

（1）在设计保险合同条款时，应当明确规定投保人和被保险人在防灾防损方面的义务。

（2）在承保时，在解释和说明保险责任和除外责任的时候，也应该说明防灾防损方面双方的责任和义务，培养保户风险防范意识，这也是保险公司的一种责任。

（3）虽然投保农户是执行防灾防损工作的主体，但保险机构要起到主导和引导作用。毕竟保险公司作为风险管理机构，拥有丰富的经验，为投保农户提供教育、培训、指导是义不容辞的责任。因此，只有保险合同双方密切结合，各司其职，各尽其责，防灾防损工作才能真正做到实处。

第三节　种植业保险理赔流程

在农作物的不同生长阶段，保险标的面临诸多自然灾害威胁，可能造成不同类型的损失。例如，在拔节期，风灾会造成小麦大面积倒伏；在开花期，低温冷害会影响小麦正常授粉；在灌浆期，干热风会造成小麦籽粒干瘪；在成熟期，连绵阴雨天气易造成穗上发芽现象。因此，大多数情况下，种植业保险出险后，往往存在多次报案、多次查勘的现象，其工作流程如图 2-1 所示。

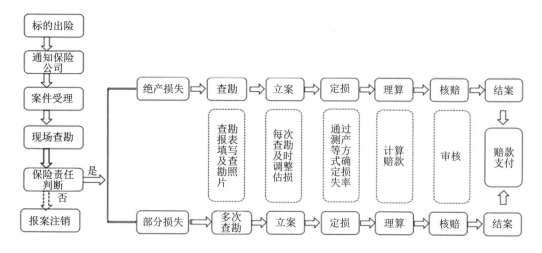

图 2-1　种植业保险查勘定损理赔流程图

一、报案管理

保险公司应设立专门的接报案部门，开通 24 小时热线电话，及时接听报案电话。接到报案电话后，保险公司接报案工作人员应详细询问保单信息，并在报案系统中详细记录出险时间、地点、原因、损失数量等信息。接报案工作人员应核实报案人与投保人及被保险人的关系，并记录报案人的姓名及联系方式。报案工作结束后，报案系统自动生成报案号，并向查勘员发送查勘信息。对于出险情况描述不够清楚的农户，接报案工作人员应耐心询问，礼貌应答，确保报案信息真实有效。针对集体投保业务出险的情况，可由村委会、合作社等投保组织者统一进行报案。

种植险案件应及时报案，对于超出报案时效的案件，应详细记录延迟报案的具体原因。保险公司农险理赔工作人员直接接到农户报案的，应引导或协助农户拨打报案电话，由接报案部门完成报案记录工作。为确保报案信息真实准确，保险公司农险工作人员不允许代替农户报案。

保险公司应加强报案注销案件管理,应在总公司或分公司设置报案注销审核权限，对于重复报案等无效报案，审核通过后，应及时报案注销。

保险公司应根据报案情况，如实填写出险通知书（如图 2-2），详细记录案件发生时间、出险原因，并描述标的受损特征及范围等。

_____保险出险通知书

投保信息	投保人		被保险人	
	保单号		报案号	
出险情况	报案人	出险时间	出险地点	
	出险原因		联系方式	
出险情况详细说明				被保险人盖章（签字）

图2-2 种植业保险出险通知书

二、查勘工作

保险公司应配备专业的查勘人员。查勘人员接到查勘信息后，应在24小时内到达现场查看出险情况（重大灾害等特殊情况除外）。对于出险地点距离服务机构较远的情况，如果24小时内不能及时到达现场，应提前与投保农户取得联系，解释相关原因，并告知到达现场的具体日期。

保险公司应根据种植险灾害种类和事故具体情况，合理组织查勘工作，制订查勘方案，确保查勘工作科学、高效，服务规范、到位。对于一次灾害造成的损失范围超过一个行政村的，原则上应查勘到行政村一级。对于一次灾害造成的损失范围未超过一个行政村但涉及多个被保险人的，可通过抽查的方式确定保险事故造成的损失。

保险公司现场查勘前，应先了解保险标的的承保情况，如保险责任、保险期限、投保数量、保险金额等，做到心中有数。其次，根据灾害事故的类别，做好必要的准备工作，如携带理赔单证（出险通知书、查勘报告）、照相机、测亩仪等。

查勘时应查明灾害发生的时间、地点、出险原因、受损标的、损失数量，以及是否重复保险等情况，正确区分保险责任与非保险责任造成的损失。必要时，可聘请农业技术部门的专家共同参与查勘。

保险事故发生后，保险公司能够确认标的全损的，应及时进行定损。难以立即确定损失程度的，应根据保险标的的生物特性及恢复情况，开展多次查勘。保险公司还应做好调查取证工作，通过录音、录像、照相等方式，全面、翔实记录体现查勘过程和损失情况的资料和数据（如图 2-3 和图 2-4）。

图 2-3　某保险公司小麦种植保险查勘现场

图 2-4　某保险公司果树种植保险查勘现场

查勘工作结束后，保险公司查勘人员应提示被保险人按照农业生产规范，采取有效措施开展抗灾减损工作，并及时缮制查勘报告（如图2-5）。查勘报告应对标的受损情况、事故原因及是否属于保险责任等方面提出明确意见。

种植保险现场查勘记录

投保信息	被保险人			
	投保人			
	保单号		报案号	
	标的地址：_____市_____区（县）_____乡（镇）_____村			

查勘情况	接到报案后，保险公司组织人员进行现场查勘。经查勘，标的作物因 □暴雨 □洪水 □内涝 □风灾 □雹灾 □冻灾 □冷害 □旱灾 □地震 □泥石流 □山体滑坡 □病虫害及草鼠害 □其他灾害_____ 受灾，□属于（□不属于）保险责任。
	生长时期：
	查勘情况说明（如有多次查勘需分别说明）：

估损结果	根据查勘结果，初步核定估损面积_____亩，预估减产损失率_____。具体定损结果在《定损及理赔清单》中列明。

查勘人签名	保险公司签章
年　月　日	年　月　日

图2-5　某保险公司种植保险现场勘查报告

三、立案管理

保险公司在初步查勘并确定保险责任后，应及时进行立案处理，对于超出立案时效的案件，系统应强制立案。立案时，保险公司人员应根据查勘情况在理赔系统中准确录入出险原因、损失数量、农户户次等要素信息。对于一次事故有多个出险原因的，应按照近因原则，对照事故证明，在保险责任范围内，选择录入最直接、最准确的致损原因。

保险公司应逐案进行立案估损,立案后,应及时根据最新查勘定损情况调整估损金额,并在业务系统内保留相应的估损调整修改痕迹。

对于立案后发现不属于保险责任、被保险人主动放弃索赔或误立案等情形的,应在履行相应的审批流程后进行拒赔、零赔付结案或立案注销处理。对于拒赔案件,保险公司应理由充分、证据确凿并出具书面拒赔通知书,向被保险人做好解释工作。

四、定损工作

作物在生长期间多次遭受保险事故发生部分损失的,应综合考虑历次出险因素合理定损,但应在农作物收获后 20 日内完成损失核定。对于在苗期受损,急需重播、补种的,或标的已经达到绝产或者全部损失标准的,以及处于收获期即将收割的,保险公司应在接到报案后 20 日内完成损失核定(发生重大灾害及其他特殊情形除外)。

通过抽样方式定损的,保险公司应事先制定抽样定损的规则,对抽样方式、方法、组织程序等进行规范,确保抽样样本具有代表性、抽样结果具有可信度(如图 2-6)。定损工作结束后,保险公司应填写损失清单,详细记录损失数量、核定损失程度的方式方法、过程和结论,并保存相关的原始工作底稿,做到定损依据充分、结论准确合理。

图 2-6 某保险公司种植保险抽样现场

五、理算管理

保险公司应在查勘定损结束且索赔资料收齐后,及时根据保险合同约定和查勘定损结果,准确计算保险赔款。一次事故涉及多户损失的,应形成分户理算清单(如表 2-1)。

表 2-1　某保险公司种植业保险理赔清单

保险险别：				地点：				保单号：		单位：亩
报案号：										
序号	被保险人	身份证号	投保面积	受损面积	损失率	赔款金额	联系电话	银行账号	被保险人签名	代签人与被保险人关系
1										
2										
3										
4										
5										
6										
7										
8										
9										
10										
合　计							——	——	——	——
出险时间：						查勘时间：				
村委会（章）：						制表人：		联系电话：		填表时间：

　　保险公司应严格按照已经报备条款中的保险责任、责任免除、保险金额、起赔点、赔偿标准、赔偿比例、免赔率（额）、赔偿计算公式等进行理算。

　　理算时应从损失金额中扣除不属于保险标的或非保险责任的损失金额。保险合同载明的保险面积大于实际种植面积时，应按照实际种植面积进行赔偿；保险合同载明的保险面积小于实际种植面积时，应按照保险面积与实际种植面积的比例进行赔偿。在保险期限内多次发生赔款时，保险金额逐次相应减少，但累计赔付金额不得超过总保险金额。

　　保险公司可根据具体情况，对于损失金额高，社会影响大，保险责任已经明确，但因客观原因一时难以确定最终赔款金额的案件，在保险金额范围内，按照能够确定的损失和及时恢复生产的需要，预付部分赔款。保险公司应建立预付赔款的报批流程，并在结案时予以冲减。

六、公示

　　由农业生产经营组织、村民委员会等组织农户投保种植业保险的，保险公司应将理赔结果在村级或农业生产经营组织公共区域进行不少于二天的公示（如图 2-7）。针对被保险人提出异议的，保险公司应重新审核理赔结果，进行调查核实后据实调整，并将结果予以反馈，保障被保险人的知情权与合法权益。保险公司对公示现场应进行拍照，并作为理赔档案妥善保管。

图 2-7　某保险公司种植保险公示现场

七、核赔与赔款支付

保险公司应在总公司或分公司设置不同级别的核赔岗，明确各级机构或人员的核赔权限，超过规定核赔金额的，应报上级审批。

保险公司各级核赔人员应通过查阅报案记录、索赔申请、事故证明、查勘报告、定损清单、损失照片等资料，核实出险时间、报案时间、出险地点、出险原因、受损作物类型、损失数量、损失程度等要素，核定保险责任认定是否准确、查勘定损过程是否规范、定损结果是否合理、赔款计算是否准确、赔案单证是否完备、付款对象是否准确，并签署核赔意见。

八、回访管理

保险公司应制订统一的客户回访流程，并根据实际回访工作情况进行调整，理赔回访内容应包括受灾品种、损失情况、查勘定损过程、赔款支付、理赔公示等。

被保险人为规模经营主体的，保险公司应实现全部回访。对于集体投保的，保险公司应抽查一定比例进行回访。

九、结案及归档管理

结案后，保险公司应将赔案材料及时归档，妥善保管。种植险理赔案卷应按赔案类型分别建立理赔档案，基本要求如下。

1. 已决案件档案要件

（1）出险通知书；

（2）现场查勘报告；

（3）定损清单；

（4）赔款计算书；

（5）公示照片（集体投保案件）；

（6）现场查勘照片；

（7）灾害证明。

2. 注销案件归档

（1）报案注销

按照年度及险种，与已决案件分开管理、单独归档。基本要件一般包括：报案注销申请单及注销录音等。

（2）立案注销

按照年度及险种，与已决案件分开管理、单独归档。档案基本要件一般包括：出险通知书、立案注销申请书等。

3. 拒赔案件档案

拒赔案件除新增拒赔通知书外，其他要件可参考已决案件的档案要件进行归档。

种植险理赔案卷的归档形式应包括电子档案和纸质档案两类，已实现电子化储存和流转的单证，可不再打印；被保险人提供的索赔资料及有关证明等纸质单证材料应妥善汇集保管，按赔案号装订成卷。

第四节　种植业保险理赔的技术要点

一、粮食作物保险

（一）粮食作物保险的概念与特点

粮食作物保险是指以生长期的粮食作物为保险标的的保险，包括水稻保险、小麦保险、玉米保险、大豆作物保险、其他粮食作物保险等。粮食作物保险的特点与粮食生产的特点密切相关，主要有以下几点。

1. 政策性强

由于粮食作物生产涉及国家的粮食安全问题，因此许多国家在开展政策性农业保险时，一般首先把粮食作物中涉及国计民生种类的保险纳入政策性保险范围。

2. 业务开展难度大

与生产经济作物的农民相比，生产粮食作物的农民收入更低，保险费承受能力更差，从而造成粮食作物保险的商业性经营难以开展。

3. 农户风险意识及投保积极性普遍不高

由于我国粮食生产集约化程度偏低，大量耕地仍以家庭生产为主，同时，粮食作物市场价格较低，难以带来较大的收入，许多农户种植粮食作物的积极性不高，风险意识及投保积极性有待加强。

（二）粮食作物保险理赔的技术要点

本节以水稻、小麦、玉米和大豆为例，介绍粮食作物保险理赔工作的技术要点。

1. 水稻保险理赔的技术要点

（1）水稻的生长习性

水稻是稻属粮食作物中最主要、历史最悠久的一种，为一年生、单子叶禾本科植物。根据水稻对光照反射的不同，可分为晚稻和早稻；根据水稻耐旱性的不同，可分为陆稻和水稻；根据形态和生理上的明显差异，可分为籼稻和粳稻；根据稻米米粒的淀粉结构不同，可分为糯稻和非糯稻；按照水稻育种方式的不同，可分为杂交稻和常规稻。

水稻的生长周期按生长发育特性可分为营养生长和生殖生长两个阶段。按形态特征分为苗期、分蘖期、幼穗分化期、抽穗扬花期、灌浆成熟期 5 个时期，其中幼苗发芽最低温度为 10℃～12℃，最适温度为 28℃～32℃，分蘖期日均在 20℃以上，穗分化适温在 30℃左右，抽穗适温为 25℃～35℃。开花最适温在 30℃左右，低于 20℃或高于 40℃，授粉受严重影响，水稻生长的相对湿度范围为 50%～90%。

（2）水稻的风险损失特征

水稻生长过程中面临的主要自然风险包括低温冻害、暴雨、洪水、内涝、风灾、干热风、雹灾、旱灾、地质灾害及病虫害，风险损失特征归纳如表 2-2 所示。其中病虫害基本特征可参考相关农业书籍，此处不再一一列举。

表 2-2　水稻风险损失特征

风险类型	标的受损特征
低温冻害	1. 整株叶色变黄，下部产生黄叶，有的叶片呈褐色，部分叶片出现白色或黄色至黄白色横条斑
	2. 在 2～3 叶苗期遇日均气温持续低于 12℃，易产生烂秧；孕穗期遭冷害会降低颖花数，幼穗发育受抑制
	3. 开花期遭冷害常导致不育，即出现受精障碍；成熟期遭冷害致谷粒伸长变慢，遭受霜冻时，成熟进程停止，千粒重下降，易造成水稻大面积减产
洪水及内涝	1. 分蘖期水稻受淹后，下部叶片坏死，呈黄褐色或暗绿色，水退后叶片易干枯
	2. 孕穗期受淹后易出现烂穗及畸形穗，抽穗和成熟期推迟 5～15 天，瘪粒增加，导致水稻减产。水稻灌浆后受淹，下部叶片枯萎，稻粒呈灰色，部分稻粒易在穗上发芽，千粒重下降
风灾	1. 稻田中会出现大面积倒伏的现象
	2. 成熟期如遇大风天气，水稻倒伏易导致穗上发芽现象，严重影响水稻的质量

续表

风险类型	标的受损特征
干热风	植株由下往上青干，叶片萎黄枯死；稻粒干瘪，粒重下降，导致严重减产
雹灾	1. 水稻遭受雹灾后，易造成大量的叶片脱落，植株倒伏，同时生长发育推迟，贪青晚熟。轻度雹灾对产量影响较小 2. 中度雹灾致叶片砸落、部分折断，减产10%～30% 3. 重度雹灾致茎秆大部分或者全部折断，减产50%以上
旱灾	苗期遇干旱致存活率下降；分蘖期及开花期遇干旱，结实率降低，叶片枯萎，植株长势弱、易倒伏。

（3）水稻的查勘方法

水稻在生长过程中往往遭受到多种出险原因导致的保险事故，因此在查勘时应逐一查明每种出险原因及水稻所处的生长阶段，根据保险近因原则确定最主要的出险原因。查勘方法归纳如下：

①现场调查法

通过现场查勘并结合天气预报及新闻报道等途径，一般能明确暴雨、洪涝、大风等自然灾害的发生。例如，在现场，查勘员根据大面积倒伏的特征判断为风灾；通过田间存水量明显超过正常灌溉的水量、水位较深等判断为洪涝灾害；通过稻秆折断，水稻叶片被砸脱落、撕裂等特征确定为雹灾。如果在灌浆期出现温度较高、湿度较小的气候，并伴随大风极端天气，查勘员可取若干稻穗，轻搓后若发现大量瘪粒，甚至空壳的现象，出险原因基本可确定为干热风。

②询问法

保险公司查勘人员通过向种植农户询问的方式了解水稻遭受灾害后的情况，以及遭灾前水稻的生长情况及管理措施，进一步确定保险责任内的灾害损失。

③取样鉴定法

如果现场调查不能当场判断自然灾害类型，可在现场采集样本带回，由专业鉴定机构或者相关农业部门协助确定出险原因，并出具鉴定报告。例如，对于稻瘟病，现场无法识别出险原因，专业人员可在显微镜下观察病菌的特征，从而确定属于何种病害。

（4）水稻的定损方法

水稻部分损失的定损工作一般应在水稻成熟期前3～5天进行，绝产损失应当天进行定损。下文主要说明水稻部分损失的定损方法。

①损失面积的确定

对于水稻损失面积较小的情况，可采用实地测量的方法即采用手持测亩仪等工具现场测量受损面积。对于水稻损失面积较大的情况，往往需要借助无人机、卫星遥感等新技术辅助确定受损面积大小。集体投保业务由于涉及多个农户，可以采用调查询问及抽查定损相结合的方法，向当地政府及农户仔细询问灾情。如果发现与实际受损面积不符的地方，要申明虚报受损面积的利害，并及时纠正虚报面积。

②损失程度的确定

同一地块水稻遭受条款中所列明的灾害，首先应结合之前多次查勘的情况，了解在水稻各生长都出现了何种类型的灾害，预估损失大小，做到心中有数。其次，按照条款要求，制订合理的定损方案。目前我国农业保险实际工作中主要采用植株损失率、产量损失率两种指标来确定水稻损失程度。

植株损失率的计算首先应按照轻度、中度、重度三种损失程度，分别进行随机取样。每种损失类型可采取三点或五点取样方法，每点取五平方米水稻植株并统计受损植株数量（应剔除非保险责任造成的受损植株数量）及总植株数量，计算出每种损失类型的损失率，取加权平均值后得出植株损失率。计算公式如下：

植株损失率=单位面积植株损失数量/单位面积植株总数量

水稻产量损失率的计算可通过测产工作来确定。目前农业生产过程中，水稻普遍采用的测产方法主要包括行株距法、面积法、实数法和实收法。已发表相关文献中对不同测产方法进行比较，发现面积法测产结果与实收法最为接近，而且面积测产法操作简单、快捷，与真实产量比较接近，可用于农业保险理赔实际工作中。

水稻面积测产方法主要包括以下步骤：

第一，在承保地块中，根据受灾程度大小，分为轻、中、重三种损失类型。

第二，用铁丝做成一个边长为1米的正方形框子，随机投入到每种损失类型的地块中三次，记录每种损失类型地块单位面积穴数。

第三，样品收获后，每种损失类型选取3～5穴烘干称重，得到每穴平均重量。

第四，计算单位面积平均产量，即平均总穴数×每穴平均重量。

第五，计算每亩产量：$667.67m^2$×单位面积产量。

数据记录表如表2-3所示，对每种损失类型中亩均产量取平均值，得到当年承保地块最终亩均产量，即产量损失率=（每亩保险产量－测产亩均产量）/每亩保险产量，其中每亩保险产量一般采用前N年当地水稻产量的平均值。

表2-3 常规水稻产量损失数据记录表

损失类型	取样点	穴数	重量	每亩产量
轻度损失	1			
	2			
	3			
中度损失	1			
	2			
	3			
重度损失	1			
	2			
	3			

（5）赔款计算

①绝产损失

根据相关政策要求，中央财政补贴的险种规定凡保险水稻损失程度在 80%（含）以上的为绝产损失，而商业性水稻种植保险对绝产标准未做明确规定。计算赔款时，保险公司可按不同生长期赔付比例确定赔偿金额。

赔款金额=受损面积每亩保险金额×生长期赔付比例。

②部分损失

凡保险水稻未达到绝产标准的，保险人根据损失程度和条款规定计算赔偿金额。根据植株损失率确定赔款金额，即赔款金额=单位保险金额×生长期赔付比例×损失率×受损面积。根据水稻产量损失率确定赔款金额，即赔款金额=受损面积×每亩保险金额×（每亩保险产量－测产亩均产量）/每亩保险产量×生长期赔付比例。在保险合同有效期内多次发生部分损失时，发生最新一次保险责任范围内灾害时的有效保险金额为当期最高赔偿标准扣除以前各次赔偿金额后的余额，每次赔付后应由保险人出具批单注明已赔偿金额，若多次赔偿金额累计达到当期最高赔偿标准时保险责任即行终止。

2．小麦保险理赔的技术要点

（1）小麦的生长习性

小麦为单子叶禾本科植物，适宜生长在土层深厚、耕层较深、蓄水保肥墒情良好、光照充足的地区。按照小麦籽粒皮色的不同，可将小麦分为红皮小麦和白皮小麦；按照籽粒粒质的不同，小麦可以分为硬质小麦和软质小麦；按照播种季节的不同，可将小麦分为春小麦和冬小麦。根据小麦器官形成的顺序，常把小麦生育期分为出苗期、三叶期、分蘖期、越冬期、返青期、起身期、拔节期、孕穗期、抽穗期、开花期、灌浆期、成熟期等 12 个时期。

小麦的生长发育在不同阶段有不同的适宜温度范围。在最适温度时，生长最快，发育最好。小麦种子发芽出苗的最适温度是 15℃～20℃；小麦根系生长的最适温度为 16℃～20℃，最低温度为 2℃，超过 30℃则受到抑制。温度是影响小麦分蘖生长的重要因素，在 2℃～4℃时，开始分蘖生长，最适温度为 13℃～18℃，高于 18℃时分蘖生长减慢。小麦茎秆一般在 10℃以上开始伸长，在 12℃～16℃形成短矮粗壮的茎，高于 20℃易徒长，茎秆软弱，容易倒伏。小麦灌浆期的适宜温度为 20℃～22℃，如遇干热风天气，日平均温度高于 25℃以上时，因失水过快，灌浆过程缩短，导致籽粒重量降低。

（2）小麦的风险损失特征

小麦生长过程中面临的主要风险包括低温冻害、暴雨、洪水、内涝、风灾、干热风、雹灾、旱灾、地质灾害及病虫害，风险损失特征归纳如表 2-4 所示。其中病虫害基本特征可参考相关农业书籍，此处不再一一列举。

表 2-4 小麦的风险损失特征

风险类型	受损特征
低温冷害	拔节后孕穗前发生的冷害，一般外部症状不明显，主要是主茎和幼穗受冻。孕穗期发生晚霜冻害，受害部位为穗部，因受冻时间及程度不同主要受害症状包括：幼穗干死于旗叶鞘内而不能抽出；或抽出的小穗全部发白枯死；或部分小穗死亡，形成半截穗，具体特征如下： 1. 残穗，即只有部分小穗发育结实，其余发育不完整或只有穗轴而无膨大的颖壳 2. 形成无颖的空穗，只有穗轴；形成空心穗，即"哑巴穗"，该类型幼穗全部冻死，但节间完好，仍有生长点能继续生长 3. 生长点完全冻死的单茎，株高不再长高，下部分蘖节可长出新的分蘖
冻害	小麦冻害分为初冬冻害、越冬冻害、早春冻害，具体特征表现如下： 初冬冻害受冻植株的外部特征比较明显，叶片干枯严重，冻死小麦主要是弱苗和旺苗，而壮苗一般不会发生冻害，植株冻害死亡的顺序是先小蘖，后大蘖，再主茎，而冻死分蘖节的现象很少 越冬冻害小麦植株的外部症状明显，初始叶片部分或全部为水渍状，而后逐渐干枯死亡。叶片死亡面积的大小依冻害程度而定，冻害越重，叶片干枯面积越大 早春冻害小麦植株的心叶、幼穗首先受冻，而外部冻害特征一般不太明显，叶片干枯较轻。但降温幅度很大时，叶片也会出现轻重不同的干枯。受冻轻时，表现为麦叶叶尖退绿为黄色，尖部扭曲卷起。三月底以前发生的冻害，主要表现为叶尖发黄，黄尖率一般达 5%～50%，严重时黄尖率更高。随着冻害的加重，叶片会失水干枯，叶片受冻部分先呈水烫状，随后变白干枯。严重干旱时，叶片易受冻干枯
洪水及内涝	下部叶片坏死，呈黄褐色或暗绿色，水退后叶片易干枯；孕穗期受淹后易出现烂穗及畸形穗，抽穗和成熟期推迟，瘪粒增加，导致小麦减产。灌浆后受淹，下部叶片枯萎，部分籽粒易在穗上发芽，千粒重下降
风灾	此症状比较明显，麦田中会出现大面积倒伏的现象；成熟期如遇大风天气，小麦倒伏易导致穗上发芽现象，严重影响小麦的质量
干热风	植株由下往上青干，叶片萎黄枯死。籽粒干瘪，粒重下降，导致严重减产
雹灾	小麦遭受雹灾后，易造成大量的叶片脱落，植株倒伏，同时生长发育推迟，贪青晚熟。轻度雹灾对产量影响较小；中度雹灾致叶片砸落、部分折断，减产 10%～30%；重度雹灾致茎秆大部分或者全部折断，减产 50%以上，甚至绝收
旱灾	苗期遇干旱致存活率下降；分蘖期及开花期遇干旱，结实率降低，叶片枯萎，植株长势弱、易倒伏

（3）小麦的查勘方法

小麦在生长过程中往往遭受到多种出险原因导致的保险事故，因此在查勘时应逐一查明每种出险原因及小麦所处的生长阶段，根据保险近因原则确定造成损失的最主要的原因。查勘方法归纳如下。

①现场调查法

通过现场查勘并结合天气预报及新闻报道等途径，一般比较容易明确暴雨、洪涝、大风等自然灾害的发生，在现场能看出小麦大面积倒伏、田间存水量超过正常灌溉的水量、水位较深。发生雹灾后，受损较重的地块可发现，小麦叶片被砸脱落、撕裂；灌浆期若发生干热风天气，可取若干小麦穗，轻搓后可发现很多瘪粒，甚至空壳。

②询问法

保险公司查勘人员可向种植农户询问小麦遭受灾害的情况、遭灾前小麦的生长情况及管理措施，进一步确定保险责任内的灾害损失。

③取样鉴定法

如果现场调查未能当场确定属于何种自然灾害，可在现场采集样本带回鉴定，借助专业鉴定机构或者相关农业部门协助确定出险原因，并出具鉴定报告。例如，小麦白粉病，现场无法确定属于何种病虫害，可在显微镜下观察病菌的特征，从而确定出险原因。

（4）小麦的定损方法

小麦的定损方法可参考水稻定损方法制订。

3. 玉米

（1）玉米的生长习性

玉米是一年生雌雄同株异花授粉植物，植株高大，茎强壮，是重要的粮食作物和饲料作物。玉米是喜温作物，全生育期要求较高的温度，种子发芽要求温度范围在 6℃～10℃，低于 10℃发芽较慢，16℃～21℃发芽旺盛，40℃以上停止发芽；苗期能耐短期-3℃～-2℃的低温，拔节期要求温度在 15℃～27℃，开花期要求温度在 25℃～26℃，灌浆期要求温度在 20℃～24℃。玉米是短日照植物，在短日照条件下才可以开花结实。玉米生长期间最适降水量为 410～640mm，干旱会影响玉米的产量和品质，而降水过多，会影响光照，增加病害、倒伏和杂草危害，也影响玉米产量和品质的提高。

（2）玉米的风险损失特征

玉米生长过程中面临的主要风险包括低温冻害、暴雨、洪水、内涝、风灾、雹灾、旱灾、地质灾害及病虫害，常见的风险损失特征归纳如表 2-5 所示。其中病虫害基本特征可参考相关农业书籍，此处不再一一列举。

表 2-5　玉米的风险损失特征

风险类型	受损特征
低温冻害	玉米植株出现紫苗、黄苗、畸形苗等现象，生长点呈水浸状，呈褐色
风灾	此症状比较明显，玉米田中会出现大面积倒伏的现象；成熟期如遇大风天气，倒伏易导致穗上发芽现象，严重影响玉米质量

风险类型	受损特征
内涝	从出苗到七叶期土壤水分过多或积水，易使根部受害，甚至死亡，当土壤湿度占田间持水量的 90%时，将形成苗期涝害。田间持水量达 90%以上且持续三天，玉米植株表现为叶片红、茎秆细、瘦弱，生长停止，连续降雨五天以上，苗瘦弱发黄或死亡
雹灾	叶片被撕裂，呈斑点状或线状，像梳子梳理过一样，破损、撕裂严重者，可使叶片组织坏死、干枯，降低光合面积，影响玉米的正常生长发育。此外，玉米苗期遭冰雹后，幼苗顶尖未展开的幼叶组织受损死亡、干枯，使叶片不能正常展开，致使新生叶展开受阻、叶片卷曲呈牛尾状
旱灾	苗期干旱，植株生长缓慢，叶片发黄，茎秆细小；喇叭口期遇干旱，雌穗发育缓慢，形成半截穗，穗上部退化，严重时，雌穗发育受阻，败育，形成空穗植株。抽雄前期遇干旱，雄穗抽出推迟，造成授粉不良。授粉期如果遇到干热天气，特别是连续 35℃ 以上的干旱天气，会造成花粉生命力下降，花丝老化加快，影响授粉，形成稀粒棒或空棒

（3）玉米的查勘方法

玉米在生长过程中往往遭受到多种出险原因导致的保险事故，因此在查勘时应逐一查明每种出险原因及玉米所处的生长阶段，根据保险近因原则确定造成损失最主要的原因。

①现场调查法

通过天气预报及新闻报道等途径，一般比较容易确定暴雨、洪涝、大风及冰雹等自然灾害的发生，在现场也能看出玉米大面积倒伏、田间存水量超过正常灌溉的水量、水位较深。发生雹灾后，受损较重地块的玉米叶片被砸脱落、撕裂。

②询问法

现场调查后，可初步确定出险原因，也可向种植农户询问玉米遭受灾害的情况，遭灾前玉米的生长情况及管理措施，进一步确定保险责任内的灾害损失。

③取样鉴定法

如果现场调查无法当场确定属于何种自然灾害，可在现场采集样本带回鉴定，借助专业鉴定机构或者相关农业部门协助确定出险原因，并出具鉴定报告。

（4）玉米的定损方法

玉米部分损失的定损一般应在收获前进行计算，绝产损失应当场进行定损。

①损失面积的确定

对于玉米损失面积较小的情况，可采用实地测量的方法即采用测亩仪等工具现场测量受损面积。对于玉米损失面积较大的情况，往往需要借助无人机、卫星遥感等新技术辅助确定受损面积大小。统保业务由于涉及多个农户，可以采用调查询问及抽查定损相结合的方法，向当地政府及农户仔细询问灾情，发现与实际不符的地方，要申明虚报受损面积的利害，并及时纠正虚报面积。

②玉米损失程度的确定

同一地块保险玉米遭受条款中所列明的灾害，首先应结合之前多次查勘的情况，了解在玉米各生育期都出现了何种类型的灾害并预估损失大小，做到心中有数。其次，按照条款要求，制订合理的定损方案。目前行业中通常采用植株损失率、产量损失率方法来确定玉米损失程度。

植株损失率的确定归纳如下：按照统计学中取样方法，将承保地块按照遭受自然灾害的程度分为轻、中、重三种类型，每个类型随机取三点，每点取100株玉米统计受损植株数量（剔除非保险责任造成的植株损失数量）及总植株数量，计算出每种类型的损失率，取加权平均值后得出植株损失率，如表2-6所示。

表2-6　玉米产量损失数据记录表

受损类型	取样点	受损株数	总株数	损失率
轻度受损	1		100株	
	2		100株	
	3		100株	
中度受损	1		100株	
	2		100株	
	3		100株	
重度受损	1		100株	
	2		100株	
	3		100株	

受损地块植株损失率=∑各类型损失率/取样点数量。

玉米产量损失率可通过测产确定，根据测产结果与前N年正常年景产量结果进行比较，最后确定损失率。根据已发表文献中关于玉米测产的研究，再结合农业保险理赔工作特点，可对该测产方法进行改良，在确保测产结果准确的前提下，简化工作流程，缩短定损时间，形成适合农业保险理赔工作需要的测产方法。具体如下：a. 将承保地块按照受损程度分为轻、中、重三种损失类型，每个类型采用对角线法（如图2-8）随机取三点（面积大的地块可增加至五个点），注意取样点应避开道路、水渠、地埂边缘，以及树荫、电线杆、水井等对测产有影响的设施或物体，以防止取样点间测产数据出现较大的偏差，取样表如表2-7所示。

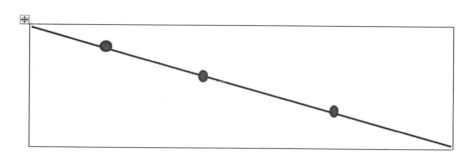

图 2-8　对角线法三点取样

b. 计算株距

从取样点起始株，顺行丈量到第 51 株，测量长度，计算株距。计算公式如下：

株距（cm）=1～51 株之间的距离（cm）÷（51-1）

c. 计算行距

从起始行丈量到第 21 行，测量宽度（cm），计算行距。计算公式如下：

行距（cm）=21 行间宽度÷（21-1）

d. 样点密度计算

密度（株/亩）=666.7m²×1000/株距（cm）×行距（cm）

e. 脱粒称重

每个取样点顺行连续取 20 株果穗并放入网袋，注意网袋应贴上标签，以便区分属于何种类型的取样点样品，样品烘干后，脱粒称重。

f. 产量结果计算

样点单产（kg/亩）=［样点籽粒产量（g）］/20×1000×样点密度（株/亩）

亩均产量=∑各样点单产/样点数

产量损失率=（每亩保险产量－测产亩均产量）/每亩保险产量，每亩保险产量一般采用前 N 年当地玉米正常年景产量的平均值。

表 2-7　玉米受损地块取样表

地块类型	取样点	株距	行距	样点密度	籽粒重量	单产
轻度受损	1					
	2					
	3					
中度受损	1					
	2					
	3					
重度受损	1					
	2					
	3					

（5）赔款计算方法

①绝产损失

根据相关政策要求，中央财政补贴的险种规定凡玉米损失程度在 80%（含）以上的为绝产损失，而商业性玉米种植保险未对绝产标准做明确规定。计算赔款时，保险公司可按不同生长期赔付比例确定赔偿金额，即赔款金额=受损面积×每亩保险金额×生长期赔付比例。

②部分损失

凡保险玉米未达到绝产标准的，保险人根据损失程度和条款规定计算赔偿金额。根据植株损失率确定赔款金额，即赔款金额=单位保额×生长期赔付比例×损失率×受损面积。根据植株产量损失率确定赔款金额，即赔款金额=受损面积×每亩保险金额×（每亩保险产量－测产亩均产量）/每亩保险产量×生长期赔付比例。

在保险合同有效期内多次发生部分损失时，发生最新一次保险责任范围内灾害时的有效保险金额为当期最高赔偿标准扣除以前各次赔偿金额后的余额，每次赔付后应由保险人出具批单并注明已赔偿金额，若多次赔偿金额累计达到当期最高赔偿标准时，保险责任即行终止。

4. 大豆

（1）大豆的生长习性

大豆通称为黄豆，为大豆属一年生草本，高 30～90 cm，茎粗壮，直立，密被褐色长硬毛。根据种皮颜色和粒形，大豆可分为五类：黄大豆、青大豆、黑大豆、其他大豆、饲料豆。大豆性喜暖，种子在 10℃～12℃开始发芽，以 15℃～20℃为最适温度，生长适温为 20℃～25℃，开花结荚期适温为 20℃～28℃，低温下结荚延迟，低于 14℃不能开花，温度过高，植株则提前结束生长。大豆开花期要求土壤含水量在 70%～80%，否则花蕾脱落率增加。根据大豆器官形成的顺序，大豆的生育期可分为出苗期、幼苗期、花芽分化期、开花结荚期、鼓粒期及成熟期。

（2）大豆的风险损失特征（见表 2-8）

表 2-8　大豆的风险损失特征

风险类型	受损特征
低温冷害	大豆进入花芽分化以后，温度低于 15℃发育受阻，影响受精结实，后期温度降低到 10℃～12℃时灌浆受影响。大豆的幼苗对低温有一定的抵抗能力，一般温度在不低于零下 4℃时，大豆幼苗只受轻害，超过零下 5℃时幼苗全部受冻害
洪水及内涝	大豆幼苗期土壤水分过多，会使大豆根系发育不良，出苗后长期淹水会抑制大豆的生长。随着淹水时间的延长，大豆叶色由深绿逐渐变成浅绿、黄绿，尤其是盛花期延续至 20 天后，叶片几乎呈黄色。大豆的主根侧根逐渐腐烂，根系多分布在近地处，土壤深层的老根变黑腐烂，茎淹水部分产生大量不定根
风灾	此症状比较明显，大豆会出现大面积倒伏的现象；成熟期如遇大风天气，倒伏易导致大豆在植株上面提前发芽现象，严重影响大豆的质量

风险类型	受损特征
雹灾	大豆遭受雹灾后，受损症状比较明显，如叶片脱落、撕裂，大量分枝折断，严重情况下会造成"光秆"现象
旱灾	种子发芽和出苗阶段需要充足的水分。大豆幼苗期耐旱力强，开花结荚期是需水临界期，长期干旱会引起落花落荚，严重影响产量。鼓粒期遇到干旱，易发生早衰，百粒重降低，秕粒增加，影响产量。最适合大豆生长发育的土壤水分为土壤占田间持水量的 60%～70%

（3）大豆的查勘方法

大豆与其他作物一样，在生长过程中容易遭受到多种出险原因导致的保险事故，因此在查勘时应逐一查明每种出险原因及大豆所处的生长阶段，根据保险近因原则确定造成损失最主要的原因。查勘方法归纳如下：

①现场调查法

通过天气预报及新闻报道等途径，一般比较容易确定暴雨、洪涝、大风等自然灾害发生的时间和地点。通过现场查看，也能识别出大豆遭受自然灾害后的基本症状，如田间大豆呈现大面积倒伏、存水量超过正常灌溉的水量造成水位较深，以及发生雹灾后，受损较重地块的大豆植株主茎及侧枝大量折断，叶片大量脱落、撕裂。

②现场询问法

现场调查后，可初步确定出险原因。为进一步核实自然灾害种类，也可通过向大豆种植农户询问大豆遭受灾害的方法进行核实，了解遭灾前大豆的生长情况及管理措施，进一步确定保险责任内的灾害损失。

③取样鉴定法

该方法适用于病虫害造成的出险事故。如果现场无法确定为何种病虫害，可采集带有病斑的植株或者虫体样本带回鉴定，也可以借助专业鉴定机构或者相关农业部门协助确定出险原因，并出具鉴定报告。

（4）大豆的定损方法

大豆的定损方法可参考玉米作物的定损方法。

二、经济作物保险

经济作物保险是指对经济作物在保险责任范围内的损失承担赔偿责任的保险。其保险标的主要包括：棉花、亚麻等纤维作物；油菜、花生等油料作物；甘蔗、甜菜等糖类作物；天麻、三七等药用作物；烟、茶等嗜好性作物。

（一）经济作物的保险特征

1. 栽培技术比较复杂，查勘定损难度较高

例如，棉花从培育幼苗到收获采摘，栽培管理程序繁多，生长过程中面临诸多类型的自然灾害，植株损失形式多样，难以确定单位面积损失率。

2. 抗灾性能差，费率较高

经济作物容易受到自然灾害的侵袭，从而导致产量和品质大幅度下降，因此费率较高。例如，发生冰雹灾害时，不仅会造成棉花、花生、烟草等产量大幅减少，同时还会造成品质下降，损失程度远超粮食作物保险。

3. 投入多，成本高，经济作物单位保额普遍较高

相对于粮食作物而言，经济作物栽培技术复杂、投入成本高，遭受自然灾害后损失更大。以棉花为例，不考虑土地流转和人工费用，仅种子、机耕、农药、化肥、地膜等直接物化成本，每亩地就高达1700～1800元。由于投入成本高，经济作物保险金额往往也较高。

（二）经济作物保险理赔的技术要点

1. 棉花

（1）棉花的生长特性

棉花简称棉，双子叶植物，锦葵科，棉属，是唯一由种子生产纤维的农作物。棉属中包括许多棉种，其中有四个栽培种，即草棉、亚洲棉、陆地棉和海岛棉。棉花原产于高温、干旱、短日照的热带和亚热带的荒漠草原，是多年生的亚灌木或小乔木；棉花属喜温作物，现蕾开花和结铃的适宜温度为25℃～30℃，光照不足会抑制棉花的发育，造成大量蕾铃脱落。棉花属直根系作物，根系发达，属耐旱作物；棉花在生长发育过程中，只要温度、光照等条件适宜，就像多年生植物一样，可以不断地生枝、长叶、现蕾、开花，持续生长发育，而获得显著的增产效果。棉花从种子发芽到完全成熟，要经过几个性质不同的时期，通常把从播种到收花结束称为全生育期，持续210天左右；从出苗到第一个棉铃成熟吐絮，称为生育期，持续120天左右，这是鉴别品种熟性的重要依据。棉花的整个生育进程可分为五个阶段，即出苗期（从播种到50%的棉苗出土，子叶平展）、苗期（从出苗期到50%棉株出现第一个幼蕾）、蕾期（从现蕾期到50%棉株开第一朵花）、花铃期（开花到50%的棉株第一个棉铃吐絮）及吐絮期（从吐絮开始到收花结束）。

（2）棉花的风险损失特征（见表2-9）

表2-9　棉花的风险损失特征

风险类型	受损特征
低温冷害	出苗后，抗寒能力逐渐下降，轻度冻伤的棉苗能恢复生长，严重受害的棉苗无法恢复，当气温低于12℃，会出现烂根现象。气温如果持续偏低，幼苗抗逆性变差，植株生长较弱，易诱发多种病害，严重的会造成大面积死苗现象

风险类型	受损特征
洪水及内涝	棉花是一种耐涝性较强的作物，棉株受淹48～72小时，排水后植株完好；受淹十几天，叶子全部脱落，主根烂掉一半，仅生长点未死。在水排除后及时管理，20天后，棉株可恢复生长；随淹随排，棉花能20多天不死且有收成。因此，只要受涝棉花的生长点不死，涝后及时加强田间管理，仍能获得较好收成
风灾	此症状比较明显，会出现大面积倒伏的现象；如遇台风等极端天气，会造成棉花机械损伤，如主茎折断，严重影响棉花产量
雹灾	棉花遭受雹灾后，受损症状比较明显，棉花叶片破碎、断头断枝、蕾铃脱落，严重者形成光秆，可能造成绝产或对棉花产量及品质造成较大影响。对于棉花而言，受害程度一般将其分为五个等级： 1. 一级（轻度危害）。叶片破损，主茎顶尖完好，果枝砸掉不足10%，花蕾脱落不严重，生育进程处于初花期以前，能很快恢复长势，基本不减产 2. 二级（中度危害）。落叶、破叶严重，主茎完好，果枝断枝率在30%以下，断头率在30%左右，多数花蕾脱落，生育进程处于初花期前后。若加强管理，能较快恢复长势，减产较轻 3. 三级（重度危害）。无叶片，主茎基本无破裂，叶节完好，腋芽完整，果枝断枝率在60%以上，断头率为40%～60%。在有效蕾期内，若加强管理，能恢复生育，一般减产30%～40% 4. 四级（严重危害）。无叶片，无果枝，光秆，主茎表皮破裂不足 $1/2$，30%以上腋芽完好，叶节大部分完好。在有效蕾期内，若加强管理，能长出一定数量的果枝和花蕾，有一定收获，但减产幅度较大 5. 五级（特重危害）。光秆，主茎砸破率大于50%，伤裂度超过 $1/2$，叶节大部分被破坏，腋芽不足30%，很难恢复，必须毁种
旱灾	连续7～10天晴朗无雨，田间土壤持水量明显低于60%，表明棉花已经受旱。具体表现为棉株生长趋于缓慢，顶芽、顶枝、新叶生长慢，主茎顶端明显变细，日生长量不到1cm；棉株叶片变小变厚，棉株上部1～3片叶片颜色出现深绿带暗，失去光泽，或者在晴天中午，叶片萎蔫下垂，表明棉花严重受旱。棉花受旱，阻碍着棉株的正常生长，导致大量蕾、花、铃脱落，严重影响棉花的产量

（3）棉花的查勘方法

种植业保险发生事故的原因较多，一般包括直接原因、间接原因、管理原因、责任原因、外因、内因等多个方面。因此，作为保险责任认定的第一步，保险公司要对事故的原因进行详尽的调查和分析，确认事故发生的近因。棉花在生长过程中往往会遭受到多个出险原因导致的保险事故，因此在查勘时应逐一查明每个事故的出险原因及棉花所处的生长阶段，并对事故原因进行分析和鉴定。根据保险近因原则确定造成损失最大的出险原因。

①现场调查法

通过天气预报及新闻报道等途径，一般能比较容易地确定暴雨、洪涝、大风等自然灾害发生的时间和地点，通过现场查看，也能识别出棉花遭受自然灾害后的基本症状，如田间棉花呈现大面积倒伏，存水量超过正常灌溉的水量造成水位较深，发生雹灾后受损较重地块的植株主茎及侧枝大量折断，叶片大量脱落、撕裂。现场调查结果应由被保险人签字签章确认。

②现场询问法

现场调查后，可初步确定出险原因。为进一步核实自然灾害种类，也可向棉花种植农户进行询问以核实遭灾前棉花的生长情况及管理措施，进一步确定保险责任内的灾害损失，同时要做好询问记录。

③取样鉴定法

对于现场难以鉴定出险原因的自然灾害如病虫害，可采集带有病斑的植株或者虫体样本带回鉴定，也可以借助专业鉴定机构或者相关农业部门协助确定出险原因，并出具鉴定报告。

保险公司对受损棉花标的进行查勘时，不仅要查明灾害发生的时间、地点、受损面积、损失程度、承保率、重复保险情况，而且要查清事故损失是属于直接原因还是间接原因，是自然因素还是人为因素，合理区分保险责任与非保险责任造成的损失。对事故人、证人做好调查询问工作，做好笔录，请被调查人签字，对共同查勘人要核对相关记录并签字留存。

（4）棉花的定损方法

保险棉花遭受保险责任范围内的损失后，应以每个农户为定损单位，以定苗或移栽大田成活后的棉花每亩标准株数为基数（定苗或移栽大田成活后的棉花每亩标准株数，以当地农业技术部门的规定为准），实行多次查勘一次定损，依据损失程度进行赔偿的办法，即保险棉花遭受保险责任范围内的损失后，先进行第一次查勘，并将查勘结果记录在案，经 10～15 天观察期后再次查勘，直至收获前进行定损，确定最终损失程度。

棉花因自然灾害遭受绝产损失应按照棉花所处的生长期赔付比例确定损失大小。因自然灾害遭受部分损失的定损方法总结如下。

①损失面积的确定

如果保险面积小于实际种植面积时，若无法区分未保险面积部分，则按保险面积与实际种植面积的比例计算赔偿金额；保险面积大于或等于实际种植面积时，按实际损失面积计算赔偿金额。

对于棉花损失面积较小的情况，可采用实地测量的方法即采用测亩仪等工具现场测量受损面积；对于棉花损失面积较大的情况，往往需要借助无人机、卫星遥感等新技术辅助确定受损面积大小。统保业务由于涉及多个农户，可以采用调查询问及抽查定损相结合的方法，向当地政府及农户仔细询问灾情，发现与实际不符的地方，要申明虚报受损面积的利害，并及时纠正虚报面积，绝产损失按照投保面积确定损失面积即可。

②棉花损失程度的确定

同一地块保险棉花遭受条款中所列明的自然灾害，首先应确定棉花遭受灾害的类型，以及处于哪个生育期，如是开花期还是吐絮期。结合此前的查勘情况，综合考虑损失情况。目前行业中通常采用植株损失率方法来确定棉花损失程度。

按照统计学中的取样方法，把承保地块按照遭受自然灾害的程度分为轻、中、重三种类型，每个类型随机取三点，每点取 100 株棉花统计受损植株数量及总植株数量，计算出每种类型的损失率，取加权平均值后得出植株损失率。统计表如表 2-10 所示。

表 2-10　棉花受损取样表

受损类型	取样点	受损株数	总株数	损失率
轻度受损	1		100 株	
	2		100 株	
	3		100 株	
中度受损	1		100 株	
	2		100 株	
	3		100 株	
重度受损	1		100 株	
	2		100 株	
	3		100 株	

受损地块植株损失率=∑各类型损失率/取样点数量

（5）赔偿计算方法

①绝产损失

对于达到绝产标准的情况，可按不同生长期赔付比例确定赔偿金额。

赔款金额=受损面积×每亩保险金额×生长期赔付比例

②部分损失

对于未到达绝产标准的情况，保险人根据损失程度和保险条款规定计算赔偿金额。

赔款金额=受损面积×每亩保险金额×损失率×生长期赔付比例

2．油菜

（1）油菜的生长特性

油菜，别名芸薹，原产地在欧洲与中亚一带，十字花科，是以采籽榨油为种植目的的一年生或越年生草本植物。油菜的种植可以分为四个时期：苗期（油菜从出苗至现蕾的一段时间）、蕾薹期（油菜从现蕾至初花的一段时间）、开花期（油菜从开始开花到开花结束的一段时间）、成熟期（从终花到角果籽粒成熟的一段时间）。我国栽培的油菜可分为三大类型：①芥菜型，又称为高油菜、苦油菜、辣油菜或大油菜，籽粒小，种皮多，呈黄色或棕红色，有浓厚辣味，千粒重 1～2g，含油率在 30%左右，油的口感较差。②白菜型，又称为短油菜、甜油菜和小油菜，籽粒大小不一，种皮多为棕红色、褐色或黑色，千粒重 2～3g，含油率为 35%～45%。③甘蓝型，即胜利油菜，是目前我国种植面积最多的一种。它产量高、籽粒大，种皮多为黑褐色，千粒重一般在 3g 左右，含油率在 40%～45%。油菜按种植季节又可以分为秋种油菜和春种油菜。

此外，根据油菜的生物学特性及春化阶段对温度的要求，还可将油菜分为冬油菜和春油菜两种类型。

（2）油菜的风险损失特征（见表2-11）

表2-11　油菜风险类型与受损特征

风险类型	受损特征
冻害	油菜冻害可表现在地上部和地下部。地上部冻害包括叶片、茎秆、蕾薹、幼果。地下部冻害，苗期表现为根拔现象。
	叶片受冻害较为普遍。当气温下降到3℃以下时，会出现叶片发黄或黄枯，或出现水烫状萎缩，最后叶片部分或全部变白。持续低温会导致细胞间隙内水分结冰，使叶片组织受冻死亡，部分或全部变白、变黄或干枯。早春寒潮期间，如果温度不是太低，叶片下表皮生长受阻，而其余部分继续生长，则导致叶片呈现凹凸不平的皱缩现象
	茎薹受冻，初呈现水烫状，嫩薹弯曲下垂，茎部表面破裂，开花时严重受冻，花蕾脱落，主序弯曲下垂，气温回升时弯曲部分长至成熟仍是弯曲的，有的受冻花朵即使能开花，但结实不良，特别是主花序会出现分段结实现象
	根部受冻。土壤中的水分结冰导致土层膨胀，幼苗根系被抬起；当白天气温回升，冻土溶解，体积变小，下沉，幼苗根系被扯断外露（犹如被人为拔起一般）。出现根拔现象的幼苗，苗倒根露，若再遇冷风日晒，则会大量死苗。直播田块的根拔现象最为突出。根茎部受到冻害时，病部出现水渍状斑，而后环状变褐，根茎变粗，内部变空，严重时根茎纵裂，植株死亡
低温冷害	油菜冷害主要表现为叶片上出现大小不　的枯死斑，叶色变浅、变黄及叶片萎蔫等。发生倒春寒时，温度降到10℃以下，油菜开花明显减少，5℃以下则一般不开花，正在开花的花朵大量脱落，幼蕾也变黄脱落，花序上出现分段结荚现象。除此之外，遭遇倒春寒时，叶片及薹茎也可能产生冻害症状
洪水及内涝	因降水过多，田中积水如果不及时排出会造成涝害，表现为油菜叶片萎蔫、空壳、瘪粒甚至倒伏等现象
风灾	主要特征为油菜田中出现大面积倒伏现象
雹灾	遭受雹灾后，受损症状比较明显，叶片破碎、撕裂，主枝侧枝折断，花蕾脱落，严重者形成光秆，严重影响油菜产量
旱灾	油菜植株嫩梢和叶片在傍晚至清晨，仍呈现萎蔫状态时，表明土壤缺水；叶柄、花梗、果柄形成离层，导致绿叶开始脱落，出现落花、落果现象；如果油菜长期缺水，根系开始发生木栓化和自疏，植物枝条自上而下萎蔫枯死，当根系全部失去吸收能力时，导致"永久性萎蔫"，油菜因缺水整株死亡

（3）油菜的查勘方法

油菜种植风险事故发生的原因具有多样化，包括干旱、冻害、洪涝灾害、病虫等自然灾害，也包括意外事故、技术风险和市场风险导致的损失。作为保险责任认定的第一步，保险公司要对事故的原因进行详尽的调查和分析，确认事故发生的近因。油菜在生长过程中往往会遭受到多个出险原因导致的保险事故，因此在查勘时应逐一查明每个事故的出险原因及标的所处的生长阶段，并对事故原因进行分析和鉴定。根据保险近因原则确定造成损失最大的出险原因。查勘方法归纳如下：

①现场调查法

通过天气预报及新闻报道等途径，一般能比较容易地确定暴雨、洪涝、大风等自然灾害发生的时间和地点，通过现场查看，也能识别出油菜遭受自然灾害后的基本症状。

②现场询问法

现场调查后，可初步确定出险原因。为进一步核实自然灾害种类，也可通过向油菜种植农户询问进行核实遭灾前油菜的生长情况及管理措施，进一步确定保险责任内的灾害损失，同时要做好询问记录。

③取样鉴定法

对于现场难以鉴定出险原因的自然灾害如病虫害，可采集带有病斑的植株或者虫体样本带回鉴定，也可以借助专业鉴定机构或者相关农业部门协助确定出险原因，并出具鉴定报告。

保险公司对受损油菜标的进行查勘时，不仅要查明灾害发生的时间、地点、受损面积、损失程度、承保率、重复保险等情况，而且要查清事故损失是属于直接原因还是间接原因，是自然因素还是人为因素，合理区分保险责任与非保险责任造成的损失。

（4）油菜的定损方法

油菜定损方法可参考水稻定损方法。

（5）赔款计算方法

①绝产损失

对于达到绝产标准的情况，保险公司可按不同生长期赔付比例确定赔偿金额。

赔款金额=每亩保险金额×受损面积×生长期赔付比例

②部分损失

对于未达到绝产标准的情况，保险人根据损失程度和条款规定计算赔偿金额。

赔款金额=受损面积×损失率×每亩保险金额×生长期赔付比例

3. 烟草

（1）烟草的生长特性

烟草属管状花科目，茄科一年生或有限多年生草本植物。烟草喜温暖、向阳的环境及肥沃疏松的土壤，耐旱，不耐寒。根据不同阶段的生长特点，可把烟草的生长期分为出苗期、十字期、生根期、成苗期、还苗期、伸根期、旺长期及成熟期。

烟草每个生长阶段对环境条件的要求不同。出苗期温度应控制在 20℃～30℃，25℃～28℃为最适宜温度，种子发芽、出苗和生长最快。苗床土壤也要经常保持适当的湿润状态。十字期土壤水分的多少、温度的高低影响幼苗的正常生长，需要保持适宜的温度、水分和通气性，此时要管理好覆盖物，有利于升温、保温，并要适当透光，便于幼苗进行光合作用，合成有机养料，供应自身生长。生根期要适当控制土壤水分，保证根系发育有良好的通气条件，光照要充足，及时间苗、定苗，保证苗床通气透光，温度不能超过 35℃。成苗期要保证适量的水分、比较充足的养分和光照，在管理上要注意控制苗床土壤的水分，移栽前应适当控制水分，进行断水锻苗，来提高烟苗的健壮程度。还苗期可以生长的温度范围较大，地上部为 8℃～38℃，地下部为 7℃～43℃，生长的最适宜温度为 28℃左右。伸根期烟株耗水量较低，适度干旱能促进根系发育，月降水量以 80～100mm 为宜。旺长期烟株耗水量很大，烟株生长对水分的需求量最大，要求有充足的雨水供应才能促进烟株旺长，一般月降雨量以 100～200mm 为宜。烟叶成熟期的最佳温度为 24℃～25℃，温度低于 20℃时干物质少，烟叶品质差；如果低于 18℃，叶绿素分解受阻，叶片不易落黄成熟；如果温度高于 35℃，烟叶容易出现早衰。一般认为烟叶成熟时期，24℃～25℃的温度持续 30 天以上，昼夜温差小，有利于形成优质烟叶。成熟期需水量相对减少，一般月降雨量 100mm 左右为宜。

（2）烟草的风险损失特征（见表 2-12）

表 2-12　烟草风险类型与受损特征

风险类型	受损特征
冻害	冻害主要发生在烟草还苗期，当气温下降到 0℃以下时，引起烟株体组织结冰，使烟株受伤甚至死亡。如果遭遇霜冻，即使没有死亡，烟株也会生长受阻，叶片发生畸形。霜冻的叶片呈水渍状，而后逐渐变为黑褐色。当气温低于 10℃，烟草生长受阻。烟草在苗期能忍受短时 0℃左右的低温，但易造成冷害。对于轻度的冷害，一般经过追肥和加强管理措施，仍能恢复生长。如长时间处于 -3℃~-2℃ 的低温，则植株死亡。此外，在苗期或移栽后长期生长在低温条件下，易导致早花减产
热害	生长期内温度高于 30℃，特别是 35℃时干物质的消耗大于积累，造成烟叶的质量明显降低。烟叶成熟期温度过高，即便是短期的高温，也会破坏叶绿素，影响光合作用，使呼吸作用反常增强，消耗过多的光合产物，从而使新陈代谢失调，影响烟株的生长、成熟和烟叶的品质
洪水及内涝	水涝严重影响烟草根系的通气条件。在伸根期，水涝影响根系的形成和发育；在旺长期以后，则容易发生病害；在成熟期，则不利于烟叶成熟落黄。如果烟田受涝严重，或积水成灾，由于土壤中缺氧易影响根系的正常生长和吸收，时间一长，随着土壤中还原物质的增加致使烟根中毒，甚至腐烂，烟株发生萎蔫或死亡
风灾	由于栽培烟草的目的是要得到完整无损的叶片，而烟草的植株高大，叶片大而柔嫩，五级以上的大风，对烟株影响很大，尤其是接近成熟的烟叶遭受风灾，叶片互相摩擦而发生伤斑，初呈浓绿色，后又转为红褐色，直至干枯脱落，其产量和品质会受到严重影响，一般植株上部叶片受害较重。五级以上大风（9m/s 以上）对烟株有明显影响，若在生长中期刮大风，气候干燥影响烟株生长，促使病害发生或叶片反转（叶背朝上），暴晒后呈白色，对品质不利。烟草在大田生长后期株高叶茂，容易遭受风害。叶片成熟期遇到 10m/s 的风速，就能造成危害，轻则擦破叶片，降低品质；重则烟株倒伏或叶片折断。因此，要因地制宜地种植烟草
雹灾及霜冻	冰雹对烟草的危害很大，凶猛的冰雹可造成烟叶寸片不留。霜冻也是应当注意的，不仅烟草幼苗怕霜冻，成熟的叶片受霜冻危害后影响更大，受霜冻的烟叶从叶尖开始，初呈水渍状，后变为褐色，严重影响烟叶品质。因此，应适时移栽，尤其是北方烟区的夏烟，应尽可能在无霜期的适宜温度下完成整个生育期
旱灾	烟田缺水，烟株会生长缓慢，甚至停滞不前，叶片小而厚，组织紧密，蛋白质、尼古丁等含氮化合物增加，烟味辛辣，品质低劣。因此，对受旱烟田要及时灌水

（3）烟草的查勘方法

①保险公司可通过村委会、部分烟农以及烟草、气象等部门全面了解受灾情况，包括出险时间、出险地点、出险原因、受灾面积、受灾户数、损失情况等，对灾情做到心中有数。

②深入受灾烟地进行实地勘察，公正如实地核定、记录灾情。现场查勘时要以保险人为主，烟叶站、乡、村委会协同配合。

③认真做好查勘记录。特别要详细记录所查勘的受灾地名、受灾面积、抽样办法、抽样烟农户名址、抽样情况、烟草生长情况、损失程度等情况。

④现场拍照。现场拍照是为了更好地说明灾害现场的情况，也是确定损失的有力证据和赔案存档必需的材料。保险烟草受灾点多分散，应选择具有一定代表性的点进行拍照。

⑤根据灾害现场情况，对于具备再生恢复能力和有价值的受灾烟草，特别是处于幼苗、生长阶段的灾害损失，应采取二次查勘，设立定损观察期。烟草保险的观察期，一般设定为3～7天，烟草受涝灾的恢复生长较慢，观察期可适当延长。

⑥及时编制现场查勘报告。根据现场查勘记录，由查勘人员及时编制查勘报告，做到项目齐全、内容完整、字迹清楚、文字简练、情节明了。

（4）烟草保险的定损方法

①确定保险责任

保险公司理赔人员应根据现场查勘情况，依据烟草保险条款、保险单的约定以及批单更改事项综合确定。

②确定损失程度

a. 现场选点抽样。现场选点是关系抽样准确性的关键。样点的选择应具有随机性和代表性，可以按灾害造成损失的程度，分为轻灾、中等灾、重灾，分别选点抽样。所选样点的多少，应根据受灾面积确定。受灾面大、地理环境复杂的，样点应多选。抽样方式与其他作物基本一致。

b. 核定全损叶片。应根据各类型灾害造成烟草植株和叶片损害的特征分别确定，具体标准是判定其有无再生利用价值。如冰雹对烟叶的损害特征，主要是造成叶面破裂等，一般采用以洞折叶、以叶折株、以株折亩的办法统计。又如，被风灾吹断的叶片，未成熟的叶可计为全损叶，已成熟的叶就不应计为损失叶。涝灾易造成烟草植株整株损毁，但判定其损失需要较长的观察期，一旦判定其整株无再生利用价值，应在保险单约定的有效叶片基数范围内按实际有效叶片数计全损叶片。特别要注意的是，在计算保险烟草有效叶片数时，应剔除3～4片脚叶烟。在核定损失时，应做好原始记录。

c. 计算损失程度。根据抽样核定的烟草株数、全损叶片数和保险单约定的烟草有效叶片基数计算损失程度。即损失率=实际抽样受损烟株有效叶片全损总数/（保险单约定每株烟叶有效叶片基数×实际抽样烟株合计数）×100%。

d. 确定受损面积。对保险烟草受损面积的确定，首先应由投保人和被保险人填报损失清单，再由保险人核实。保险人在核实受损面积时，一般可采用测量分析法，即采用目测、实地丈量、测亩仪等方法来测定。也可依据承保时分户清单记载的农户栽烟面积、详细地址等资料，按灾害损失程度类别，采取随机抽样丈量、比例确定损失面积的方法。此外，对于受灾面积要据实计算。保险烟草发生损失时，当承保面积大于实际栽种面积时，按照实际栽种面积计算赔偿；当承保面积小于实际栽种面积时，无法区分未保险面积部分，应按承保面积与实际栽种面积的比例计算赔偿。

（5）赔款计算

①绝产损失

凡保险烟草达到绝产损失标准的，保险人根据出苗期、十字期、生根期、成苗期、还苗期、申根期、旺长期及成熟期赔付比例确定赔偿金额。

赔款金额=受损面积×每亩保险金额×生长期赔付比例。

②部分损失

凡保险烟草未达到绝产标准的，保险人根据损失程度和条款规定计算赔偿金额。

赔款金额=受损面积×每亩保险金额×损失率×生长期赔付比例。

4. 甘蔗

（1）甘蔗的生长习性

甘蔗为甘蔗属，多年生高大实心草本，根状茎粗壮发达，秆高 3～5 米。甘蔗为喜温、喜光作物，年积温须达到 5500℃－8500℃，无霜期 330 天以上，年均空气湿度为 60%，年降水量要求 800～1200mm，日照时数在 1195 小时以上。甘蔗生长期长达 9～17 个月，可以分为萌芽期、幼苗期、分蘖期、伸长期和成熟期 5 个时期。

萌芽期内，当蔗种内含水量低于 50% 时，发芽力明显减弱。蔗种含水量在 70% 左右时可供发芽需要，湿润的环境有利于蔗种发芽，更利于生根。从幼苗至分蘖，蔗叶增多增大，需水量也逐渐增多。在生长盛期前，一般要求土壤含水量在 70% 为宜。低于 65% 或高于 80% 均不利于甘蔗生长。若田间积水，土壤通气不良，会使叶片变色，生长受阻，乃至腐烂死亡。伸长期是甘蔗生长最旺盛的时期，耗水量占一生所需水分的一半以上，所以应保持土壤的含水量在 80%～90%。成熟期（上糖期）通常以保持土壤含水量在 60%～70%为宜，适度干燥凉爽和充足的光照有利于蔗糖分的合成和积累。

甘蔗的萌发生长以 30℃ 左右为最适宜温度，13℃ 以上就可发芽，30℃～32℃ 为萌发最适宜温度，超过 40℃ 对萌发不利。蔗根在 10℃ 以上萌发，20℃～27℃ 是最适宜温度。幼苗须在 15℃ 以上才能生长，地温高低与永久根的发生迟早关系很密切，20℃ 以上才能发生分蘖。

（2）甘蔗的风险损失特征

甘蔗风险类型与受损特征如表 2-13 所示。

表 2-13 甘蔗风险类型与受损特征

风险类型	受损特征
冻害	当气温达到 0℃以下时，甘蔗中的水分会结冰，主要表现为蔗杆发红、起黑点、有酸味。如果这种状况长时间持续，甘蔗便会死亡，霜冻天气还会使甘蔗品质卜降，出糖率降低。甘蔗的冻害一般发生在夜间 0℃左右，一般温度越低、持续的时间越长，受害越严重。低洼地、谷地，由于地势较低凹，冷空气下沉，空气不易流动，因而霜冻比较严重。甘蔗受害的温度指标大致是当最低气温低于 2℃时，甘蔗叶片枯黄，为轻度寒害症状；气温低于 0℃时，甘蔗部分生长点冻死，为中等寒害症状，气温低于-1℃时甘蔗大部分生长点被冻死，为重度寒害症状，气温低于-2℃时，甘蔗全茎被冻死变质，为严重冻害症状
洪水及内涝	涝害对甘蔗最直接的影响是使根系的生长发育受阻。蔗田地下水位高或四面积水，土壤中空气缺乏，通透性差，氧气不足，根系生长受到很大抑制，根数少，根毛少，干重低，分布浅，不能深扎。当蔗田积水时间过长时，涝害不仅使根部生长受抑制，地上部分的生长发育也由此受到严重影响。受涝会造成生长点变成暗褐色，蔗株易倒伏，蔗茎弯曲，蔗叶枯黄，在接触水面的蔗茎上长出气生根，蔗茎空心蒲心，茎比重下降。受涝蔗株由于生长受抑制，顶端优势减弱，侧芽抽出，其抽出的速度快慢与受涝程度和时间长短有关。受浸没顶，时间较长，生长点死亡的蔗株抽侧芽比较快；受浸而不没顶，受浸时间较短，生长点未死的蔗株抽侧芽比较慢。受涝时间不长，茎节保持青绿，根点正常的，可作种苗用。受涝严重的蔗株生长点死亡，蔗茎枯烂，完全失去加工价值，造成甘蔗严重减产
风灾	风折和倒伏会造成甘蔗部分断茎干枯，蔗茎减产变质，根系受伤，吸收功能衰退，打乱群体结构，生长环境恶化。甘蔗倒伏后，原来正常的田间群体结构被打乱，使蔗株分布不均，有的蔗株成堆倒在一起，相互挤压，通气不足，湿度变大，温度提高，呼吸增强，生长受影响，促使气根和侧芽萌发，使得叶片的伸长受到影响。此外，大风天气还会影响甘蔗的生长和成熟。甘蔗倒伏后，外部生长环境恶化，内部生理功能受阻，导致蔗茎变细，空心节间增加，仅为正常蔗株的1/7，造成蔗茎产量降低，质量变坏，严重的甚至达不到正常工艺成熟的要求
旱灾	出苗以后幼苗得不到必要的水分，蔗株亦会死亡，从而造成缺苗。对于处于分蘖和伸长期的秋冬植甘蔗，干旱会影响甘蔗的分蘖数和减缓伸长速度。伸长期，是甘蔗需水量最多的时期，干旱会降低甘蔗的光合作用强度，使得呼吸作用加强。因此，夏季干旱将严重影响甘蔗伸长，从而明显降低产量。秋季为上年秋冬植蔗和当年春植蔗的成熟期和秋植蔗下种、萌发及幼苗生长分蘖期。因此，秋旱对秋植蔗下种、萌芽分蘖、伸长均有不利影响。冬季是秋植蔗分蘖或伸长处于停顿状态的时期，其抗旱能力也大为加强，加之冬季温度低，甘蔗生长缓慢，故此时干旱对秋植蔗影响不大

（3）甘蔗的查勘方法

①向村委会、部分农户等全面了解受灾情况，包括出险时间、出险地点、出险原因、受灾面积、受灾户数、损失情况等，对灾情做到心中有数。

②深入受灾地块进行实地勘察，实地核定、记录灾情。

③认真做好查勘记录。特别要详细记录所查勘的受灾地名、受灾面积、抽样办法、

抽样农户名址、抽样情况、甘蔗生长情况、损失程度等情况。

④现场拍照。现场拍照是为了更好地说明灾害现场的情况，也是确定损失的有力证据和赔案存档必需的材料。

⑤根据灾害现场情况，对具备再生恢复能力和有价值的受灾甘蔗，应采取多次查勘，设立定损观察期。甘蔗保险的观察期一般设定为3～7天，甘蔗受涝灾的恢复生长较慢，观察期可适当延长。

⑥及时编制现场查勘报告。根据现场查勘记录，由查勘人员及时编制查勘报告，做到项目齐全、内容完整、字迹清楚、文字简练、情节明了。

（4）甘蔗的定损方法

甘蔗遭受保险责任范围内的损失后，以大田成活后的甘蔗每亩标准株数为基数，实行多次查勘，一次定损，依据损失程度进行赔偿。保险甘蔗遭受保险责任范围内的损失后，先进行第一次查勘，并将查勘结果记录在案，经5～7天观察期后再次查勘，直至收获前，进行定损，确定最终损失程度。

因自然灾害遭受绝产损失应按照甘蔗所处的生长期赔付比例确定损失大小。因自然灾害遭受部分损失定损方法如下。

①损失面积的确定。

如果保险甘蔗面积小于实际种植面积时，如无法区分未保险面积部分，则按保险面积与实际种植面积的比例计算赔偿金额；保险面积大于或等于实际种植面积时，按实际损失面积计算赔偿金额。

对于甘蔗损失面积较小的情况，可采用实地测量的方法即采用测亩仪等工具现场测量受损面积；对于甘蔗损失面积较大的情况，往往需要借助无人机、卫星遥感等新技术辅助确定受损面积。统保业务由于涉及多个农户，可以采用调查询问及抽查定损相结合的方法，向当地政府及农户仔细询问灾情，发现与实际不符的地方，要申明虚报受损面积的利害，并及时纠正虚报面积。

②甘蔗损失程度的确定。

同一地块保险甘蔗遭受条款中所列明的自然灾害，首先应确定在甘蔗各生长阶段出现了何种类型的灾害及所处生长阶段。

按照统计学中取样方法，把承保地块按照遭受自然灾害的程度分成轻、中、重三种类型，每个类型随机取三点，每点取100株甘蔗，统计受损植株数量及总植株数量，计算出每种类型的损失率，取加权平均值后得出植株损失率（见表2-14）。

表2-14　甘蔗受损类型与取样表

受损类型	取样点	受损株数	总株数	损失率
轻度受损	1		100 株	
	2		100 株	
	3		100 株	

受损类型	取样点	受损株数	总株数	损失率
中度受损	1		100株	
	2		100株	
	3		100株	
重度受损	1		100株	
	2		100株	
	3		100株	

受损地块植株损失率=∑各类型损失率/取样点数量。

（5）赔偿计算

①绝产损失

凡保险甘蔗达到绝产标准的，保险人根据萌芽期、幼苗期、分蘖期、伸长期和成熟期情况确定赔偿金额。

赔款金额=受损面积×每亩保险金额×生长期赔付比例。

②部分损失

凡保险甘蔗未达大绝产标准的，保险人根据损失程度和条款规定计算赔偿金额。

赔款金额=受损面积×每亩保险金额×损失率×生长期赔付比例。

三、蔬菜园艺作物保险

（一）蔬菜园艺作物保险的概念及特点

蔬菜园艺作物保险是指以生长期的蔬菜和园艺作物为保险标的，对在生长过程中发生保险合同约定的灾害事故造成的经济损失承担赔偿责任的保险。蔬菜园艺作物保险又分为蔬菜作物保险和园艺作物保险。

蔬菜作物保险指以生长期的蔬菜作物作为保险标的，对发生保险合同约定的灾害事故造成的经济损失承担赔偿责任的保险。根据蔬菜的生产方式不同，蔬菜作物保险可分为露天蔬菜保险、保护地栽培蔬菜保险、无土栽培蔬菜保险和人工养殖的食用菌保险。

园艺作物保险指以花卉或其他园艺作物作为保险标的，对发生保险合同约定的灾害事故造成的经济损失承担赔偿责任的保险。目前，我国园艺作物保险以花卉作物保险为主，为防止道德风险，保险金额通常根据成本价确定。

与其他种植业保险相比，蔬菜园艺作物保险有以下三个特点。

1. 保险金额较高

蔬菜园艺作物的单位保险金额按单位面积的生产投入确定。蔬菜园艺作物单位面积的生产投入大、技术含量高、产值高，因而其保险金额一般较高。

2. 保险费率较高

蔬菜作物的抗雹灾能力较差，雹灾损失率大，投保时往往首选雹灾责任，因而蔬菜雹灾保险的费率一般都很高，瓜菜雹灾保险的费率一般在 5% 以上。例如，一些地区蔬菜的保险费率为 4%~10%。国外也是如此，美国 1978 年生效的费率表中，粮食作物的保险费率为 1.75%，而番茄、西瓜的保险费率则为 7.3%。

3. 种类丰富，技术复杂

蔬菜园艺作物种类繁多，栽培技术要求高，产值差别大，抗灾能力各不相同，在保险设计和实务操作上都有很强的专业性。例如，对于蔬菜雹灾保险，蔬菜的种类至少有几十种，进行保险设计时必须对各种蔬菜的生产原理与生产过程有所了解，才可能对相应的保险条款进行设计、对保险实务做出规定，并对承保理赔人员进行培训，使之能够掌握承保和定损技术。因此，这类保险具有专业技术的复杂性。

（二）蔬菜园艺作物保险理赔的技术要点

1. 大白菜理赔技术要点

（1）生长习性

大白菜与小白菜是近亲，同属芸薹一种，和原产于地中海沿岸的圆白菜也较类似，同属十字花科芸薹属。大白菜喜冷凉气候，平均气温 18℃~20℃ 和阳光充足的条件下生长最好。-3℃~-2℃ 能安全越冬，在 25℃ 以上的高温天气生长衰弱，易感病毒，只有少数较耐热品种可在夏季栽培。白菜萌发的种子及绿体植株在气温 15℃ 以下，经历一定的天数完成春化，苗端开始花芽分化，而叶分化停止，在长日照及较高的温度条件下抽薹、开花，但不同品种对长日照的要求有明显差异。

大白菜的生长发育过程分为营养生长和生殖生长两个阶段。营养生长阶段又可分为以下几个时期：发芽期（从种子萌动发芽到出土、真叶显露）、幼苗期（从真叶显露到 5~8 片叶展开，形成第一个叶环）、莲座期（幼苗期结束后再发生两个叶环形成莲座）、结球期（从心叶开始抱合到叶球形成）、休眠期（叶球因气候转冷被迫进入休眠）。

（2）查勘方法

①向村委会和部分农户等全面了解受灾情况，包括出险时间、出险地点、出险原因、受灾面积、受灾户数、损失情况等，对灾情做到心中有数。

②深入受灾地块进行实地勘察，实地核定、记录灾情。

③认真做好查勘记录。特别要详细记录所查勘的受灾地名、受灾面积、抽样办法、抽样情况、白菜生长情况、损失程度等。

④现场拍照。现场拍照是为了更好地说明灾害现场的情况，也是确定损失的有力证据和赔案存档必需的材料。

⑤根据灾害现场情况，对具备再生恢复能力和有价值的受灾白菜，应采取多次查勘，设立定损观察期。

⑥及时编制现场查勘报告。根据现场查勘记录，由查勘人员及时编制查勘报告，

做到项目齐全、内容完整、字迹清楚、文字简练、情节明了。

（3）定损方法

大白菜遭受保险责任范围内的损失后，以大田成活后的白菜每亩标准株数为基数，实行多次查勘，一次定损，依据损失程度进行赔偿。因自然灾害遭受绝产损失，应按照白菜所处的生长期赔付比例确定损失大小。

①损失面积的确定。

当保险白菜面积小于实际种植面积时，如无法区分未保险面积部分，则按保险面积与实际种植面积的比例计算赔偿金额；保险面积大于或等于实际种植面积时，按实际损失面积计算赔偿金额。

对于白菜损失面积较小的情况，可采用实地测量的方法，即采用测亩仪等工具现场测量受损面积；对于损失面积较大的情况，往往需要借助无人机、卫星遥感等新技术辅助确定受损面积。集体承保业务由于涉及多个农户，可以采用调查询问及抽查定损相结合的方法，向当地政府及农户仔细询问灾情，发现与实际不符的地方，要申明虚报受损面积的利害，并及时纠正虚报面积。

②白菜损失程度的确定。

同一地块白菜遭受合同中保险责任所列明的自然灾害，首先应确定遭受了何种类型的灾害及所处的生长阶段。具体定损方法如下。

按照统计学中取样方法，把承保地块按照遭受自然灾害的程度分成轻、中、重三种类型，每个类型随机取三点，建议每点取30株白菜，统计受损植株数量及总植株数量，计算出每种类型的损失率，取加权平均值后得出植株损失率（见表2-15）。

受损地块植株损失率=∑各类型损失率/取样点数量。

表2-15　白菜受损类型与取样

受损类型	取样点	受损株数	总株数	损失率
轻度受损	1		30株	
	2		30株	
	3		30株	
中度受损	1		30株	
	2		30株	
	3		30株	
重度受损	1		30株	
	2		30株	
	3		30株	

（4）赔款计算

①绝产损失

凡保险白菜达到绝产标准的，保险人根据发芽期、莲座期、结球期等生长期赔付比例确定赔偿金额。

赔款金额=受损面积×每亩保险金额×生长期赔付比例。

②部分损失

凡保险白菜未达到绝产标准的，保险人根据损失程度和条款规定计算赔偿金额。

赔款金额=受损面积×每亩保险金额×损失率×生长期赔付比例。

2. 苹果理赔技术要点

（1）生长习性

苹果是落叶乔木，通常生长旺盛，树冠高大，树高可达 15 米，栽培条件下一般高 3～5 米。树干呈灰褐色，老皮有不规则的纵裂或片状剥落，小枝光滑。果实为仁果，颜色及大小因品种而异。喜光，喜微酸性到中性土壤。最适合在土层深厚、富含有机质、心土为通气排水良好的沙质土壤中种植。

繁殖栽培以嫁接繁殖为主，砧木有乔化砧和矮化砧。偏南部地区秋冬土壤封冻前栽植，偏北部地区春季解冻时栽植。苹果自花结实能力差，栽植时必须配置授粉树。

苹果树栽后 2～3 年开始结果，经济寿命在一般管理条件下为 15～50 年，土壤瘠薄、管理粗放的只有 20～30 年。苹果的芽按性质分为叶芽、花芽两种。叶芽呈三角形，尖长而弯曲，展叶后长成枝。枝条按生长状况可分为徒长枝、普通枝、纤细枝、叶丛枝。苹果的花芽分化，多数品种都是从 6 月上旬开始至入冬前完成，整个过程分为生理分化、形态分化和性细胞成熟三个时期。花芽为混合芽，花序为伞房状聚伞花序，每个花序开花 5～7 朵。

（2）查勘方法

①向村委会、部分农户等全面了解受灾情况，包括出险时间、出险地点、出险原因、受灾面积、受灾户数、损失情况等，对灾情做到心中有数。

②深入受灾地块进行实地勘察，实地核定、记录灾情。

③认真做好查勘记录。特别要详细记录所查勘的受灾地名、受灾面积、抽样办法、抽样情况、生长情况、损失程度等情况。

④现场拍照。现场拍照是为了更好地说明灾害现场的情况，也是确定损失的有力证据和赔案存档必需的材料。

⑤根据灾害现场情况，可采取多次查勘，一次定损。

⑥及时编制现场查勘报告。根据现场查勘记录，由查勘人员及时编制查勘报告，做到项目齐全、内容完整、字迹清楚、文字简练、情节明了。

（3）定损方法

①确定受损面积

保险果品发生保险责任范围内的事故，造成果品落地、雹痕明显，保险公司可结合保险责任范围内事故的强度，根据果品受损程度及数量，以投保的亩数、株数为依据，按受损株数及受损程度比例折成亩数计算赔偿，确定受损面积。对于投保面积较大的地块及统保业务，可采用抽样方法确定受损面积。

②确定损失率

按照统计学中取样方法，把苹果承保地块按照遭受自然灾害的程度分为轻、中、重三种类型，每个类型随机取三点，建议每点随机取一棵果树，统计受损果品数量，计算出每种类型的损失率，取加权平均值后得出平均果品数量损失率（见表2-16）。

表2-16 苹果受损类型与取样

受损类型	取样点	受损果品数量	总果品数量	平均果品损失率
轻度受损	1			
	2			
	3			
中度受损	1			
	2			
	3			
重度受损	1			
	2			
	3			

（4）赔款计算

①绝产损失

凡保险苹果达到绝产标准的，赔款金额=每亩保险金额×生长期赔付比例×受损面积。

②部分损失

凡保险苹果果品未达到绝产标准的，保险人根据损失程度和条款规定计算赔偿金额，赔款金额=受损面积×平均果品数量损失率×每亩保险金额×生长期赔付比例。

四、设施农业保险

（一）设施农业保险的概念及特点

设施农业保险是指以农业设施及设施内农作物为保险标的，对因发生保险合同约定的灾害事故造成的经济损失承担赔偿责任的保险。

设施农业保险具有以下特点：

（1）标的投入高，使用期限长，保险金额较大。

目前我国设施农业保险一般指的是温室大棚保险。由于温室大棚类型多样，建筑材料投入较大，施工周期较长，因此成本较高，保险金额也比较高。

（2）风险大，赔付率高。

设施农业能够承受一定的风险，但一旦遇到较大的自然灾害，不仅农业设施会遭到不同程度的损坏，设施内的农作物也因失去保护，遭受损失。同时，由于农业设施很难快速恢复，往往造成农作物较大损失甚至绝产。

（3）查勘定损比较复杂。

设施农业保险查勘定损涉及农业设施、农作物等标的，而且农业设施往往包括多种类型如墙体、棚架、棚膜等，设施内农作物种类多样，给查勘定损带来了一定的困难。

（二）设施农业的查勘定损方法

下面以北京市设施农业保险中连栋温室、钢架大棚、简易温室及砖钢结构温室四种温室标的为例，介绍设施农业风险的损失特征及定损和赔款计算方法。

1. 不同类型设施农业风险损失特征

（1）连栋温室。

设施比较牢固，抗风险较强，出险概率较低。但如遇到台风、冰雹等恶劣天气，连栋温室玻璃、钢架结构、防晒网等也会遭到破坏，特征比较明显。设施内作物因为外部建筑破坏，呈现一片狼藉的损坏特征。

（2）钢架大棚。

抗风险较弱，出险概率较高。如遇到大风、冰雹等恶劣天气，棚膜首先被撕开，甚至全部损毁、仅剩骨架，棚内作物因失去保护作用，遭受不同程度的损坏。

（3）简易温室。

抗风险较差，出险概率较高。如遇到大风、冰雹及暴雨等自然灾害，往往整栋温室遭到毁灭性损毁，很多保险公司将其列为不可保类型。

（4）砖钢结构温室。

设施比较牢固，抗风险较强，出险概率较低。如遇到台风、冰雹等恶劣天气，墙体比较牢固，一般不会出险，但是棚膜、钢架易遭到损毁。棚内作物因失去保护作用，会受到一定程度的损毁。

2. 定损及赔款计算方法（以北京市温室、大棚保险为例）

（1）温室、大棚的结构、墙体及透明覆盖物损失赔偿标准。

结构、墙体及透明覆盖物因保险责任范围内事故发生全损时，按照保险标的所对应保险金额计算赔偿，扣除相应的免赔金额后进行赔付；发生部分损失时，按照保险标的所对应保险金额，结合损失率与损失面积比例计算赔偿，扣除相应的免赔金额后进行赔付。

（2）结构、墙体、透明覆盖物损失赔偿计算。

结构赔款=有效保险金额×损失面积比例×损失率×（1-绝对免赔率）。

墙体赔款=有效保险金额×损失面积比例×损失率×（1-绝对免赔率）。

透明覆盖物赔款=有效保险金额×损失面积比例×损失率×（1-绝对免赔率）。

其中，有效保险金额=保险金额-已付赔款。

（3）钢架损失的赔偿标准。

钢架因保险责任范围内事故发生全损时，按照保险标的所对应保险金额计算赔偿，扣除相应的折旧金额与免赔金额后进行赔付；发生部分损失时，按照保险标的所对应保险金额，结合损失率与损失面积比例计算赔偿，扣除相应的折旧金额与免赔金额后进行赔付。

钢架损失赔偿计算公式如下：

钢架赔款=有效保险金额×损失面积比例×损失率×（1-折旧比例）×（1-绝对免赔率）。

其中，有效保险金额=保险金额-已付赔款。

（4）薄膜损失赔偿标准。

薄膜因保险责任范围内事故发生全损时，按照保险标的所对应保险金额计算赔偿，扣除相应的折旧金额与免赔金额后进行赔付；发生部分损失时，按照保险标的所对应保险金额，结合损失率与损失面积比例计算赔偿，扣除相应的折旧金额与免赔金额后进行赔付。

薄膜损失赔偿计算公式（以北京市温室、大棚保险为例）如下：

薄膜赔款=有效保险金额×损失面积比例×损失率×（1-折旧比例）×（1-绝对免赔率）。

因保险责任范围内的事故造成室（棚）内作物损失的，作物赔偿标准以保险合同约定为准。

第五节　种植业理赔案例

一、小麦种植保险理赔案例

（一）承保情况

投保组织者：某村委会；

被保险人：李某等 30 人；

保险期间：2017 年 10 月 1 日至 2018 年 6 月 30 日；

保险标的：小麦；

承保面积：300 亩；

保险金额：300000 元；

保险责任：冻害、冰雹、干旱、6 级（含）以上风、暴雨、内涝；穗发芽及病虫害等。

（二）出险情况

2017 年 12 月 10 日，该地出现-20℃低温天气，小麦幼苗出现冻灾症状；2018 年 6 月 5 日，出现冰雹天气，造成部分地块小麦损伤。

（三）报案

每次出险，由该村村委会相关负责人统一报案。保险公司接报案人员录入报案信息并生成报案号。

（四）查勘

保险公司查勘员赴现场查看小麦受灾情况，确定这两次出险是否属于保险责任，并查看受灾程度，拍摄出险照片，填写现场查勘报告。每次事故后 7 天，查勘员再次赴现场查看小麦生长恢复情况。

（五）立案

保险公司人员及时做立案处理，并在业务系统中生成立案号。

（六）定损

2018 年 6 月 20 日，保险公司人员、当地农业技术部门及被保险人共同对承保小麦进行测产。该测产采用对角线抽样法，共选取 10 个抽样点，每个抽样点收割 1 平方米小麦脱粒并称重。所得数据如表 2-17 所示。

表 2-17　小麦测产结果

抽样点	抽样面积	小麦重量（kg）
1	1 m²	0.40
2	1 m²	0.44
3	1 m²	0.46
4	1 m²	0.32
5	1 m²	0.42
6	1 m²	0.48
7	1 m²	0.24
8	1 m²	0.42
9	1 m²	0.26
10	1 m²	0.32

（七）理算

所有取样点小麦平均重量为 0.38 kg，折算成每亩产量为 253.71 kg，而该地区前三年小麦平均亩产为 457.24 kg，从而得出小麦损失率为 44.51%。该保险公司根据小麦种植保险条款中赔偿计算公式，分别计算每个被保险人的赔款，并由被保险人签字确认。

（八）公示

理算结束后，保险公司人员在该村村委报栏上张贴理赔清单，公示 3 天，并拍照留存。

（九）核赔及结案

保险公司核赔人员审核该赔案，审核通过后，案件自动结案。

（十）赔款支付

结案后，保险公司通过网银转账的方式直接将赔款转到每个保险人的账户中，并发送提示短信。

（十一）回访

保险公司对部分被保险人进行回访，询问理赔相关工作，做好回访记录。

二、苹果种植保险理赔工作案例

（一）承保情况

投保人：张某；

被保险人：张某；

保险期间：2017 年 10 月 1 日至 2018 年 9 月 30 日；

保险标的：苹果；

承保面积：100 亩；

保险金额：300000 元；

保险责任：冻害、冰雹、干旱、6 级（含）以上风、暴雨、内涝及病虫害等。

（二）出险情况

2018 年 4 月 10 日，该地出现倒春寒天气，苹果正值开花盛期，预计会受到影响。2018 年 7 月 5 日，出现冰雹天气，造成部分果品损伤。

（三）报案

每次出险，张某均拨打报案电话及时报案。保险公司接报案人员录入报案信息并生成报案号。

（四）查勘

保险公司查勘员在出险当天赴现场查看苹果受灾情况，确定这两次出险是否属于保险责任，并查看受灾程度，拍摄出险照片，填写现场查勘报告。在每次事故后7天，查勘员再次赴现场查看苹果结实及受损情况。

（五）立案

保险公司人员及时做立案处理，并在业务系统中生成立案号。

（六）定损

2018年9月20日，保险公司人员、当地农业技术部门及被保险人共同对承保苹果进行损失鉴定。技术人员为加快理赔时效，随机在张某果园抽取100株果树，发现有60株果树果品受损，确定损失率为60%。

（七）理算

按照苹果种植保险条款赔款计算公式，该保险公司应支付赔款100亩×60%×3000×不同生长期赔付系数100%，合计赔款18万元。

（十）核赔及结案

保险公司核赔人员审核该赔案，审核通过后，案件自动结案。

（十一）赔款支付

结案后，保险公司通过网银转账的方式直接支付赔款到被保险人张某的账户，并发送提示短信。

（十二）回访

保险公司被保险人张某进行回访，询问理赔相关工作，并做好回访记录。

【本章术语】

立案：保险人受理索赔或给付请求并正式开始核赔的行为。

报案：投保人、被保险人或者受益人将保险事故通知保险人的行为。

结案：保险人对赔案中应承担的义务和应享有的权利执行完毕的状态。

未决赔案：已立案但尚未结案和已报案未立案的赔案。

重复保险：投保人对同一保险标的、同一保险利益、同一保险事故分别与两个以上保险人订立保险合同，且保险金额总和超过保险价值的保险。

责任免除：责任免除又称为除外责任，指根据法律规定或合同约定，保险人对某些风险造成的损失不承担赔偿保险金的责任。

不足数量投保：指保险合同约定的标的物数量低于实际数量。

核赔：被保险人或受益人提出索赔或给付请求后，保险人对索赔材料进行认定、审核、调查，做出赔付或拒赔决定的过程。

防灾防损：是投保人对其所承保保险标的可能发生的各种风险进行识别、分析和处理，以防止灾害事故发生和减少灾害事故损失的工作。

【课后思考题】

1. 根据种植标的不同，种植业保险可以分为哪些类型？
2. 结合种植业生长和风险特点，阐述种植业保险理赔的特征。
3. 简述种植业防灾防损的意义与方法。
4. 绘制种植业理赔工作流程，并区分在不同情况下一次查勘与多次查勘的区别。
5. 以水稻为例，简述粮食作物风险损失类型与查勘定损技术要点。
6. 以棉花为例，简述经济作物风险损失类型与查勘定损技术要点。
7. 以白菜为例，简述蔬菜园艺作物风险损失类型与查勘定损技术要点。
8. 以温室大棚农业为例，简述设施农业风险损失类型与查勘定损技术要点。

第三章　养殖业保险理赔

【**本章学习目的**】通过阅读本章，了解养殖业保险的概念与分类，熟悉养殖业保险理赔的要点和要求，对养殖业防灾防损、病死畜禽无害化处理与保险联动的重要性能够正确理解。熟悉养殖业保险理赔工作的处理原则，能够绘制养殖业保险理赔工作流程图。掌握畜禽保险理赔的技术要点，包括畜禽生活习性、主要风险与防控措施、风险损失类型与特征、查勘定损与理算方法。

第一节　养殖业保险理赔概述

一、养殖业保险的概念与分类

养殖业是利用动物的生理机能，通过人工养殖取得畜禽产品和水产品的生产行业。由于养殖业的劳动对象是有生命的动物，它们在生产过程中具有移位和游动的特点，因此，在利用自然力方面，养殖业相比种植业有更大的灵活性，同时也面临着自然灾害、意外事故，尤其是疾病死亡的严重威胁。

养殖业保险，是以有生命的动物为保险标的，在投保人支付一定的保险费后，对被保险人的保险标的在饲养期间遭受保险责任范围内的疾病疫病、自然灾害、意外事故所引起的损失给予补偿。这是一种对养殖业风险进行科学管理的最好形式。

（一）按照标的品种不同分类

1. 大牲畜保险

大牲畜保险是指以大牲畜为保险标的的保险。大牲畜是指为了经济或其他目的而饲养的体型较大、饲养周期较长的哺乳动物，主要包括牛、马、驴、骡、骆驼等。

2. 小牲畜保险

小牲畜保险是指以小牲畜为保险标的的保险。小牲畜是指人们为了经济或其他目的而饲养的中小型哺乳动物，饲养周期一般不超过 1 年，主要包括猪、羊、兔等。

3. 家禽保险

家禽保险是指以家禽为保险标的的保险。家禽是指经过人类长期驯化，在人工饲养条件下可繁殖，能提供肉、蛋、羽等产品的禽类的统称，主要包括鸡、鸭、鹅等。

4. 水产养殖保险

水产养殖保险是指以水产养殖产品为保险标的的保险。水产养殖是指利用海洋水域、滩涂和内陆淡水养殖资源，对鱼、虾、蟹、贝类及其他水生经济动物进行人工投放苗种、饵料和经营管理，以获取相应产品的生产活动。按养殖水域不同可以分为海水养殖和淡水养殖。

5. 特种养殖保险

特种养殖保险是指以特种养殖动物为保险标的的保险。特种养殖是指对稀有的、经济价值较高的动物进行人工饲养，以获取相关产品或观赏等为目的的生产活动，主要包括鹿、獐、貂、牛蛙、蛇、鸟、桑蚕的养殖等。

（二）按照损失核定不同分类

1. 传统型养殖业保险

传统型养殖业保险是指基于保险标的的物化成本确定赔偿标准及金额的养殖业保险，如奶牛养殖保险、育肥猪养殖保险等财政补贴型保险。

2. 指数型养殖业保险

指数型养殖业保险是指基于预先设定的外在参数对应的赔偿标准确定赔偿金额的养殖业保险，如螃蟹水文指数保险、生猪价格指数保险、小龙虾养殖天气指数保险等。

2012 年 7 月，江苏南京将水文指数保险引入水产养殖业，通过建立"养殖水位"与"养殖产量"之间的指数模型，开发出内塘螃蟹水文指数保险产品。2013 年 5 月，北京市在全国率先推出了生猪价格保险试点，随后四川和重庆等地也开展了类似的保险，虽然我国生猪价格保险还存在诸多问题，但为我国积累了利用保险手段应对农产品市场价格波动的初步经验。

阅读材料 3-1　世界生猪保险的产生与发展

生猪保险仅有 10 多年的发展历史，但在一些国家和地区已经发挥了稳定市场供求、推动行业发展的重要作用。

生猪保险最早起源于 21 世纪初的美国，并逐步在美国和加拿大推广应用。美国农业部风险管理局和联邦农业保险公司依据《农业风险防范法案》（*Agricultural Risk Production Catalpa*，2000 年美国制定）并经过反复商讨，将农业保险的保障对象从农作物扩展到了家畜，于 2002 年开始推行生猪保险，并对艾奥瓦州的生猪养殖业进行试点，自此生猪保险正式诞生。由于北美畜产品市场发展的一体化，加拿大于 2011 年也推行了生猪保险，目前已经在美国 48 个州和加拿大西部地区进行了大面积推广。

美国生猪保险有两款保险产品供选择，即生猪价格保险（livestock risk protection-swine，LRP-S）和生猪收益保险（livestock gross margin-swine，LGM-S），详见下表。

内容	LRP-S	LGM-S
数量限制	一个猪场每年最高承保的生猪头数不超过 32 000 头，每个保单不超过 1000 头	无限制
保险期间	养殖户根据实际生产情况在 4 个保险期间（13 周、17 周、21 周和 26 周）内进行选择	统一为 6 个月，但保险责任期为保期的后 5 个月
保障水平/免赔额	70%～100%	猪农根据实际情况确定免赔额（0～20 美元/头猪）
计算公式	保障价格=保障水平 a×CME 瘦肉期货价格×0.74 其中保障水平 a 为农民选择的保障水平（70%～100%），CME 瘦肉期货价格为根据芝加哥商品交易所 CME 瘦猪肉保单到期日期货价格，0.74 为生猪固定胴重比	期望总收益 EGM=（猪肉期货价格×0.74×2.6－饲料成本）×投保生猪头数 实际总收益 AGM=（生猪实际价格×0.74×2.6－饲料成本实际价格）×投保生猪头数 其中 0.74 为生猪固定胴重比，2.6 为每头猪的重量，即 260 磅（约 118 kg），饲料成本是根据 CME 期货市场中玉米和豆粕价格计算而得，两者的权重为 3∶1；生猪实际价格和饲料成本实际价格以当月 CME 期货市场价格为依据进行确定
触发条件	一旦市场价格低于保障价格，投保人即可从保险中获得相应补偿	每个月均可计算实际收益是否低于预期收益，但保险赔付是在保险期间结束后进行
政府补贴	美国农业部对 LRP-S 提供 13% 的保费补贴	美国政府根据农户选择的免赔额的不同对 LGM-S 进行保费补贴，补贴比例为 18%～50%，免赔额越大则补贴比例越高
区别/联系	LRP-S 类似于看跌期权，目标价格和保费每个工作日都随期货市场价格变动	LGM-S 类似于生猪看跌期权和饲料（玉米和豆粕）看涨期权的组合期权，与农产品期货市场的联系更加紧密
	两款保险产品都是以芝加哥商品交易所 CME 的期货价格为保险标的保障价格的确定依据，充分利用了期货市场的价格发现功能，避免了农产品价格周期性波动对保险产品的影响	

注：整理自王克、张旭光、张峭在《中国猪业》2014 年 10 期发表的《生猪价格指数保险的国际经验及其启示》。

加拿大的生猪保险类似于美国 LRP S，以芝加哥期货价格为保障价格的确定依据，但有三点不同：①只要实际销售价格低于保障价格，无论生猪出售与否，保险公司都对养猪户进行赔付；②同时为仔猪价格提供保障，在出栏后备母猪价格的基础上乘以一定的系数作为仔猪的保险价格；③政府不对养猪户提供保费补贴，只承担承保保险公司的经营成本。

由此可见，北美两国成熟的政策性保险体系旨在保障养殖收入，帮助养殖企业尽可能地减少因猪肉市场价格波动而遭受的损失。

二、养殖业保险理赔的特点

（一）现场查勘难度大

1. 查勘时效性强

由于保险标的是具有生命的个体，死亡后容易腐烂，难以保存，尸体往往具有很强的疾病传染力，对正常生产养殖会带来一定影响。因此，在事故发生后，保险公司要快速进行现场查勘和损失核定工作。

2. 第一现场缺失

生产上，病死畜禽需要及时抬离圈舍，减少疫病蔓延；风险防控上，查勘人员往返于不同的养殖场，疫病传播概率较大，养殖场对查勘员进入圈舍较为排斥。尤其是随着养殖行业规模化、集约化程度的提高，防疫更加严格，通常要求非场区人员不得随意出入。

3. 标的确认难度大

活体牲畜在养殖过程中自然淘汰、出栏、补栏的现象较为普遍，在溯源体系尚不成熟的情况下，畜禽身份难以确认；同时，第一现场缺失也为标的身份确认造成了较大困难。

4. 无害化处理增加风险

深埋、焚烧等传统的无害化处理方式，耗时长、成本高，查勘人员很难做到全程监控，也难以杜绝重复索赔的道德风险。

（二）专业水平要求高

1. 标的种类繁多

养殖业涉及的畜禽种类繁多，生命规律各异，从业人员需要掌握各种畜禽的特点、生活习性、死亡特征等，对从业者的业务能力要求高。

2. 疾病类型多样

牲畜所患疾病多种多样，且标的死亡往往是多种因素综合作用的结果，如气候、养殖条件、疾病等，死亡原因鉴定复杂，保险责任确定困难。

3. 损失判定困难

一是损失数量难以确定，部分畜禽在死亡后尸体快速腐烂灭失，难以确定损失数量，如鱼虾等水产养殖保险；二是损失程度难以确定。现阶段，养殖行业多数生产管理粗放，缺少完整的生产记录，难以准确核定损失程度。

（三）经营风险复杂

1. 市场风险

畜禽养殖生产周期长，饲料成本、畜产品价格等因素的波动，将直接影响养殖场生产管理水平，畜禽成活率的高低对保险业务经营影响较大。

2. 道德风险

道德风险主要表现为虚增标的、重复理赔、人为扩大损失等。畜禽养殖生产中间买卖交易频繁，养殖存栏数不能确定且流动性大。畜禽免疫或生产使用标识易脱落导致投保畜禽数量和标的物核定困难，容易在理赔过程中出现虚报标的数量、恶意骗取保险理赔金等现象，使国家或保险公司蒙受损失。

3. 灾害风险

养殖行业面临的大灾风险主要是流行性疫病和自然灾害，情况严重的将会发生区域性大面积死亡和强制扑杀，为养殖企业带来严重的经济损失。此外，部分人畜共患的传染病会给养殖人员和查勘人员带来一定程度的感染风险，也是从事养殖的生产人员和保险人员不可忽视的风险。

三、养殖业保险理赔的基本原则和要求

养殖业保险理赔应当始终坚持以保障农户的合法权益为根本出发点，贯彻"主动、迅速、科学、合理"的理赔原则，遵守国家有关法律法规及保险合同条款约定，确保合规经营，做到查勘、定损到户，理赔到户，不得损害被保险人和保险公司的合法权益。

（一）尊重行业特点

养殖业保险理赔应当以保障养殖户合法权益为出发点，在确保作业流程合乎规定的前提下，充分尊重养殖行业的本身特点与生产管理要求，减少疫病蔓延传播的风险，做好各项查勘定损工作。

（二）坚持无害化处理

坚持病死畜禽无害化处理的原则，将无害化处理作为保险理赔的前置条件，切实落实好国务院、银保监会的相关管理规范性要求，为维护公共卫生安全、打造动物性食品健康生活品质、防控人畜共患传染病、促进畜牧业可持续发展提供坚实保障。

（三）以事实为根据

目前国内养殖行业虽逐步朝着规模化、集约化的方向发展，但中小养殖户还很多，生产方式粗放。理赔时要以事实为依据，从多方面佐证出险情况，在排除道德风险的

基础上，遵循实事求是的原则进行损失核定，不惜赔、不滥赔。

（四）确保赔款到户

随着养殖行业的发展，养殖模式也变得复杂多样。除了规模养殖企业、中小散户外，合作社、养殖小区、"公司+农户"的形式也越来越普遍。不同模式下，标的归属也不完全一样，理赔时一定要准确判断保险利益拥有者，并收集相应的赔款账户，确保理赔到户。

第二节 养殖业保险的防灾防损

一、养殖业保险防灾防损的概念和意义

养殖业保险防灾防损是指保险双方为预防和减少疾病、自然灾害和意外事故的发生及所造成的损失所采取的各种有效措施。防灾防损在发挥养殖业保险功能方面具有重要意义。保险公司运用积累的风险管理经验，为客户提供安全生产建议，帮助客户防范风险，推动政府、行业完善相关法律、标准体系。对微观个体来说，防灾防损可以降低事故发生率，减少风险与损失，防患于未然；对于整个宏观社会来说，防灾防损是认识风险、了解风险事故规律、减少社会财产损失的重要环节和手段。

二、养殖业保险防灾防损的特点

《中华人民共和国动物防疫法》和有关防疫、防病的管理办法，将动物防疫防损工作纳入了法治化轨道，是保险公司开展养殖业保险防疫防损的重要依据。养殖业保险防灾防损工作具有以下几个特点。

（一）预防为主，防赔结合

养殖业灾害危害大，尤其是一类动物疫病，波及范围广，救治工作难度大。因此，在对养殖业保险标的进行防灾防损工作时，必须贯彻"预防为主，以治为辅，防赔结合"的思路。

（二）有的放矢，合理开展

养殖业防灾防损工作要有针对性地开展。要根据不同地域、季节、标的种类、风险类型等特点，合理选择防灾防损的策略、措施、方法和技术，做到有的放矢，事半

功倍。在此原则指导下对畜禽自然灾害进行管理，可充分利用自然因素对灾害因子的抑制作用，发挥各种防治措施的优点，取长补短，协调配合，以达到最佳防治效果并减轻对生态系统的破坏。

（三）密切配合，协作推进

养殖业灾害类型多样，种类复杂，专业性较强。在开展防灾防损工作时，要密切联合畜牧兽医部门、防疫部门，相互配合，共同协作，借助专业力量，切实起到防灾减损的作用。

三、养殖业保险防灾防损的内容

（一）防灾防损风险排查

1. 基础设施建设

现阶段，多数养殖场因建场较早，在基础设施建设方面存在一定的安全隐患，因此，承保前后保险公司应对承保标的所处环境以及养殖场的选址建设、圈舍布局、设备设施等进行排查，防微杜渐。

> **阅读材料3-2　场地选择对疾病预防和控制的影响**
>
> 场地的选择对动物疾病预防与控制具有重要影响，大部分养殖户因为受到土地限制、环境保护、成本多方面的影响，多采取密集型方式养殖。此种养殖方式的优势是动物排泄物处理方便，但并不利于动物疫病的预防与控制。因此，在对场地进行选择时，养殖场之间的距离应尽量拉大，一定的距离可减少感染率及传染病的发生。具体应选择将养殖场建在坐北朝南、避风向阳、地势高燥、排水方便、水源充足、水质良好、交通和供电方便的地方，农业部门对此也有相关说明，要求养殖场应位于距离水源地、公路、居民区500米以外的上风口处，尤其应远离其他养殖场、屠宰场、畜产品加工厂（毛江涛. 试论养殖场动物疫病防控措施[J]. 中畜牧兽医,2017（03）：130.）。
>
> 养殖场布局方面，也有相应要求，场区周围要有围墙，生产区和饲料加工区、行政管理区、生活区必须严格分开。例如，生猪养殖场中，母猪、仔猪、商品猪应分别饲养，猪舍栋间距离30米左右；养鸡场中，原种鸡场、种鸡场、孵化室和商品鸡场，以及育雏、育成车间必须严格分开，距离500米以上，各场区之间应有隔离设施，栋舍与栋舍之间的距离应在25米以上。病畜禽隔离舍、兽医诊断室、解剖室、病死畜禽无害化处理和粪便处理场都应建在下风口，距离不少于200～500米。粪便须送到围墙外，在处理池内发酵处理。实行"三级消毒"，严格把好养殖场大门口、生产区门口及每栋圈舍门口消毒关，设立消毒室及消毒池，切断疫病传播途径，避免感染。

2. 生产管理流程

对于养殖企业的生产环节如品种的引进、疫病和寄生虫病的预防、发病后的兽药使用、尸体的无害化处理工作等，保险公司在承保前后应详细了解。对于养殖业保险总保额达到一定数额以上，以及特别重要或风险高发区的被保险人，应逐户进行生产管理方面的沟通排查，及时发现安全隐患，并向被保险人提出整改建议。

3. 重大灾害、紧急疫情预警

在得到重大自然灾害预报、紧急疫情通知后，要密切关注灾害疫情的动向和被保险人防控疫情工作的落实。保险公司对辖内业务，尤其是重点企业及预估风险较大的企业安排专人进行走访，督促养殖企业做好防护措施。

（二）防灾防损措施的落实

养殖业保险防灾防损工作的重心是综合性防疫措施的落实，工作中应提高被保险人的防灾防损意识，降低风险，减少损失。

（1）为了落实保险双方的防灾防损责任，保险公司在展业承保时，对于防灾重点保户可采取签订《防灾防损协议书》的方式，使保险双方防灾防损工作法律化，以促使被保险人强化防灾防损意识，切实落实防灾措施，减少保险标的的损失。

（2）保险公司应对存在的安全隐患、出险风险较大或新保标的及时发送安全隐患整改通知书并提出整改措施。要同地方政府研究应对特大、突发性灾害的办法，特别是进行人力、物力、财力筹集与准备，形成灾前预防、灾中抢救和灾后补偿相结合的防灾防损工作预案制度。

（3）为提升风险预警能力及被保险人的灾害防范能力，保险公司可配合被保险人开展防灾技术创新和成果运用，根据保险双方需求，购买外部防灾防损信息及专业咨询服务，如养殖业气象灾害预警系统建设、养殖业灾害风险研究、养殖业疫情灾害公众宣传教育等。

阅读材料3-3　养殖户综合性防灾防损关注点

其一，定期消毒。每批动物出栏后须对圈舍内外、饲养用具等进行冲洗、清扫、消毒，可采用密闭熏蒸等方式消毒，空闲1~2周后方可进畜禽。每年春秋季各进行一次消毒，对不同的病原体，应当采用不同的消毒药物和不同的消毒方法。在消毒药物储备方面，应该准备3种以上消毒药物，交替使用，以防产生抗药性，提高消毒灭菌效果。病畜的分泌物、排泄物和被病畜污染的土壤、场地、圈舍、用具和饲养人员的衣服、鞋帽等应定期消毒；外来人员和场外运输车辆、工具每次出入时应进行消毒。场区应经常开展灭鼠、灭蚊蝇工作。

其二，畜禽引进及采购。对于非自繁自养的场区，为防止外购畜禽带入疾病，畜禽的引进尤为重要。如果引进病畜，对场内动物造成危害，不仅会影响养殖场的经济效益，还会影响畜禽的整体生长水平。跨省引进乳用种用动物的，应该到当地省动物卫生监督所办理审批手续。动物引入或购买调入时，必须防止疫病传入本场。凭动物检疫合格证明方能引入动物，对于引进动物，应该先在隔离舍进行观察。商品动物隔离期一般是 7～15 天，如果是跨省引进的种用乳用大中型动物（牛、猪、羊）需要隔离 45 天以上，小型动物一般隔离期为 30 天。所有畜禽须按照国家规定进行强制免疫，同时做好临床检查。

其三，传染病的预防与治疗。养殖场应根据本地疫病流行情况和规律、动物群体的病史、品种、日龄、母源抗体水平和饲养管理条件，以及疫苗的种类、性质、免疫途径等因素制订出科学合理的免疫程序。预防接种是预防动物疫病最经济、最实用的方法之一。要正确选择和使用疫苗，选择国家定点生产厂家生产的疫苗或农业部门批准进口的优质疫苗，要严格按照疫苗说明书规定储存、运输、使用疫苗。免疫接种方法要正确，剂量要准确，以保证免疫效果。

应用疫苗或血清的注射使畜体产生特异性抗病力。预防注射分为两种：平时预防，以预防传染病发生；紧急预防，以制止疫病蔓延。如规模化养猪场主要传染病的免疫指每年春秋免疫接种计划，包括猪瘟、猪丹毒、猪肺疫等九种预防接种程序。家畜传染病的治疗一方面要消灭病原体，另一方面要有利于增强家畜的抗病力。常用的治疗手段包括注射高免血清、抗生素以及对症治疗法和中兽医疗法等。

此外，为确保达到防灾防损的工作成效，保险公司须注意，根据《兽用生物制品管理办法》第三章内容，明确规定预防用生物制品的销售购买、经营管理范围，一是取得省级农牧行政管理机关核发《兽药经营许可证》的动物防疫机构，二是具有兽医技术人员等符合多项条件的养殖场。因不同疫苗存在地域性差异，且已受用疫苗的养殖场区对新疫苗的耐受性不同，同时也无法实现各种疫苗的抗体效价水平的比对分析，疫苗不对型可能导致疫苗使用后无效果。因此，疫苗的选择多数是根据场区以往使用的情况来确定的。

养殖场一旦发生疫病，应立即采取检疫、隔离、封锁、消毒、处理患病畜禽及其尸体等综合性扑灭措施。

其四，寄生虫病的预防与治疗。制订切合本场区实际情况的畜禽驱虫程序，做好驱虫前后的虫卵和虫体检测，以确保驱虫时机和驱虫效果。

根据寄生虫生活史、分布及流行规律，选择适宜时间有针对性地进行驱虫。牧区的马、牛、羊在秋末冬初驱虫，农区的猪、牛一般在春秋两季驱虫，这可以作为固定的防止制度。蠕虫在宿主体内尚未发育成熟时，即进行"成熟前"驱虫，防治效果显著。对病畜应进行宿主体内或体外灭虫，以防健康家畜感染发病。对有人畜共患寄生虫病的病畜肉和内脏应按卫生检验规定予以无害化处理或销毁，防止疾病传播，保护人民健康。

其五，合理处理尸体。严禁将死畜、污物随便抛弃，应严格按照《动物防疫法》

《畜禽病害肉尸及其产品无害化处理规程》《食品卫生法》《肉品卫生检验试行规程》等相关规定进行处理，要求规模养殖场必须建立健全病死畜禽无害化处理设施设备及完善无害化处理记录。

动物尸体就是细菌病毒繁殖生长的培养皿，若得不到安全合理的处置，就会危及本场区其他动物的安全。养殖场内发现患病畜禽时，应立即进行无害化处理。对于病症异常的动物，应送隔离室进行严格的临床检查和病理检查，必要时进行血清学、微生物学、寄生虫病学检查，以便及早确诊。

第三节 养殖业保险理赔流程

养殖业保险理赔需要经过出险报案、立案、查勘、定损、理算、赔款、结案、回访等环节，如图 3-1 所示。

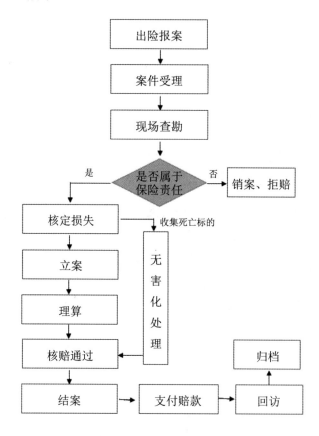

图 3-1 养殖业保险理赔流程

一、报案管理

（一）客户报案

发生保险事故后，报案人应及时拨打保险公司全国统一客户服务电话或通过企业官方微信等网络渠道进行报案。对于报案人直接向分支机构或协办人员报案的，接到报案的机构或人员应当引导或协助报案人进行报案，确保报案信息及时、完整、真实、准确地录入业务系统，防止报案信息长期游离在业务系统之外。

客服专线人员接到报案后，应当详细询问案情并做好记录。主要记录内容为报案人名称、报案人电话、被保险人（分户）名称、养殖地点、保险标的耳标号码、出险时间、出险原因、出险经过、损失数量、损失程度等。

对于未及时报案的案件，应当明确延迟报案的具体原因。

（二）查询信息

客服专线人员受理后，应当立即进入业务系统，查询保单、批单、投保标的明细表等，核实投保信息。

（二）报案调度

客服专线人员核实投保信息后，应将报案人提供的报案信息及时准确录入业务系统并记录生成报案号，通知查勘人员于 24 小时内赶赴现场进行查勘。因特殊情况查勘人员无法查勘的，应及时通知客服专线，另行调度。

（四）超权限案件

如发生超权限灾害、重大疫情或损失较为严重的保险事故，县支机构、分支公司应及时逐级上报，并将有关情况告知所属地政府有关部门。涉及再保险的，由总公司根据再保险合同约定及时通知再保险人。

（五）数据清理

分支公司应对报案数据定期清理，提高数据质量。对于客户报错案、客户重复报案、不属于投保险别或险种出险、客户主动放弃索赔等无效数据，应在履行相应的审批程序后做报案注销处理。

二、查勘工作

（一）要求

承保机构应加强养殖业保险现场查勘工作，原则上承保机构查勘人员接到报案通知后，应及时与被保险人和地方畜牧相关部门或专家取得联系，在24小时内进行现场查勘，并及时将查勘要件上传系统。因不可抗力或重大灾害等原因难以及时到达的，应及时与报案人联系并说明原因。

（二）准备

承保机构查勘人员或协助查勘人员应及时根据保单抄件、投保标的明细表，对保险标的的保险期限、保险责任、保险费的收缴情况、历史赔付情况以及出险标的养殖地点、耳标号段等信息进行核实，明确查勘重点，提前做好查勘准备。

承保机构查勘人员或协助查勘人员应根据出险时灾害事故的类别，准备查勘单证、移动查勘设备、电子秤、皮尺、防护服等查勘工具，提前与报案人联系保护出险现场，做好无害化处理准备工作，并通知相关畜牧兽医专业技术人员，商定查勘时间。

（三）查勘

1. 查勘注意事项

查勘人员现场查勘时，应做好调查取证工作，可通过录音、录像、照相等方式，全面记录体现查勘过程和损失情况的资料和数据。对于超出查勘定损权限的案件，查勘员应及时上报。损失核定应在接到报案后3日内完成，发生重大灾害、大范围疫情及其他特殊情形除外。

2. 查勘具体内容

保险事故发生后，查勘人员或协助查勘人员、被保险人或被保险人代表、畜牧兽医专业技术人员到达现场后开展现场查勘工作。查勘时，通过查验圈舍饲养痕迹、牲畜饲养条件、防疫检疫情况、存栏标的数量、死亡标的是否移动等，对事故的真实性、逻辑性、合理性做出初步判断。根据出险标的的死亡特征、耳标号码、尸重等信息，确定是否属于保险责任。必要时，应向畜牧、气象、消防等部门索取相关专业技术资料。

（1）确认出险时间。通过现场查勘过程仔细观察畜禽（动物）的外观和死亡特征，调查了解确认保险标的出险的具体时间，认定事故发生是否在保险有效期内。如果发生在观察期附近的日期，必须进一步核实和调查准确的出险时间，以防道德风险的发生。也可查验现场环境，通过被保险人自述，向有关部门了解认定，以及向周围群众了解等方式确定出险时间。

（2）确认出险地点。验证标的出险地点是否为保险单上载明的地点，如饲养地址变更，核实是否已通知保险人，且与通知变更内容一致。

（3）确认保险标的。通过询问调查和尸体检验，查实耳标号码，比对标的影像资料，查验保险单（保险凭证），确认是否为保险标的。因保险责任范围内的疾病导致畜禽、特种动物和水生生物陆续死亡时，一次事故需多次查勘的，应在每次查勘后，将畜禽做上记号以便辨认或及时进行无害化处理，以免下次查勘时重复核损。

（4）确认出险原因。研判保险标的死亡的直接原因是否属于保险责任。现场查勘过程中应仔细观察畜禽（动物）的外观和体型特征，辨认尸体表面有无外伤、淤血等异常情况。若尸体表面有外伤和淤血等情况，说明是外力所致，可以分析判断为非保险责任。因疾病疫病导致标的死亡的，应由畜牧兽医站或具有畜牧兽医部门颁发行医资格证书的兽医人员填写相关死亡鉴定材料并签章；对病因复杂难以当场确定的，畜牧兽医专业技术人员根据相关要求采集样本，由国家权威的动物疫病诊断部门确定死因，并及时通知承保机构。因自然灾害或意外事故导致标的死亡的，也可向有关部门了解事故原因，或请有关部门协助鉴定事故原因。

（5）确认损失数量。查验、清点死亡标的，确定损失数量。

（6）确定赔偿标准。根据畜牧兽医部门提供的相关证明，及时按照保险条款的赔偿要求对尸体重量、体长等进行测量，确认赔偿标准。

（7）采集影像资料。查勘员或协助查勘员开展现场查验时，应同步采集现场影像信息。影像信息要能直接反映事故发生的时间、地点；标的身份证明、死亡特征、损失数量、损失程度；查勘人员、被保险人或其代理人。确保影像资料清晰、完整、未经任何修改，并及时上传至业务系统。

（8）缮制理赔单证。查勘员或协助查勘员根据查勘结果如实缮制查勘定损报告（可参考河南省保险行业协会发布的《养殖业保险理赔单证暨损失鉴定表》），查勘定损报告要对标的的受损情况、事故原因、保险责任是否成立、损失程度、定损结果等方面提出明确意见，并由被保险人签章确认。

（9）收集索赔资料。查勘人员向被保险人收集身份证明、赔款账户信息、保险单（保险凭证）等有关单证资料或信息。资料不全需要补充的，要一次性告知。

（10）无害化处理。查勘人员应配合相关主管部门督促养殖户依照国家规定对病死标的进行无害化处理，并提供畜牧主管部门或无害化处理厂出具的相关无害化处理证明材料。无害化处理是理赔的前提条件，不能确认无害化处理的，不予理赔。

三、立案管理

（一）立案时限

1. 常规立案

查勘结束后，查勘人员应及时进行立案登记和立案审核，并根据查勘情况在业务系统中准确填写耳标号码、出险原因、损失数量（包括死亡数量、赔偿数量、扑杀数量）、损失程度等要素信息（如表 3-1 所示）。

表 3-1　养殖业保险理赔单证暨损失鉴定表

报案号码		是否重大疫情	□是　　　□否
保险险种		保单号码	
被保险人		联系方式	
出险时间	年　　　月　　　日		
出险地点			

事故经过：

　　上述时间及地点，由于（□疾病、□自然灾害、□意外）导致_____（数量）标的死亡（重大疫情需补充填写政府扑杀数量，政府扑杀_____），耳标号码及损失情况如下（若损失较多，此处填满后可在背面附表中填写）：

　　小计：申请保险赔付，总尸重_____（公斤、头、只），申请保险赔偿金额_____元。

报案人（签字）：　　　　报案时间：　　年　　月　　日　　　　报案电话：

事故损失鉴定情况：

鉴定人（签字）：　　　　鉴定日期：　　年　　月　　日　　　　鉴定单位（盖章）：

无害化处理证明：

　　以上死亡标的均进行（□高温化制　□发酵　□焚烧　□深埋　□化学池　□其他）处理，特此证明。

日期：　　年　　月　　日　　　　　　　　签字或盖章：

保险公司意见：

　　经查勘，此次事故死亡数量_____，总尸重_____公斤，保险责任项下定损数量_____，定损总尸重_____公斤，定损金额_____元。

查勘员/协办人员（签字）：　　　　　　查勘定损时间：　　年　　月　　日

被保险人：（签字或盖章）：

2. 强制立案

对于符合立案条件的案件应及时立案。超过一定报案期限的，系统自动进行强制立案并估损赋值。

（二）立案估损及估损调整

1. 初次立案估损

未决估损金额直接关系到未决赔款准备金计提的准确性。案件处理人员应根据保险标的的单位保额、损失程度、损失数量等因素合理估计损失金额。

立案时应逐案按险别进行估损，标的损失和直接理赔费用应分别估计。

2. 立案估损调整

立案后，应及时根据最新查勘定损情况调整估损金额，降低估损偏差率，特别是跨年度案件，要尽可能接近案件的实际损失。

系统强制立案的，案件处理人应注意审视系统自动估损赋值是否准确，并及时根据实际情况调整估损金额。

（三）立案注销及恢复

1. 立案注销

对于客户报错案、客户重复报案、不属于投保险别或险种出险但因理赔人员操作失误等已立案案件，应做立案注销处理，在履行相关审批程序后进行立案注销。

2. 立案注销恢复

立案注销后，需要进行恢复的，应按照规定的立案注销恢复流程提交高级审核，说明注销恢复原因和依据，并妥善留存相关支持性材料。

四、定损工作

总公司对省、市、县各级机构进行定损权限的设定，损失金额超出规定处理权限的，应向上级报告。

根据死亡标的头数、重量，对照保险条款核定赔偿金额。合理确定赔偿标准，要注意确定是否达到起赔点、标的所处生长阶段（生长期）等。除发生重大灾害、大范围疫情及其他特殊情形外，损失核定原则上应当在报案后 3 日内完成。对于损失核定需要较长时间的，应向养殖户做出解释。

定损工作要结合标的特点、损失范围、灾害类别、区域分布等具体情形科学进行，通过清点数量、查阅账目等方式，参考畜牧主管部门的意见和建议，准确核定标的损失数量和损失程度。

承保机构要详细记录清点损失数量、核定损失程度的方式方法、过程和结论，并保存相关的原始工作底稿，做到定损依据充分、结论准确合理。原始工作底稿应取得相关技术人员、被保险人的签字认可。对于原始定损结果时保险理赔的关键资料，不得修改、隐匿或非法销毁。

五、理算管理（包括预付赔款处理）

（一）缮制赔款

在索赔资料齐全、审核无异议的基础上，及时根据保险合同约定和查勘定损结果，缮制赔案，提交核赔。

对于存在扑杀、不足数量保险、重复保险、保险金额低于或高于标的实际价值等特殊情况的案件，应按相关法律法规和保险合同的约定处理。

（二）预付赔款

对于损失金额高、社会影响大、保险责任已经明确，但因客观原因难以确定最终赔款金额的案件，在保险金额范围内，按照能够确定的损失和及时恢复生产的需要，经被保险人申请，可以预付部分赔款。

六、核赔管理与赔款支付

总公司对养殖业保险进行核赔权限的设定并进行合理授权。损失金额超出规定处理权限的，核赔工作由相应的上级部门进行处理。核赔人员应通过查阅报案记录等资料，核实出险时间等要素，核定保险责任认定是否准确、查勘定损过程是否规范、定损结果是否合理、赔款计算是否准确、赔案单证是否完备、付款对象是否准确，并签署核赔意见。对于资料存在逻辑性、合理性、真实性、完整性方面的问题案件，应及时退回，要求其补充完善。

属于保险责任的，应在与被保险人达成赔偿协议后 10 日内支付赔款。保险合同中对赔偿保险金的期限有约定的，应当按照约定履行赔偿保险金的义务。养殖业保险赔款原则上应通过转账方式支付到被保险人银行账户，并留存有效支付凭证。严禁以任何形式截留、挪用、侵占养殖业保险赔款。

七、回访管理

为确保养殖业保险理赔回访质量，回访采取电话回访和入户回访相结合的方式，并详细记录回访时间、地点、对象和回访结果等内容。

被保险人为规模经营主体的，应全部进行回访；其他被保险人，应按照一定比例进行回访。重点回访受灾险种、损失情况、查勘定损过程、赔款支付情况及赔款金额较大的案件。

八、结案及归档管理

养殖险赔案经核赔通过后，对于具备结案条件的案件，保险公司应进行结案处理。其中对于客户主动放弃索赔、无事故责任且无须赔付的、事故损失小于免赔额的已立案案件，应做零赔付结案处理。对于已立案但核实不属于保险责任的案件，须由保险公司出具书面拒赔通知书做拒赔处理。

结案后应及时将案卷材料进行整理，归档形式包括电子档案和纸质档案两类。已实现电子化储存和流转的原始电子单证，如现场照片等，可不再打印。原始查勘定损记录、被保险人提供的索赔资料、签字材料及有关证明等纸质单证应妥善汇集保管，按要求装订成卷。理赔卷宗应按照规定顺序进行排序整理，档案装订要求整齐、美观、方便使用。

当发生大范围灾害时，因涉及赔案数量众多，多案共用部分单证材料，如气象证明、专家鉴定、理赔报告等，可视情况以县（灾害涉及多个乡镇时）或以乡镇（灾害仅涉及一个乡镇的多个村时）为单位将共用材料原件统一保管在其中一笔赔案案卷中，其他赔案留存复印件或电子文档，并以索引形式附清单注明所有与之对应的赔案号。同时，在相对应的其他赔案中，要注明留存共用单证原件的赔案号。

养殖业保险业务档案应指定专人负责、集中管理，不得随意涂改、替换和增减，保证档案资料的原始性和完整性。

第四节　养殖业保险理赔的技术要点

一、大牲畜保险

（一）奶牛养殖保险

1. 奶牛养殖相关知识

奶牛是指专门用于产奶的牛，目前主要包括荷斯坦、中国黑白花奶牛、娟姗牛等以乳用为主的牛（如图 3-2）。

图 3-2　奶牛养殖

（1）生长阶段

哺乳期犊牛（0～3 月龄），此阶段是后备母牛中发病率、死亡率最高的时期。

断奶期犊牛（3～6 月龄），此阶段是生长发育最快的时期。

小育成牛（6～12 月龄），此阶段是母牛性成熟时期，母牛的初情期一般发生在 9～10 月龄。

大育成牛（12 月龄至配孕），此阶段是母牛体成熟时期。15～18 月龄，母牛体重达到 370 kg 以上时是最适宜的初配期。

妊娠前期青年母牛（妊娠期前 6 个月），此阶段是母牛初妊期，也是乳腺发育的重要时期。

妊娠后期青年母牛（妊娠 7 个月至产犊），此阶段是母牛初产和泌乳的准备时期，是由后备母牛向成年母牛的过渡时期。

成年母牛（初产以后），此阶段是母牛开始产犊、泌乳，进入生产周期的阶段，按泌乳阶段分期，一般可分为如下 5 个时期。

①围产期，围产期包括产前 15 天和产后 15 天。此阶段是保证奶牛的健康及以后的产奶量的关键饲养期。

②泌乳盛期（85 天），自分娩后第 16 天至第 100 天。此阶段的产奶量占全泌乳期产奶量的 45%～50%。

③泌乳中期（100 天），自分娩后第 101 天至第 200 天。此阶段的产奶量占全泌乳期产奶量的 30%左右。

④泌乳后期，自分娩后第 201 天至停奶前一天。此阶段的产奶量占全泌乳期产奶量的 20%～25%。

⑤干乳期（60 天），自停奶日期至分娩日期之前。此阶段对奶牛产后及乳房健康至关重要。

（2）饲养要求

①调控牛舍的温度和湿度。

奶牛具有耐寒而不耐热的特点，温度和湿度对奶牛的生产养殖有较大影响。

盛夏季节，牛舍内温度超过 30℃时，由于奶牛汗腺不发达，会阻碍奶牛体表热量散发，造成新陈代谢异常。炎热会导致热平衡破坏或失调，这种现象称为"热应激"反应，不仅会导致奶牛的产奶量和繁殖率显著下降，而且抵抗力减弱，发病率增高。因此，夏季高温天气，奶牛的饲养管理应以防暑降温为主。盛夏季节要常打开通风孔或门窗，促进空气流通，降低牛舍温度。有条件的可在牛舍安装电风扇。天气炎热时，每天下午挤奶后，可用清水向牛体喷雾降温，增加牛的食欲。运动场上应搭设凉棚，以防奶牛遭到日晒雨淋，发现奶牛呼吸困难时，可煮绿豆汤冷却后喂其饮服，并用"风油精"擦抹奶牛额角、两侧太阳穴，提神解暑。

冬季牛舍温度低于 0℃时，牛体就要消耗大量能量以维持体温。牛舍温度一般要保持在 8℃～16℃，在此范围内奶牛代谢率和产热量均处于最低水平，饲料消耗少，发病率低。因此，冬季应将牛舍西面和北面的门窗、墙缝堵严，防止贼风侵袭，向阳面和门窗要挂帘。要保持牛舍通风良好，相对湿度控制在 55% 以内，湿度过大，会对奶牛产生强烈的刺激，既影响奶牛生产，又会引起疥癣病，不利于牛舍卫生。

②调整饲料配比，保持饲料多样化。

在夏季，为了使奶牛保持较高的泌乳量，可适当调整日粮组成，减少粗纤维比重，以增强牛的适口性。精饲料除要保证种类多样化外，还要提高蛋白质水平。可多喂些优质青草、菜类、瓜类等青绿饲料。或实行夜间放牧、夜间喂饲等，也都是防暑的好办法。

在冬季，奶牛摄入的能量大多用来保持体温，奶牛维持和生产的营养也要相应增加，一般比饲养标准高 10%～15%。因此，冬季须增加 15% 的混合精料，这样才能保持或提高产奶量。在日粮供给方面，蛋白质饲料不变，要增加能量饲料比重（玉米面的供给量要增加 3%～4%）。在粗饲料方面，要保证青贮、块根和酒糟等饲料的喂给，以代替夏秋季奶牛采食的青绿多汁饲料。北方冬季奶牛的饲料成分比较单一，可在饲料中补饲适量的微量元素。此外，在冬季，要给奶牛喂 38℃ 左右的熟粥料，既能使奶牛提高抗寒能力，又能促进产奶牛的泌乳，增加产奶量。尤其在夜间，可用 1kg 精料加工成 38℃ 的热粥喂给泌乳母牛，产奶量能够有效提高 13% 以上。

③坚持刷拭牛体，搞好牛舍卫生。

刷拭是奶牛管理的一项重要工作，坚持每天刷拭牛体，可以清除牛体污垢、尘土及粪便，有利于维持体温和增强抗病能力，使牛体保持健康，增加产奶量，保持乳房、乳头清洁，并使奶牛养成温驯近人的习性。每天应刷拭 2～3 次，每次 4～5 分钟。圈内要保持清洁干燥，奶牛躺卧的地方最好垫上软草，潮湿的地方应经常撒些草木灰，既可消毒防病，又能吸潮除臭。牛体过脏部分，已结成粪垢的，可用温水擦洗，然后用毛巾擦干。

④加强运动，增加人工光照时间。

冬季昼短夜长，增加人工光照尤为关键。在冬季，奶牛若长期拴养在光照不足、空气不新鲜的舍内，得不到运动，不仅产奶量下降，还会导致一些疾病的发生。每天中午前后将其放到舍外活动，进行日光浴及呼吸新鲜空气，可促进血液循环，增加产奶量。一般泌乳牛的光照每天不低于 16 小时，可保证奶牛个体产奶量提高 18% 以上。

⑤合理调控水温、供足清饮水。

奶牛的饮水量与外界气温、泌乳量、个体、品种、年龄有关。一般泌乳母牛日饮水量在 100 kg 左右。除喂饲后食槽饮水外，可在运动场设自由饮水槽。夏季每次喂食时可将饲料投入食槽并适当注水，诱牛饮水吃料，不仅能满足饮水量，而且能对缓和"热应激"反应起到良好的作用。同时，亦可在饮水中放入 0.5% 的食盐，以促进奶牛消化，保证牛体水代谢正常。

冬季饮用水必须加温。冬季奶牛多采食干草，消化液分泌量增加，若不能充分饮水，食欲就会下降，致使产奶量下降。水温过低，不但消耗奶牛体内的热能，更会使奶牛体温骤降 2℃～3℃，引起感冒、发热、消化不良等疾病，同时还会引起乳腺收缩和抑制泌乳，影响产奶量。水温过高，会使得奶牛的消化能力降低。奶牛冬季饮水的适宜温度如下：成母牛 12℃～14℃，产奶、怀孕母牛 15℃～16℃，犊牛 35℃～38℃。

⑥及时消除蚊蝇、防止中毒。

盛夏季节，蚊蝇较多，不仅叮咬牛体、影响奶牛休息，造成产奶量下降，而且会通过蚊蝇传播疾病。因此，可在牛舍加纱门纱窗，以防蚊蝇叮咬牛体；也可用药液喷洒牛体，驱杀蚊蝇。但在用药时应防止浓度过高及药液渗入牛奶中，造成中毒。同时，应注意不要到喷洒农药、化肥的农田地边割青草、放牧。避免用腐败变质的青草、瓜果和糟渣类饲料喂牛，以防中毒。

⑦根据季节变化，合理进行疫病防治。

免疫、驱虫：入冬后，必须对牛群接种口蹄疫疫苗及其他预防奶牛传染病的疫苗，要求免疫率达到 100%。同时，奶牛夏秋季节较易感染寄生虫病，特别是消化道疾病，既影响奶牛健康，又影响产奶量。因此，在入冬后要采取驱虫措施。一般驱虫可选用广谱、高效、低毒的阿维菌素或噻苯咪唑等药物，空腹一次给药（拌料）。

消毒：每天打扫完牛舍后，必须用生石灰水喷洒牛舍过道走廊，进行彻底消毒，防止病原微生物的滋生。每周对牛舍用 10%～20%的漂白粉全面消毒一次，禁止外来人员出入。

2. 风险损失特征

奶牛养殖户面临的风险主要包括市场价格的不确定性风险、饲料价格上涨的风险、水电及运输费用增加的风险、奶牛疫病的风险、环境保护的风险及其他相关政策性风险、投资规模风险、场区选址及规划风险、原料乳安全性风险等。与养殖业保险相关的主要有以下几点。

（1）疫病风险

奶牛疾病的防控是奶牛养殖过程中的主要内容，一旦疾病发生，就会影响奶牛的生产性能、繁殖性能，甚至引起奶牛死亡、淘汰。其中，多种传染病为人畜共患病。当前我国奶牛的两病（即结核病和布氏杆菌病）流行情况令人担忧，除带来巨大的经济损失外，还对人们的生命安全造成了严重的影响。此外，还有真菌、衣原体、支原体感染等疾病，需要耗费大量的人力、物力进行诊断治疗，增加了养殖成本。在养殖过程中，乳房炎、蹄病、子宫内膜炎、繁殖障碍是奶牛场常见的四大疾病。这些常规疾病带来的经济损伤也是巨大的，只有加强饲养管理和疾病的预防控制，才能降低各种疾病的发病率。据统计，在美国，仅奶牛乳房炎就会带来年均约 185 美元/头的经济损失。

①奶牛口蹄疫。

口蹄疫是由口蹄疫病毒引起的一种急性、热性传染病，是一种古老的疾病。已知其包括 7 个血清型，在我国 O 型多见。近年来，又出现了亚洲 1 型。本病传染性极强，是世界动物卫生组织（OIE）规定的 A 类传染病之一。口蹄疫的病原体为病毒，各型口蹄疫病毒引起的症状一样，动物感染后只对本型病毒产生免疫力。口蹄疫病毒在饲草料、皮毛、粪便及土壤中，可保持传染性达数周至数月。

流行病学特点：口蹄疫可侵害多种动物，偶蹄兽最为易感，如牛、猪、羊、骆驼等，且幼畜的易感性较高，人也可能感染。病原体主要存在于水疱皮、水疱液及病牛的粪、尿、乳、精液、口涎、眼泪和呼出的气体中，病毒通过直接接触或间接接触经消化道、呼吸道及皮肤而感染易感动物。

临床症状：潜伏期一般为 2~4 天，最长 1 周。牛体温可高达 40℃~41℃，闭口流涎，开口有吸吮声。1~2 天后，在唇内面、齿龈、舌面和颊黏膜发生水疱，不久形成边缘不整的红色烂斑，趾间或蹄冠发生水疱、烂斑，病牛跛行。蹄部继发细菌感染时，化脓坏死，甚至蹄匣脱落。病牛乳房皮肤也出现水疱、烂斑。

防控原则：发生口蹄疫时应立即上报疫情，划定疫区，严格封锁，就地扑灭，严防蔓延。及时检疫，病畜就地急宰，一律深埋或烧毁。疫区周围或疫区内的易感动物应立即接种疫苗。圈舍、饲槽和粪便立即消毒。最后一头病畜痊愈或死亡后，经 15 天无新病例出现，报请上级批准，解除封锁。

②奶牛结核病（TB）。

结核病是由结核分枝杆菌引起的人、畜和禽类发生的一种慢性传染病，通常见于奶牛，表现为多种组织器官中形成肉芽肿和干酪样、钙化结节病变。世界卫生组织在 2004 年召开的全球遏制结核病伙伴论坛大会上，将我国列为特别需要警示的国家和地区。专家估计，今后 10 年中，若不能全面有效实施现代结核病控制策略，我国结核病患者将新增 2000 万至 3000 万。

流行病学特点：本病可侵害多种野生动物，家畜中以牛，特别是奶牛最为多见。结核杆菌随鼻液、痰液、粪便和乳汁等排出体外，污染饲料、饮水、空气等周围环境。成年牛多因与病牛、患者直接接触而经呼吸道传染。犊牛多因进食污染的饲料、乳汁而传染。

临床症状：

肺结核。长期顽固地干咳，清晨时较明显，运动时加重，食欲正常，易疲劳，逐渐消瘦，严重者可见呼吸困难。

乳房结核。乳房淋巴结肿大，乳房发生局灶性或弥散性硬结，无热痛，产乳量降低，乳汁稀薄。

肠结核。表现为消化不良，食欲缺乏，消瘦，持续性下痢或便秘与下痢交替出现，粪便带血或脓汁，味腥臭。

淋巴结核。淋巴结肿大，常见于肩前、股前、颔下、咽、颈或腹股沟淋巴结，无热痛反应。

结核病毒还可侵害其他器官，如出现睾丸结核、浆膜结核、脑结核、卵巢结核等，并出现相应症状。

奶牛场结核病的扑灭流程：制订相关规定及扑灭计划；对农场、市场和乳制品加工厂进行严格检验；对牲畜进行移动控制监测；对感染动物及与其接触动物进行全面检测和扑杀。

③布鲁氏菌病。

病原学国际上将布鲁氏菌属共分为牛、羊、猪、沙林鼠、绵羊和犬布鲁氏菌6个生物种，在我国发现的主要为前三种。布鲁氏菌为细小的短杆状或球杆状、不产生芽孢、兰氏染色阴性的杆菌。病畜是本病的主要传染来源，该菌存在于流产胎儿、胎衣、羊水、流产母畜的阴道分泌物及公畜的精液内，多因接触流产时的排出物及通过乳汁或交配而传播，本病呈地方性流行。母牛流产是本病的主要症状，流产多发生于妊娠5～7个月，产出死胎或软弱胎儿。新疫区常发生大批妊娠母牛流产；老疫区流产减少，但关节炎、子宫内膜炎、胎衣不下、屡配不孕、睾丸炎等逐渐增多。潜伏期短则两周，长则可达半年。

目前国内外常用的几种检测方法包括：实验室的血样检测、乳制品加工厂的全乳环状试验、布鲁氏菌卡片试验（BCT）和孟加拉玫瑰红染色试验。

主要防控措施：首先是疫苗控制。常用的疫苗有羊布鲁氏菌（5号），主要适用于绵羊、山羊、牛、鹿；猪型布鲁氏菌（S2），主要适用于猪、牛、羊。其次是卫生控制。一是对待所有动物都要谨慎，做好防范保护工作；二是将产房与其他圈舍隔开；最后是清洗消毒产房及设施，掩埋所有的胎盘和死胎；四是实施卫生的挤奶操作程序；五是最好戴乳胶手套接产，助产后洗手并换洗衣服。

④乳房炎。

乳房炎是奶牛最常见的疾病，严重影响奶牛养殖业，乳房炎会造成产奶量下降，严重时奶牛将被淘汰。

主要病因：饲养管理不当，环境和乳房卫生差，挤奶损伤和挤奶器不配套。

流行特点：全年可发病，6～9月份为发病高发期，约占全年发病的44%。乳房炎可分为临床型和隐性两种。

预防措施：主要体现在保证乳房的卫生环境方面，一般通过经常给乳房消毒的方法进行预防。

（2）市场风险

①饲料价格上涨风险。

一般情况下，饲料费用占奶农销售生奶成本的65%～75%。饲料价格的上涨会立即引起生奶成本的上升，导致经济效益的下降。在一定的奶产量范围内，奶量越高，每单位奶量中饲料费用所占的比例越低。但我国除少数几个大中城市的郊区外，母牛的奶产量普遍不高，估计平均在3500kg左右。因此，每公斤生奶中饲料所占的成本相对较高。奶牛利润的减少，饲料价格上涨，是生奶收购价格仍然维持原状是最主要的原因。饲料价格上涨会使饲料成本所占原料奶收购价格的比例上升。其中，规模化牛场上升约9%，养殖小区模式上升约16%，散养户模式上升约13%。饲料成本上涨后，尽管乳制品企业对原料奶收购价有所提高，但奶牛养殖者所获得的利润仍出现下降，对于不同养殖模式，造成不同程度的下滑。其中，规模牛场下降幅度最小，奶站和散养户下降幅度最大，养殖小区下降幅度居中。许多奶农甚至处于赔钱的状态，导致一些奶农贱价卖牛或直接杀牛。饲料价格上涨是奶牛养殖保险理赔中不可忽视的风险之一。

②供需导致的奶价波动。

在整个奶业产业链即牛奶的生产、加工和销售中，三者的利润比通常为1:3.5:5.5。广大奶农的利益最低，而且在原料奶的生产过程中所承担的风险最大。从2003年10月开始，因粮价上涨造成饲料价格上涨，奶牛饲养成本上升，饲养效益下降。奶牛饲养周期长，抗干扰能力差，一旦受到挫折，要得以恢复需要很长的时间。据统计，欧美国家牛奶消费量平均每人每年约300kg，而我国居民人均摄入量只有21.7kg，相差15倍。随着我国经济的发展和人们生活水平的提高，对乳制品的需求量会持续增加。但是，近年来乳制品质量问题不断涌现，使得人们购买乳制品的意愿降低，整个乳行业的发展趋势及人们对乳制品食品安全的支付意愿将决定生奶的供求关系，也将直接影响奶牛养殖者的经济效益。此外，由于我国目前生鲜乳价格形成机制尚不完善，市场频繁出现奶价低、生鲜乳加工企业拒绝收奶、奶农倒奶杀牛的现象，特别是在冬季牛奶产量高、市场需求低的时期。因此，该阶段需要关注养殖管理是否规范，是否存在降低养殖标准、人为增加淘汰奶牛的现象。死亡率偏高及淘汰奶牛的道德风险也是奶牛保险赔付率走高的主要原因。

（3）道德风险

奶牛个体经济价值较大，一头成年产奶牛售价在2万元左右。因此，在奶牛死亡后，存在不法商家收购死亡奶牛的现象，回收价格甚至可以高达8000元左右。此外，焚烧、化制等无害化处理方式不被农户接受，国家也没有相关补贴，保险公司目前多采取的是掩埋的处理方式。部分农户一方面会将产能较低的奶牛人为处死，要求保险公司赔偿后再贩卖给不法商家；另一方面会将掩埋的奶牛取出，重复要求保险公司赔偿，获取不当利益。

3. 查勘定损方法

奶牛保险查勘定损要点包括：确定死亡标的是否属于保险标的；确定死亡时间是否属于保险期间；确定死亡原因是否属于保险责任；查勘员自我保护。其中，经营结果影响较大、实践中存在问题较多的是确定保险标的和保险责任。

（1）确定保险标的

死亡奶牛的保险标的确认分为两个层次。一是确认死亡奶牛是否属于承保范围。奶牛属于生产工具，规模养殖企业为了便于生产管理，一般会通过"打耳标"的方式对其进行编号。耳标的种类有很多，按照功能不同，可分为生产耳标、防疫耳标、自动饲喂耳标、自动挤奶耳标等。保险公司采用的一般是生产耳标。在查勘过程中，要首先确认死亡标的的耳标是否真实，是否在承保耳标范围内。二是要核实死亡标的是否已经出现过理赔，即农户是否使用同一保险标的的重复索赔。由于奶牛有15%的正常淘汰率，加之上面分析的经济价值较高，道德风险较大，且无害化处理监管不到位，因此必须注意是否存在重复索赔的现象，尤其是对于赔付率较高的客户。

（2）确定死亡时间

除了通过被保险人自述，向当事人、周围群众、现场目击者了解，以及有关部门认定的出险时间之外，还可以通过死亡症状确定，特别是在观察期结束和保险期间结束前后，更需要准确确定死亡时间。可参考如下经验。①尸僵：骨骼肌的肌僵，通常在动物死亡之后 3～6 小时开始，首先发生于头部，后颈部、前肢、后肢依次出现，10～24 小时尸僵完全。经 24～48 小时后，又依原来次序而缓解变软。现场可根据四肢能否伸曲来判断。如前肢能伸屈而后肢僵硬，说明死亡 24 小时以上。但死于中毒的动物，其尸僵大多不明显。②尸体腐败：经过一定时间后，尸体由于肠内腐败菌发育繁殖而发生腐败分解，产生大量气体，表现为尸体腹部膨大，剖开时可见肠管强度膨胀，血液带有泡沫，组织、器官，特别是与肠管接触的器官呈污绿色，组织柔软，发出恶臭气味。

（3）确定死亡原因

首先认真对照条款，判定是否属于保险责任。通常可以通过调阅生产记录、免疫记录、诊疗记录来判断。奶牛保险理赔时，重点关注两点：①市场行情低迷时，死亡淘汰率会人为增加；②由于犊牛体型较大，容易出现难产、产后瘫痪等产科疾病造成的死亡。其次对于自然灾害，在采集现场影像的同时，需要收集气象证明，特别是发生巨灾时。最后对于意外事故，规模化奶牛场意外事故多为牛棚倒塌，特别是在冬季暴雪过后。

（4）注意自我保护

当前，奶牛疫病多呈现人畜共患性质，这为一线查勘人员带来较大的人身风险。因此，需要做好前期培训，加强查勘员的自我保护意识。现场查勘过程中必须要穿戴防护装备，查勘结束后及时清洗，做好消毒工作，特别是依据奶牛死亡的症状判断为患炭疽、结核病、布鲁氏菌病时。

4. 赔款计算方法

承保时，对于奶牛有畜龄或者体重要求，出险时需要先判断死亡标的是否符合承保要求。作为生产型牲畜，奶牛保险一般都是按照保额进行赔偿，保险奶牛发生保险责任范围内的死亡，保险人通常按以下公式计算赔偿金额：

赔偿金额=死亡数量×每头保险金额。

对于条款产品或保险合同中有其他约定的，如扑杀补偿等，以约定标准计算赔款。发生扑杀事故的赔偿金额通常按以下公式计算：

赔偿金额=死亡数量×（每头保险金额-每头保险奶牛政府扑杀专项补贴金额）。

（二）肉牛养殖保险

1. 肉牛养殖相关知识

（1）定义

肉牛即肉用牛，是以生产牛肉为主要目的的牛。肉牛具有体形丰满、增重快、饲料利用率高、产肉性能好、肉质口感好等特点，不仅可为人们提供肉用品，还可提供其他副食品。目前常见的肉牛品种有国外的西门塔尔牛、夏洛莱牛、利木赞牛等，国内的秦川牛、晋南牛、鲁西黄牛等（见图3-3）。

图3-3　肉牛养殖

（2）生长阶段

肉牛按照牛龄不同，可以分为犊牛（0～6个月）、育成牛（6～18个月）、育肥牛（18个月至生产）。

①犊牛期：指初生至断乳前一段时期的小牛。肉用牛的哺乳期通常为6个月。

②育成期：犊牛断奶至第一次配种的母牛，或做种用之前的公牛，统称为育成牛。此期间是肉牛生长发育最迅速的阶段。精心的饲养管理，不仅可以获得较快的增重速度，而且可以使幼牛得到良好的发育。

③育肥期：肉牛育肥方式多种多样，各种育肥方式利用的生产时期不同，因此肉牛的育肥期无特定期限，从开始育肥到出栏前的一段时期即为育肥期。

阅读材料３ ４　国内肉牛育肥模式

　　国内肉牛育肥模式有三种：第一种是成年牛短期育肥，目的是生产普通牛肉，在国内市场销售；第二种是架子牛高效育肥，目的是生产出口活牛，销往国际市场；第三种是优质肉牛育肥，目的是生产高档牛肉和优质牛肉，其高档肉和优质肉占活重的21.86%左右，主要供应国内星级宾馆和大使馆消费，余下的肉仍作为普通牛肉销售。目前国内大多数肉牛育肥场是以生产普通牛肉为主，生产出口活牛和优质肉牛的较少。

（3）饲养要求

现代肉牛育肥技术一般可分为犊牛育肥、持续育肥、架子牛育肥、成年牛育肥技术等。目前以犊牛直接育肥和架子牛育肥两种方式为主。

①犊牛饲养管理。

犊牛在出生后30天去角，在4～6周龄时剪去副乳头，每次用完哺乳用具要及时清洗，饲草用后要刷洗，定期消毒。每次喂奶完毕，用干净毛巾将犊牛口、鼻周围残留的乳汁擦干，防止互相乱舔。犊牛出生后应当及时放进犊牛岛，单独饲养，隔离管理。出产房后，可转到犊牛栏中，集中管理。牛栏及牛床均要保持清洁、干燥，铺上垫草，勤打扫、勤更换。舍内要有适当的通风装置，保持舍内阳光充足，通风良好，空气新鲜，冬暖夏凉。每天至少要刷拭犊牛1～2次。刷拭时以使用软毛刷为主，如有粪便结痂粘住皮毛，应用水润湿软化后刮除。

②架子牛饲养管理。

按照牛的品种、体重和膘情分群饲养，便于管理。每日饲喂两次，早晚各一次，精料限量，粗料自由采食。饲喂后半小时饮水一次。搞好环境卫生，避免蚊虫对牛的干扰和传染病的发生。当气温低于0℃时，应采取保温措施；高于27℃时，应采取防暑措施，夏季温度较高时，应避免饲喂。每天观察牛群是否正常，发现异常应及时处理，尤其注意牛消化系统的疾病。定期称重，及时根据牛的生长及采食剩料情况调整日粮，及时淘汰生长缓慢的牛。膘情达到一定水平，增重速度减慢时应当及时出栏。

2. 市场分析

（1）肉牛行业特点

①规模化处于起步阶段。

与肉鸡、生猪相比，肉牛养殖规模化程度最低。这主要是由于肉牛养殖需要占用大量土地资源和资金投入，规模化、标准化养殖难以大范围实现。

②饲料转化率低。

平均饲料转化率大约是猪的1/3，蛋鸡和肉鸡的1/6，一般情况下增重精料比为架子牛屠宰1:2，短期育肥1:4，高档肉牛1:7。

③畜产品品质优秀。

牛肉营养丰富，高蛋白、低脂肪，其营养价值高于猪肉及其他肉类产品，肉质鲜美细嫩而不肥腻，易消化。其食草不与人类争粮，而且安全卫生指标相对较高，近乎天然绿色食品。因质量不同，牛肉的价格差别很大，牛肉的消费量和质量受到经济发展水平的制约，目前国内需求量越来越大。

④牛肉需求与日俱增。

从全球范围来看，世界发达地区牛肉消费量占肉类的比重为一半以上，而中国仅占10%左右。对于牛肉人均占有量，世界发达国家在50 kg以上，世界人均水平为10 kg，而中国却不足5 kg，特别是南方一些地区不足2 kg。中国已进入全面建成小康社会阶段，牛肉是小康指标的组成部分，人们越发注重膳食质量和结构的改善，对牛肉特别是优质牛肉需求大幅提升。

（2）肉牛生产成本

幼牛期，每天每头牛需要青储玉米秆5～8斤，可以少量辅以酒糟或其他杂草。需精细料3～5斤，包括玉米面60%、麦麸30%，以及豆饼或棉籽饼、菜籽饼任选一样10%。30头牛每天需1斤食盐，每两星期牛舍消毒一次，定期预防。牛进圈后间隔一周开始驱虫，初次与第二次要间隔4天，两次可以用驱虫净去清。

育肥期，每头牛每天需草8～12斤、精细料5～8斤，后期追肥每天需草12～15斤、精细料8～10斤，青草加量30%。

3. 风险损失特征

肉牛养殖存在的风险主要表现在以下几方面。

（1）疫病风险

肉牛与奶牛同样是大型草饲反刍动物，但与奶牛相比，并非作为一种生产工具而是作为一种商品，饲养过程中没有过分透支生长潜力，因此自身抵抗力比奶牛要高，特别是6个月以上的架子牛。但肉牛疫病风险仍然是造成养殖业高风险的重要因素，风险损失特征与奶牛相似。

（2）市场风险

肉牛市场风险损失特征与奶牛相似，包括市场需求变化、政策时效性变化等方面。肉牛价格的高低直接关系到养殖者的经济效益。农业政策中的畜产品价格政策、环保评价政策、全国兽药（抗菌药）综合治理五年行动规划、兽药国标化、动物及动物产品兽药残留监控计划及国家肉牛进出口政策（中澳之间自由宽易协定）等变化，都会对畜产品价格产生影响。同时，国民的肉类消费理念也会影响牛肉消费量。面对市场风险，养殖户要积极了解国家的宏观政策和经济形势，要以平和的心态对待行情变化。当风险来临时，要对整个养殖周期的每个环节进行总结，进一步加强管理，合理控制成本和投入。良好的经营管理和经营环境的营造可以降低这类风险造成的损失。

（3）牛源风险

肉牛的来源影响肉牛身体健康状况和育肥效果，也是决定养殖成功与否的关键因素，引进健康状况较差的肉牛不仅会降低生产性能，也会增加疫病传播的危险。我国的肉牛生产发展很快，很多经营者都已经意识到肉牛的快速育肥效益良好，因此从事此行业的人也越来越多，这就存在竞争牛源的问题。近年来，牛源已呈现出紧张的状况。

（4）技术风险

降低饲养成本、提高育肥质量是增加肉牛养殖利润的重要方面，如果在缺乏饲养技术的条件下盲目投资，会增加肉牛养殖风险。由于养殖者自身技术水平、管理经验和经营技巧的差异，造成肉牛疾病发生率、生产水平、经济效益的不同结果所带来的风险，直接影响养殖者的收益、投资信心，甚至生活水平。肉牛会出现生产性能下降甚至大批死亡，如果养殖技术或经验不足，一旦发病，还会造成巨大的经济损失。

4. 查勘定损方法

肉牛的查勘定损方法与奶牛相似，需要注意的是，肉牛养殖过程存在不佩戴耳标的情况，因此在识别是否属于保险标的方面需要投入更多精力。

5. 赔款计算方法

（1）起赔标准

一般情况下，各省份和各保险公司都会对肉牛保险设定一个起赔标准，即当死亡肉牛达到某一体重或者体长标准后，才会触发赔偿；达不到标准的，视为非保险标的，可以拒绝赔付。

（2）赔款计算

由于不同阶段的肉牛养殖成本不同，因此国内的肉牛保险一般按照不同死亡阶段，给予不同赔偿金额。部分省份按照死亡标的的尸重进行赔偿，也有省份按照死亡标的的体长进行赔偿。因此，肉牛赔款要严格按照条款约定进行计算。

例如，按标的尸重进行赔偿的，保险肉牛发生保险责任范围内的死亡，保险人通常按以下方式计算赔偿金额：

每头肉牛赔偿金额=每头保险金额/约定最高赔付尸重×死亡保险肉牛尸重（kg）。

肉牛尸重超过约定最高赔付尸重的，按约定最高赔付尸重计算。

发生扑杀事故的赔偿金额通常计算如下：

赔偿金额=死亡数量×（每头保险金额/约定最高赔付尸重×死亡保险肉牛尸重（kg）-每头保险肉牛政府扑杀专项补贴金额）。

二、小牲畜保险

（一）能繁母猪养殖保险

1. 能繁母猪生产基本知识

（1）定义

能繁母猪是指可以正常繁殖的母猪，也就是正常产过仔的母猪。国内母猪有很多品种，如太湖猪，长白猪、大白猪、二花脸、金华猪、杜洛克、皮特兰、荣昌猪等（见图3-4）。

（2）标准

体重达到成年猪体重的70%以上；能定期正常发情、配种、受孕、生产；身体健康，没有影响繁殖的疾病。

（3）生长阶段

①初配年龄为210～230日龄，初配体重在100kg左右，背膘厚度为18～20mm。②妊娠。孕期114天左右，妊娠期增重40kg左右。③哺乳期30天左右，根据生产方式不同可适当缩短和延长。一般母猪利用时长为4年左右，正常淘汰率约为25%。

（4）饲养要求

①保持温度适宜。母猪生长发育的适宜温度为 15℃～24℃，环境温度高于 24℃ 为警戒状态；高于 37℃ 为危险状态，温度高于 37℃ 的同时湿度达到 25℃ 的则为紧急状态。当栏舍温度高于 24℃，会产生不良的影响，通常情况下会导致猪的采食量下降，严重时猪群出现热应激反应，有时会导致猪的死亡。②确保营养供给。对妊娠母猪应采取前低后高的饲养方式，合理制订饲料配方和饲喂计划。当母猪采食量下降时，选择温度较低的时段投料，增加饲喂次数。多数情况下，饲喂次数从每天 2 次增至每天 3 次以上。尽管每次饲喂量会减少，但采食量可增加 10%。少量多餐可以降低母猪采食后的体温，在环境温度偏高时更有利于母猪保持正常体温。③加强产后管理。产后不宜喂料过多，一周左右即恢复正常喂量，日喂量在 5kg 左右，断奶后根据膘情酌减投料量。日喂 4 次，以 6 时、10 时、14 时和 22 时为宜，最后一次不可再提前。母猪夜间有饱感，不会站立拱草寻食，能够避免压死、踩死仔猪，有利于母仔安静休息。多喂适口性和质量好的青饲料，保证充足的饮水。舍内保持温暖、干燥、卫生、空气新鲜，定期消毒，减少噪音等各种应激因素，保持安静的环境条件。

图 3-4　能繁母猪养殖

2. 风险损失特征

由于能繁母猪是猪场最关键的生产工具，因此在养殖过程中一般会得到精心的照料，给予良好的饲喂、标准的接种免疫、舒适的生产环境。死亡大多发生在季节交替、猪价下跌等大环境背景下。此外，还有意外事故和自然灾害等突发事件。

（1）季节交替期死亡率较高

能繁母猪对于外界温度、湿度、有害气体浓度等较为敏感，尤其是在妊娠期。在季节交替时期，能繁母猪免疫力下降，容易集中出现腹泻、便血、发热、采食量下降、呕吐等现象，能繁母猪死亡率会有较大提升。

（2）猪价下跌时死亡淘汰率较高

市场行情的变化对于能繁母猪的饲养管理影响较大。当猪价下跌时，受资金影响，养殖户一方面会选择降低用料、用药等饲养标准，导致能繁母猪发病率、死亡率上升；另一方面会选择提前淘汰生产力较低的母猪，导致淘汰率上升。

（3）产前产后死亡率较高

由于母猪在生产过程中会消耗大量体力，免疫力下降，产前产后容易出现乳房炎、产后高热、子宫内膜炎、产后瘫痪、难产、胎衣不下等多种疾病，导致死亡率上升。

（4）意外事故、自然灾害也会导致死亡

随着规模化程度提高，母猪养殖密度越来越大，生产工具现代化水平增高，电力化、智能化逐渐普及。因为电器问题导致火灾等意外事故是母猪死亡的原因之一。自然灾害也是导致能繁母猪死亡的重要原因，包括猪丹毒、猪肺疫、非洲猪瘟等重大病害，以及暴雨、洪水、风灾、冰雹、泥石流等重大灾害。

3. 查勘定损方法

能繁母猪保险查勘定损要点包括：确定死亡标的是否属于保险标的；确定死亡时间是否属于保险期间；确定死亡原因是否属于保险责任。其中，对经营结果影响最大、实践中面临最多的问题是确定死亡母猪是否属于保险标的。

（1）确定死亡标的

能繁母猪属于生产工具，规模养殖企业为了便于生产管理，一般会通过"打耳标"的方式对其进行编号。耳标的种类有很多，保险公司采用的一般是生产耳标。因此，在查勘过程中，确认死亡标的的耳标是否真实，是否存在出险后再打的迹象。然后，要核对耳标号是否在承保耳标范围内。此外，还可以通过核实投料、喂药、免疫等生产记录对耳标的真实性进行佐证。对于农户养殖的能繁母猪，一般在养殖环节不会自觉佩戴耳标，出险后难以辨识死亡标的是否属于保险标的。因此，需要在承保端做好把控工作，要求农户必须给能繁母猪佩戴耳标。此外，由于能繁母猪有25%左右的自然淘汰率，因此每年需要对淘汰母猪和新补栏母猪进行变更。

（2）确定死亡时间

通过被保险人自述，向当事人、周围群众、现场目击者了解，以及有关部门认定的出险时间，必要情况下可以进行尸检，根据死亡症状如尸冷、尸僵、尸斑、尸体腐败等来确定死亡时间。

（3）确定死亡原因

判定死亡原因首先需要排除人为或者管理不善等除外责任，通常可以通过调阅生产记录、免疫记录、诊疗记录来判断是否属于除外责任。目前能繁母猪的保险责任多为疾病疫病、自然灾害、意外事故。①疾病疫病。由于疾病种类较多，呈现的症状也非常复杂，因此对于具体疾病的判断，需要依靠当地技术人员给予支持。②自然灾害。

对于自然灾害导致的死亡，需要收集气象证明。对于发生巨灾、难以核实具体损失的情况，可以根据承保记录和生产记录判定损失数量，必要时可以启动预赔付。③意外事故。对于母猪养殖来讲，最常见的意外事故是火灾。对于发生火灾的赔案，须采集火灾现场照片，必要时须提供消防部门相关证明材料。

4. 赔款计算方法

承保时对于能繁母猪都有畜龄或者体重要求，出险时需要先判断死亡标的是否符合承保要求。作为生产型牲畜，能繁母猪保险一般都是按照保额进行赔偿，保险母猪发生保险责任范围内的死亡，保险人通常按以下公式计算赔偿金额：

赔偿金额=死亡数量×每头保险金额。

对于条款产品或保险合同中有其他约定的，如扑杀补偿等，以约定标准计算赔款。发生扑杀事故的赔偿金额通常按照以下公式进行计算：

赔偿金额=死亡数量×（每头保险金额-每头保险能繁母猪政府扑杀专项补贴金额）。

（二）育肥猪养殖保险

1. 生长习性

（1）定义

育肥猪是猪生长的一个阶段，一般情况下指猪龄 60 天左右，体重达到 20kg 以上，到 175～190 日龄，体重达到 110kg 出栏的生猪。育肥猪生产的目的，就是花费较少的饲料，用较短的时间，获得较快的增重速度和较理想的肉质，给人们提供数量多、品质好的肉食。因此，应提高育肥猪的饲料转换效率、出栏率和商品率，增加经济效益（见图 3-5）。

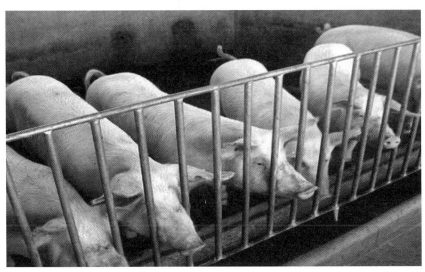

图 3-5　育肥猪养殖

（2）饲养要求

①环境控制。育肥舍的温度应保持在15℃～20℃，冬季应注意防寒保温，防止贼风。规模猪场保育舍设置暖气设备，温度应保持在20℃以上。夏季应防暑降温，要及时查看舍内的温度，做好调整。育肥舍的适宜湿度为60%～70%。湿度较大会加剧寒冷和炎热所造成的不良影响，有利于病原微生物的滋生；湿度低易引发呼吸道疾病。每天除了必要的卫生打扫工作外，还要注意舍内的降尘。舍内氨气含量和粉尘也会引起猪群呼吸道疾病的发生。②饲料的营养和饲喂。育肥阶段的饲喂，要求少喂勤添。由于育肥猪的生长周期一般在100～110天，猪只的采食量逐渐增加，要求日常饲喂时多观察，根据料槽剩余和猪群的膘情来调整饲喂量。③保健工作。育肥猪的保健工作主要在猪只体重为25～50kg这个阶段。要根据季节的变化、流行病的规律、猪只的病理特征等实际情况来选择用药，用药的剂量应区分为预防剂量和治疗剂量。投放药物的方式一般采用饲料混合和饮水加药。有条件的猪场，尽量采用饮水的方式。④日常观察。清理卫生和加料的同时要注意观察猪群排粪的情况，喂料时还要观察猪只的食欲。在猪休息的时候须检查其呼吸状况，一旦发现病猪，应及时做好标记，以便对其进行治疗和隔离。针对病情严重的猪只，需要实行隔离饲养，合理用药。

2. 风险损失特征

（1）幼年时期死亡率较高

根据生产统计分析，幼年时期的育肥猪死亡率多在6%左右，而50kg以上的育肥猪的死亡率只有2%左右。具体原因包括：①转群应激。由于生猪进入育肥阶段，需要从保育舍转群至育肥舍，转群过程造成的应激反应会导致一部分体弱的育肥猪发病死亡。②免疫力低下。20kg左右的育肥猪的免疫系统尚未完全成熟，容易遭受病原体攻击，发病率较高，特别是在季节交替、外界环境变化较大的情况下，更易出现大面积发病。

（2）猪价下跌时死亡率较高

与能繁母猪相比，育肥猪死亡率受市场行情的影响更为明显。猪价下跌，盈利空间下降，部分农户会选择降低饲养标准，减少生产投入，从而短期内降低生产成本。饲养标准及管理水平降低会导致猪群整体健康状况较差，死亡率增加。

（3）不同规模猪舍的死亡率差异较大

由于规模养殖企业相比一般小养殖户，在基础建设、生产管理、人力资源等方面具有绝对优势，因此生产管理水平较高，疫情防控能力较强，育肥猪死亡率远低于小养殖户，尤其是在疫情集中爆发的阶段。

3. 查勘定损方法

育肥猪保险查勘定损方法及要点与能繁母猪相似，包括确定死亡标的是否属于保险标的、确定死亡时间是否属于保险期间、确定死亡原因是否属于保险责任。其中，对经营结果影响最大、实践中面临最多问题的是确定死亡育肥猪是否属于保险标的。

（1）确定死亡标的

由于育肥猪养殖周期短，一般不超过 5 个月，养殖企业在养殖过程中很少会给育肥猪佩戴耳标，很难通过耳标来确认死亡标的身份。因此，实务操作中一方面可通过经营分析，加强对高赔付客户育肥猪存栏量的核实工作，加强存栏动态监控；另一方面是加强与畜牧部门、周边养殖户的沟通，从侧面了解客户生产管理情况。如果存在"多养少保"的情况，应及时提醒客户批增保险数量，确保客户实际养殖数量与投保数量保持一致，从而保证死亡标的属于保险标的。

（2）确定死亡时间

育肥猪死亡时间确定与能繁母猪基本一致。需要注意的是，与能繁母猪相比，育肥猪体积较小，部分养殖户会通过冰柜冷冻的方式改变尸僵状态，从而影响死亡时间的判断。

（3）确定死亡原因

育肥猪死亡原因判定要点与能繁母猪基本一致。

4．赔款计算方法

（1）起赔标准

一般情况，各省份和各保险公司都会对育肥猪保险设定一个起赔标准，即当死亡育肥猪达到某一体重或者体长标准后，才会触发赔偿；达不到标准的，视为非保险标的，可以拒绝赔付。

（2）赔款计算

由于不同阶段的育肥猪养殖成本不同，因此国内的育肥猪保险一般按照不同死亡阶段，给予不同赔偿标准。部分省份按照死亡标的尸重进行赔偿，也有省份按照死亡标的体长进行赔偿。因此，育肥猪赔款要严格按照条款约定进行计算。

例如，按标的尸重进行赔偿的，保险育肥猪发生保险责任范围内的死亡，保险人通常按以下公式计算赔偿金额：

每头育肥猪赔偿金额=每头保险金额/约定最高赔付尸重×死亡保险育肥猪尸重（kg）。

育肥猪尸重超过约定最高赔付尸重的，按约定最高赔付尸重计算。

发生扑杀事故的赔偿金额按照以下公式计算：

赔偿金额=死亡数量×（每头保险金额/约定最高赔付尸重×死亡保险育肥猪尸重（kg）—每头保险育肥猪政府扑杀专项补贴金额）。

阅读材料 3-5　猪价涨跌与养殖风险

1．影响猪肉价格的因素

生猪价格主要受养殖环节、屠宰流通环节、供求关系等多种因素的影响：

①原材料。包括玉米、豆粕、仔猪、兽药、疫苗等，其中仔猪价格波动较大。

②疫情。暴发疫情会导致猪只死亡率增加，供给减少。③天气。极端天气可能增加养殖、运输风险，导致价格短期内变化。④环保。近年来的环保风暴导致小规模户大量退出，市场供给在一定程度上有所减少。⑤补贴。良种补贴、能繁母猪补贴、农业保险补贴等可以降低企业生产成本。⑥国际贸易。国际市场价格及猪肉进出口贸易会影响国内猪肉供给量。⑦节日。"杀年猪"、做腊肉等习俗会导致节日前猪肉消费需求上涨。⑧替代品。鸡肉、牛肉、羊肉等替代品价格涨跌会影响猪肉需求。

2. 猪价变化对养殖行业的影响

生猪价格上涨：①生产方面。养殖户扩群、养殖企业扩场积极性较高，一般会提高生产计划，扩大生产规模。②管理方面。生猪价值增加，生产者更加注重管理，更倾向选择上等的饲料、疫苗、兽药等生产资料，确保育肥猪出栏率。③财务方面。生猪销售利润增加，用于改良生产设施、提高生产水平的费用也会增加。此外，良好的财务状况使得猪场可以获得更多融资支持。

生猪价格下跌：①生产方面。生产积极性下降，养殖户选择淘汰、更新母猪，减少生产规模，降低生产损失。②管理方面。猪价下跌导致养殖户减少在疫苗、兽药、饲料等方面的投入，部分养殖户甚至需要从事其他劳动、产业来弥补生猪生产，管理细致程度降低。③财务方面。生猪销售利润减少，用于改良设备、扩大生产的资金减少。此外，低迷的行情不利于猪场获得融资支持。

"猪周期"是一种经济现象，指由于生猪生产存栏量不稳定、饲养标准化规模化程度低、信息监测预警调控滞后、疾病周期性出现等特点，导致猪肉价格的周期性变化。一个完整的周期一般包括"猪价上涨—生产积极性提高—母猪量增加—生猪供应量增加—猪价下跌—生产积极性降低—母猪量减少—生猪供应量减少—猪价上升"等环节，一个周期一般持续3～4年。

3. 猪价下跌对养殖业保险的影响

对育肥猪保险的影响：①猪价下跌，盈利空间下降，部分农户会选择降低饲养标准，减少生产投入，从而短期内降低生产成本。此外，过度亏损后，部分农户会兼职其他工作来补贴生计，造成精力分散，管理下降。②饲养标准及管理水平降低会导致猪群整体健康状况较差，死亡率增加，赔付增加。如果发生赔付率异常升高的情况，要做好理赔工作和客户回访工作，有技巧地进行沟通交流，适当引导养殖户加强管理，提高生猪成活率，减少损失与赔付。

对能繁母猪保险的影响：①猪价下跌，养殖户存在"惜售"心理，选择压栏，出栏体重增加。如果这时育肥猪发生保险事故，体重与能繁母猪接近，农户可能会选择按照能繁母猪索赔，以获得更多赔款。此时要通过观察死亡标的生理体征、核对耳标号等方式，确定死亡标的是否属于承保的能繁母猪。②养殖户会选择主动淘汰部分母猪降低生产成本，为下一个盈利周期做准备。部分养殖户会将即将淘汰的母猪人工处理后报案，以获取保险赔偿。此时需要认真观察死亡母猪尸体情况，仔细询问死亡原因和出险过程，确认是否属于保险责任。

其他方面的影响：猪价下跌，中小散户因不堪财务压力而逐步退出，养殖企业最大的风险就是资金链断裂，被收购或者被托管。每次猪价下跌都是养猪行业的一次"洗牌"，猪周期过后，养殖行业集约化、规模化程度会越来越高。对于被收购和托管的猪场，生猪的所有权发生了转变，保险利益也随之改变。查勘员日常处理案件时要多观察，同时做好沟通和回访工作，对于保险利益变更的客户，应及时进行保单批改，确保理赔款支付到位。

三、家禽（肉鸡）养殖保险

（一）肉鸡养殖相关知识

1. 定义

肉鸡是指经过特别培育，采用人工饲喂、规模化养殖，能够高效提供鸡肉产品的鸡。目前常见的肉鸡品种包括：国内的固始鸡、桃源鸡、乌骨鸡、北京油鸡等，国外的艾维茵、爱拔益加等（见图3-6）。

图3-6 肉鸡养殖

2. 生长阶段及特点

肉鸡的生长阶段一般分为育雏期、生长期和育肥期。0～3周龄为育雏阶段，这个阶段对环境温度要求较高；4～6周龄为肉仔鸡快速生长阶段，这个阶段肉仔鸡生长发育特别迅速，也称为生长期；7周龄至出栏为育肥期。肉鸡的生物学特点如下。

①生产性能高。

肉鸡的饲料转化率是养殖业中最高的一种，一般料肉比为2:1左右，好的规模企业可以达到 1.5:1。肉鸡生长效率高，一般 30 天左右体重可达 2kg 左右。因此，肉鸡非常适合规模化、集约化养殖。一个饲养人员可以养殖 5 万～10 万只肉鸡。

②环境要求强。

肉鸡对环境的变化比较敏感，环境适应能力较弱，需要比较稳定的生长环境，特别是对温度、光照、氧气含量等要求较高。

③抗病能力弱。

一是肉鸡生长迅速，大部分营养用于肌肉生长方面，自身抗病能力差，即使免疫接种，也可能出现免疫失败的情况。二是肉鸡快速生长，使其身体各部分负担沉重，特别是第三周的快速增长。例如，骨骼生长不能适应体重需要，出现各种腿病等。

3. 饲养要求

不同阶段的肉鸡对饲养管理的要求也不同，因此不同阶段需要给予不同的管理。肉鸡仔鸡的饲养可分为育雏期（0～3 周龄）和育肥期（4 周龄以上）两个阶段。

（1）育雏期

温度：1～3 日龄为 32℃～33℃；4～7 日龄为 30℃～32℃；8～14 日龄为 27℃～30℃；15 日龄之后为 24℃～27℃。

湿度：一般情况下，1～4 日龄为 65%～70%，以后相对湿度为 60%～65%。

密度：一般前期以每平方米 30 只为宜，后期逐步降至每平方米 15 只以下。

营养：应喂以优质的全价饲料，1 周龄内的雏鸡对营养水平的要求较高；对于 2～3 周龄的肉鸡，为了降低营养代谢病的发生率，可以适当进行限饲。

光照：1～7 日龄为 23 h/d，光照强度为 20～30lux，光照要均匀，至少维持 1 小时的黑暗，使雏鸡适应黑暗环境，遇到停电不至于发生拥挤。

（2）育肥期

一是强化通风换气，以通风为主，保温为辅。这个阶段如果不注意通风，鸡群的排泄物产生的有害气体会造成鸡舍的空气污浊，影响鸡群的健康和生产性能。二是严格消毒，特别是带鸡消毒，消毒次数为 1 次/天。随着养鸡时间的延长，鸡舍环境的污染会越来越严重。三是供给全价饲料和清洁饮水。最好用全价颗粒料，此期的营养以高能量为主，粗蛋白水平可降至 18%。应及时补充复合维生素，保证肉鸡所需的营养物质。夏天更应该注意鸡群饮水的净化及水槽和料槽的消毒。四是加强光照管理。光照强度应为 5～10lux，强度太大容易导致啄癖，强度太小又起不到刺激采食的目的。五是控制湿度。相对湿度设定为 60%～65%，不低于 55%。

此外，肉鸡的饲养管理还应注意以下事项：

第一，采用适宜的饲养方式。肉用仔鸡的饲养方式主要有垫料平养、笼养与网养。垫料平养简单易行，鸡群活动舒适，但占地面积大，易引发球虫病和恶癖。笼养空间利用率高，但鸡群容易发生胸囊肿和腿病。网养有利于粪便直接落入网下，减少病原体感染的概率，但对日粮营养要求高。

第二，采用"全进全出"的饲养制度。"全进全出"是指在同一范围内只进同一批雏鸡，饲养同一日龄，并在同一天全部出场。出场后彻底打扫、清洗、消毒，切断病原体的循环感染，消毒后密闭一周，再接着饲养下一批雏鸡。这是目前肉用仔鸡生产中普遍采用的行之有效的饲养制度，这种制度不但便于管理，有利于机械化作业、提高劳动效率，而且便于集中清扫和消毒，有利于控制疾病。

第三，采用公母分群饲养，有利于增重，提高产品的规模水平。一是按公母调整日粮营养水平；二是按公母提供适宜的环境；三是按经济效益分期出栏。

（二）风险损失特征

1. 风险集中度高

国内肉鸡普遍采用集约化、规模化的生产方式，养殖密度较高，一个棚舍的养殖量往往在万只以上，因此一旦出现疫情或者环境改变，整栋鸡舍可能出现"全军覆没"的情况，风险集中度较高。

2. 环境影响较大

一是由于肉鸡疾病抵抗力较差，而禽流感等疫病变异频繁，容易导致肉鸡死亡。加之集约化生产为疫病传播提供了良好的条件，因此一旦发病，很可能一个厂区、一个地区均会受到影响。二是受停水、停电等突发事件影响较大。

3. 市场反应强烈

纵观近几年的肉鸡市场行情波动，往往和疫情有关。由于禽流感等病毒属于人畜共患病，因此在疫情暴发时，市场反应强烈，消费者会选择放弃肉鸡、鸡蛋等禽类产品。在市场行情低迷时，与生猪相比，肉鸡生产损失更大。

4. 日常死亡频繁

由于肉鸡养殖量大，在工厂化、流水线生产条件下，日常死亡会给保险公司查勘理赔带来较大的工作压力。

（三）查勘定损方法

肉鸡保险的查勘定损要点同样包括：确定死亡标的是否属于保险标的；确定死亡时间是否属于保险期间；确定死亡原因是否属于保险责任；查勘员自我保护。其中，对经营结果影响较大、实践中面临较多的问题是确定是否属于保险标的及死亡原因是否属于保险责任。

1. 确定死亡标的

由于肉鸡养殖周期短，一般不超过45天，养殖企业在养殖过程中很少会给肉鸡佩戴标识，难以确定是否属于承保标的。因此，实务操作中需要注重经营分析，保持对客户理赔情况的实时跟踪，加强对高赔付客户的日常管理，实现动态监控。如果发现"多养少保"的情况，必须及时批增。此外，死亡数量确定也是一个难题，特别是发生大面积死亡的情况。此时需要加强对生产记录的调查，通过生产记录对现场查勘情况加以佐证。此外，还可以通过行业平均生产数据确定死亡数量。在每一次查勘后，应将畜禽（动物）做上记号以便辨认，或及时进行无害化处理，以免下次查勘时重复核损。

2. 确定死亡时间

确定肉鸡死亡时间是否发生在保险期间内。

3. 确定死亡原因

与其他畜种相比，肉鸡不但对疫病更敏感，对于外界环境变化也非常敏感。如果发生管理不当、过失等行为，往往会对肉鸡造成严重的影响。因此，如果出现疾病特征不明显的案例，需要着重考虑是否是由于生产管理不当引起的，如停电、停水等。

4. 注意自我保护

当前，肉鸡疾病有很多属于人畜共患病，如禽流感等，为一线查勘人员带来较大的感染风险。因此，需要做好查勘人员的前期培训，加强查勘人员的自我保护意识，现场查勘过程中应穿戴防护装备，查勘结束后及时清洗、做好消毒工作。

（四）赔款计算方法

1. 起赔标准

一般情况下，各省份和各保险公司都会对肉鸡保险设定一个相对免赔率，因此理赔时需要首先考虑是否超过起赔标准。

2. 赔款计算

由于不同阶段的肉鸡养殖成本不同，因此国内的肉鸡保险一般按照不同死亡阶段，给予不同赔偿标准。部分产品按照死亡标的尸重进行赔偿，也有的产品按照死亡标的日龄进行赔偿。因此，肉鸡赔款要严格按照条款约定进行计算。

例如，按标的尸重进行赔偿的，保险肉鸡发生保险责任范围内的死亡，保险人通常按以下公式计算赔偿金额：

每只肉鸡赔偿金额=每只保险金额/约定最高赔付尸重×死亡保险肉鸡尸重（kg）。

肉鸡尸重超过约定最高赔付尸重的，按约定最高赔付尸重计算。

发生扑杀事故的赔偿金额通常按照以下公式计算：

赔偿金额=死亡数量×（每只保险金额/约定最高赔付尸重×死亡保险肉鸡尸重（kg）-每只保险肉鸡政府扑杀专项补贴金额）。

四、水产养殖保险

（一）水产养殖相关知识

水产养殖业是人类利用可供养殖的水域，按照养殖对象的生态习性和对水域环境条件要求的不同，运用水产养殖技术和设施，从事水生经济动物养殖。按水域性质不同，可分为海水养殖业和淡水养殖业。按养殖对象不同，可分为鱼类、虾蟹类、贝类等。本节以内陆淡水养殖为例，做简要介绍（见图 3-7）。

1. 定义

水产养殖是指利用池塘、水库、湖泊、江河及其他内陆水域（含微咸水），饲养和繁殖水产经济动物（鱼、虾、蟹、贝等）的生产活动，是内陆水产业的重要组成部分。养殖的对象主要为鱼类，养殖的虾类有罗氏沼虾、南美对虾等，养殖的蟹类主要是河蟹。目前，中国淡水养殖鱼类主要包括青鱼、草鱼、鲢、鳙、鲤、鲫、鳊、鲂、鲮、非鲫等经济性鱼类。

图 3-7　水产养殖

2. 行业特点

我国淡水养殖业虽然历史悠久，但是传统的淡水养殖方式主要以散养为主，技术相对落后，与一些发达国家的养殖技术相比仍有很大的差距。近年来，我国一些地区已经开始采取箱养模式的养殖技术发展方式，充分利用资源，提高单位面积产量。目前我国淡水养殖业主要具有如下特点：

（1）我国淡水养殖业呈现"东南热、西北冷"的特点，淡水养殖区域集聚的现象更加明显。

（2）淡水养殖资金投入增加、养殖面积扩大、区域经济发展水平提升，对淡水养殖量有正向的促进作用，体现出我国淡水养殖业由粗放经营向集约化经营的转变。

（3）淡水养殖业面临"过度养殖"的困境和环境污染对淡水资源的破坏，减缓了淡水养殖业的发展。

（4）淡水养殖业发展和城镇化的进程之间互相重合，淡水养殖业有极大的发展潜力，在未来可以稳定持续地提供淡水产品，成为国家粮食安全和食品安全的重要保障。

3. 饲养要求

由于淡水养殖品种繁多，饲养要求各不相同。例如，小龙虾养殖和鲤鱼养殖，在水温控制、下苗时间、饲料用量、饲养密度等方面要求差异很大。因此，需要根据具体的养殖品种确定适合的饲养技术。这里以小龙虾养殖为例：

（1）选址要科学合理。选择的塘口要求靠近水源，水质清新无污染，进排水方便，土质以黏土为宜，保水性能好。

（2）防逃设施要完备。小龙虾有逆水逃逸的习性，池塘四周应设置围网防逃设施，同时进排水口处要做好防逃工作，并经常检查。

（3）合理放养。虾种放养至关重要，放种成功相当于养殖成功了一半。应选择无病无伤、附肢齐全、体色鲜亮、规格一致的虾苗种，亩放 200 尾/千克左右的优质幼虾 50kg。如无自繁苗种，应采取就近收购的原则。在运输过程中不能挤压、脱水，应多次多点投放，确保虾苗放养的成活率。

（4）养好水草。"要想虾养好，必须种水草"，良好的生态环境、丰富的水草资源是养殖成功的关键。水草既是小龙虾的饲料，又是它栖息脱壳的场所。水草种类要丰富，既要有沉水植物，又要有浮水植物，还要有挺水植物，如水葫芦、伊乐藻、轮叶黑藻、茭白等。水草栽种面积占池塘总面积的 60%～70%。

（5）合理投饵。在养殖实践中为了获取更大的利润空间，绝大部分养殖户选择加大精料的投入。但同时也可能陷入误区，往往只注重了精料的投喂，忽视了青饲料的投入，要注意荤素搭配。

（6）科学管理。除了日常坚持"三观五勤"，更要加强对敌害生物的清除和药物管理。在改造时，清塘消毒要彻底，坚决清除乌鳢、黄鳝等凶猛性鱼类，平时要及时驱逐老鼠、水鸟等敌害生物。小龙虾病害少，一般不会发病，一旦发病，应对症下药。

阅读材料 3-6　国内水产养殖保险的发展特点

1. 起步晚，发展慢，规模小

我国的水产养殖保险是在改革开放之后才出现的。1987 年，中国人民保险公司与农业部合作开展了水产养殖保险业务，随后在局部地区形成了一定规模，但随着 20 世纪 90 年代中国养殖对虾的大规模发病，水产养殖保险因赔付率过高而逐渐停止。此后，水产养殖保险几乎停滞，仅上海市于 1999 年启动淡水养殖保险。2004 年，中国渔业互保协会在浙江、大连、福建等地小规模开展水产养殖保险业务。中央财政从 2007 年开始对农业保险进行补贴，并未将水产养殖保险列入保费补贴范畴。但是财政补贴型农业保险的发展对水产养殖保险起到一定的带动作用，在地方财政的支持下，2007 年上海市财政对水产养殖保险进行补贴，2010 年宁波和成都也开展了水产养殖保险。

2. 水产养殖大省保险发展较快

从地区分布情况看，上海、江苏、浙江、四川是传统的水产养殖主产区，养殖规模大、基础好，水产品生产和供给在经济社会中占据重要地位。同时，这些地方的财政补贴能力强，在中央财政农业保险补贴政策的带动下，地方政府重视程度高、投入力度大，水产养殖保险业务发展迅速。

3. 淡水养殖保险多，海水养殖保险少

从现有水产养殖保险业务开展情况来看，淡水养殖保险的业务规模要远高于海水养殖保险规模。相对于海水养殖保险，淡水养殖的风险可控性强，保险机构承保风险较小，而且规模化、集约化养殖区较多，渔民专业合作组织较为发达，淡水养殖保险优先发展成为必然。

4．商业保险模式与互助保险模式并存

当前水产养殖保险的主要经营模式有互助保险模式和商业保险模式两类。互助保险模式依托渔业互助保险组织进行，主要特点是"政府推动、会员互助、单险核算"。商业保险模式依托商业保险公司进行。中国人保财险公司在福建、江苏，上海安信公司在上海，中航安盟公司在四川，中原农业保险在郑州、信阳等地开展了水产养殖保险业务，积累了开展水产养殖业保险的经验。值得注意的是，商业保险公司为了规避风险，在经营水产养殖保险过程中也引入了互助机制。

（二）风险损失特征

1．道德风险防控难

水产养殖保险的保险利益是一种确定的预期利益，其标的是有生命的水生生物。水产养殖中产生的损失不是由单一因素造成的，究竟是自然灾害还是因为养殖密度过大、投喂不当等人为原因造成，难以厘清。加上养殖区域分散，养殖生产技术条件、管理水平参差不齐，很多养殖户没有建立起规范的养殖日志，保险公司技术防范手段不足，导致道德风险难以控制。

2．受自然环境影响较大

与哺乳动物相比，鱼类自然抵抗力较弱，很容易受到温度、气压、光照、水质、降水等因素影响，且人为调控手段不多，当遇到恶劣环境时，很难通过人为控制改善饲养环境。

3．区域性风险频发

环境污染、外界天气的变化等一般具有区域性特点，如温度骤升骤降、台风恶劣天气等。因此，水产养殖发生损失时一般涉及范围较广，区域性较强。

4．人为因素影响

与畜禽类养殖场不同，水产养殖受到地势、水源的限制，在选择场址的时候也须考虑安全保卫的问题。偷鱼、投毒等人为因素是养殖者面对的棘手问题之一。

（三）查勘定损方法

淡水养殖的查勘定损要点主要包括确定出险水域，明确事故原因，确定损失程度。

1．确定出险水域

除规模化养殖企业外，淡水养殖出险水域一般没有参照物，要求承保时制作承保水域位置示意图，并采集每块承保水域的经纬度。理赔时需要校验出险水域是否属于承保水域。

2．明确事故原因

由于淡水养殖专业性较强，一般需要当地水产、水利技术人员给予技术支持，才能明确事故原因。对于事故原因存疑的案件，需要加强走访，排除人为因素。

3. 确定损失标准

淡水养殖损失确定一直是保险公司难以解决的问题，特别是对于出险后无法获取死亡标的的险种。如南美白对虾，死亡以后尸体会沉入池塘底部，而且很快会被微生物分解。因此，更多的是依靠农技人员和生产记录确定损失程度。

（四）赔款计算方法

水产养殖因保险标的品种繁多，赔款计算需要根据保险条款中约定的不同保险责任、不同赔偿处理方式进行确定，这里不做赘述。

第五节　病死畜禽无害化处理与保险联动机制

一、病死畜禽无害化处理现状

《病死动物无害化处理技术规范》（2012 版）规定的病死畜禽无害化处理方式有 4 种，分别是焚烧、化制、掩埋、发酵，并明确了各种方式的处理要求。目前病死畜禽的处理方式，以传统的深埋与焚烧为主，占地面积大，所需人力成本高，易对地下水、土壤和空气造成二次污染。在土地资源日趋紧张及生态环境要求日趋严格的背景下，传统的处理方式难以为继。2014 年，国务院印发《关于建立病死畜禽无害化处理机制的意见》，2017 年一号文件把"加快推进畜禽养殖废弃物处理和资源化利用"作为重要目标和任务。各地纷纷探索病死畜禽无害化处理机制与模式，规划建设病死畜禽收集站和无害化处理场，采用生物发酵和高温化制法对病死畜禽进行无害化处理。与传统的焚烧、掩埋、发酵相比，化制法既能实现良好的无害化处理效果，又能实现残值的资源化利用，近年来逐步兴起，进一步提高了病死畜禽无害化处理的效率，但进展较为缓慢。

二、病死畜禽无害化处理与保险联动机制的意义

2013 年 12 月，浙江省龙游县首创病死猪无害化处理与保险查勘理赔相挂钩的联动机制，之后全国各地纷纷效仿，将病死猪无害化处理作为保险理赔的前置条件，将无害化处理的凭证作为生猪保险理赔的依据，并简化保险理赔流程。此举运用经济杠杆引导养殖户主动将病死猪进行无害化处理，从源头上破解了病死猪无害化处理难题，提高了处理运行效率，既有效减少了养殖户的损失，又切实保障了畜产品质量安全和生态卫生安全。

　　《农业保险承保理赔管理暂行办法》要求保险公司配合相关主管部门督促养殖户依照国家规定对病死标的进行无害化处理，并将无害化处理作为理赔的前提条件，不能确认无害化处理的，不予赔偿。该办法为病死畜禽无害化处理与保险联动机制提供了政策支持。

　　构建保险与病死畜禽无害化处理联动机制，是政府、保险公司、养殖户三方共赢的必然选择。将病死畜禽无害化处理作为保险理赔的前提条件，能够充分发挥保险的风险补偿和社会管理职能，探索建立"政府监管、财政扶持、企业运作、保险联动"的病死畜禽无害化处理的长效机制。一旦出现病死畜禽，养殖户可就近送交到收集点，由收集点运送到无害化处理中心进行处理。经养殖户、畜牧部门、保险公司、无害化处理中心确认的收集处理凭证，是保险理赔的依据，也是无害化处理中心获得政府补贴的依据。

　　（1）从政府角度来看，实现病死畜禽无害化处理，是促进我国畜牧业健康发展、确保食品安全和公共安全的迫切需要，也是推进我国生态文明建设、建设美丽宜居乡村的关键环节。把养殖业保险作为一项惠农政策予以推广，有利于规避畜牧业养殖风险、稳定农户收入和提高畜牧业管理水平。此外，保险公司参与到病死畜禽无害化处理中，能够有效解决动物卫生监督部门工作人员不足、经费少等问题。

　　（2）从保险公司角度来看，建立保险联动的病死畜禽无害化处理机制，可在地方政府的推动下提高养殖业保险的覆盖率，使保险经营更加符合大数原理，保证了其经营的经济可持续性。而且，把无害化处理作为保险理赔的前提条件，能够有效避免重复理赔、骗取保费等道德风险。此外，构建无害化处理体系，通过县、乡、村三级畜牧兽医网络对全县畜禽饲养量进行普查，收集投保人基础信息并实施信息共享机制，为养殖业保险经营提供了基础数据，节约了保险公司的经营成本。

　　（3）从养殖户角度来讲，养殖业保险是风险补偿的重要市场化手段。在中央、省、市、县各级财政补贴下，养殖户只需承担20%左右的保费，在畜禽出现疫病、自然灾害和意外事故时，即可获得较高的保障，能够保证生产经营的连续性，降低养殖风险，稳定收入水平。从病死畜禽处理方式来看，传统的深埋焚烧方式不仅面临政府部门政策的约束，成本也较高。把病死畜禽送往收集点不仅能够获得无害化处理财政补贴（每头猪20～40元），还能获得保险公司的赔偿（每头育肥猪最高800元）。

三、病死畜禽无害化处理与保险联动模式介绍

　　病死畜禽无害化处理与保险联动，需要畜牧部门、保险公司、无害化处理中心、养殖农户多方联合。下面我们按照无害化处理的现状，从集中处理和分散处理两个方面介绍保险联动模式。

（一）病死畜禽分散无害化处理与保险联动模式

这种方式主要用于县区未设置集中无害化处理点，由养殖户选择无害化处理方式和无害化处理地点，通过焚烧、掩埋等传统方式进行病死畜禽的处理。联动主体包括畜牧部门、保险公司、养殖户。

1. 报案

养殖户发现病死畜禽后，向保险公司报案，同时通知畜牧部门。

2. 查勘定损

保险公司查勘员会同畜牧部门相关人员，在约定时间内到达养殖户所在地进行处理。①查勘员现场查勘病死畜禽数量，了解死亡情况，称量畜禽尸重，收集账户信息，缮制查勘报告并拍摄相关影像资料；②畜牧部门对病死畜禽进行死亡鉴定，出具鉴定报告；③查勘工作处理完毕后，三方共同监督，对病死畜禽进行无害化处理，出具无害化处理证明或对无害化处理过程进行影像资料采集。

3. 赔付

保险公司根据现场处理结果，上传查勘资料，同时上传死亡鉴定和无害化处理相关证明，确认赔付，支付赔款。

（二）病死畜禽集中无害化处理与保险联动模式

病死畜禽集中无害化处理具有多种优势，是无害化处理发展的趋势。近年来，无害化处理中心纷纷落成投产，从2014年前的"吃不饱"到现阶段的"吃不完"，尤其是生猪调出大县。这也说明在保险联动的机制下，病死畜禽无害化的处理比例越来越高。联动主体包括畜牧部门、保险公司、养殖户和无害化处理厂。

1. 报案

养殖户发现病死畜禽后，向保险公司报案，同时通知畜牧部门；畜牧部门通知无害化处理厂。

2. 查勘定损

保险公司查勘员会同畜牧部门相关人员，无害化处理厂运尸车同行，在约定时间内到达养殖户所在地进行处理。①查勘员现场查勘病死畜禽数量，了解死亡情况，称量畜禽尸重，收集账户信息，缮制查勘报告并拍摄相关影像资料；②畜牧部门对病死畜禽进行死亡鉴定，出具鉴定报告；③查勘工作处理完毕后，无害化处理厂工作人员将病死畜禽装车，同时出具相关无害化处理证明；④无害化处理厂要严格按照畜牧部门的要求执行各项相关工作。

3. 赔付

保险公司根据现场处理结果，上传查勘资料，同时上传死亡鉴定和无害化处理相关证明，确认赔付，支付赔款。

（三）无害化处理存在的问题

其一，动物卫生监管主体力量缺乏，难以保证执法到位。病死畜禽无害化处理的监管主体是动物卫生监督所及其派驻乡镇的分所。目前动物卫生监督体系建设尚不完善，普遍存在人员编制少、官方兽医人员少、经费不足等问题。每个乡镇畜牧兽医站人员承担着全乡镇畜禽屠宰监管、畜产品质量安全监管、科技推广服务、重大动物疫病防控等繁重任务，对病害畜禽无害化处理的监管很难做到位。

其二，政策性养殖业保险覆盖率低，保险公司参与度不足。由于溯源耳标难佩戴、承保数量难核实、标的信息难判断、养殖场点多面广，养殖业保险道德风险问题严重，经营成本高，赔付压力大。相对于种植业保险，养殖业保险覆盖率低得多，生猪和奶牛处于无风险保障状态下，制约了保险在风险补偿和社会监管中作用的实现。

其三，完善的无害化处理体系尚未建立。财政对每头病死猪给予一定的无害化处理费用补助，而对于家禽、牛、羊等病害畜禽未设立无害化专项处理经费，导致病死畜禽无害化处理的覆盖范围非常有限，加之无害化集中处理中心投入大、运行成本高、产品资源化利用不足，大多处于亏损经营状态。此外，病死畜禽收集和运输机制运行不畅。病死动物无害化处理被称为"动物火葬场"，对环境有一定的污染，易激发村民与当地政府的矛盾，协调成本极高，导致处理中心建在偏远地区或养殖量少的地区，运输成本大大增加，加大疫病传播风险。目前各地基本建立了"场户送交、集中收集、统一运转"的病死动物收集和运输模式，但在实际执行中难以有效落实。

（四）完善建议

无论是分散处理还是集中处理，无害化处理作为保险赔款支付的前提条件，使得所有参保农户的病死畜禽的无害化处理率较之前均有大幅提升。当然，相对于集中无害化处理，分散处理仍存在处理不完整、病死畜禽再次利用的风险。因此，加快集中无害化处理中心的建设，进一步促进联动机制的效果，彻底减少病死畜禽对空气、土地、环境的污染，减少不法分子对病死畜禽的二次利用等问题，对于提高病死畜禽在循环经济中发挥作用，具有深远的意义。

以政策性农业保险为杠杆，发挥保险公司与畜牧主管部门的相互制衡与协同效应，构建保险联动的病死畜禽无害化处理机制，需要做好以下工作。

1. 提高养殖业保险参保率

以生猪保险为例，2016 年全国能繁母猪保险、育肥猪保险覆盖面分别为 67.36%、35.67%，参保率还比较低，尚未参保的生猪比例仍比较大，病死畜禽未能在监管下有效处理。因此，建议在政府支持下，加大宣传力度，逐步加大中央和省级财政补贴比例，不断扩大保险覆盖面，提高畜禽的参保率，进一步提高"无害化处理+保险"联动机制的效果，保证畜产品生产安全。

2. 提高畜禽无害化处理覆盖范围

无害化处理厂的运营主要依靠国家政策的补贴，现阶段，多数省份仅对病死生猪进行了无害化补贴，其他畜种因没有补贴，无害化处理的相关费用无人支付，依然存在病死畜禽流向市场的情况。虽有部分县区依靠财政力量给予了一定补贴支持，但效果仍不太理想。在完善政策性生猪、奶牛保险的基础上，应逐步推行家禽和其他类畜种保险，力争做到畜禽品种和畜禽生命周期的全覆盖。只有对所有涉及食品安全、环保安全、土地安全的病死畜禽全部进行无害化处理，才能从根本上解决病死畜禽产生的问题。

3. 完善动态闭环可追溯管理

应开发建立保险、防疫、检疫、屠宰、补贴、无害化处理信息共享平台，提高养殖业承保数据的准确性，实现生猪从"养殖"到"餐桌"全流程动态闭环可追溯管理，保证国家财政补贴落到实处。畜牧业主管部门应逐步完善生猪耳标佩戴管理体系，建立科学完整的可追溯体系。严格执行标识制度，耳标必须在养殖场内佩带，严禁出售时、收购后再打标识。动物防疫人员应参与保险公司的协同查勘，严格出具死亡诊断及无害化处理证明。

第六节　养殖业保险理赔案例

一、育肥猪损失案例

（一）承保情况

被保险人：某养猪场；

保险期限：20××年 01 月 01 日 0 时起至 20××年 12 月 31 日 24 时止；

保险标的：育肥猪；

承保数量：若干头；

保险金额：800 元/头；

保险责任：在保险期间内，在保险单载明的养殖地点范围内，由于下列原因直接造成保险育肥猪死亡的，保险人按照本保险合同的约定负责赔偿。

①重大病害：猪丹毒、猪肺疫、猪水泡病、猪链球菌病、猪乙型脑炎、附红细胞体病、伪狂犬病、猪细小病毒病、猪传染性萎缩性鼻炎、猪支原体肺炎、旋毛虫病、猪囊尾蚴病、猪副伤寒、猪圆环病毒病、猪传染性胃肠炎、猪魏氏梭菌病、口蹄疫、猪瘟、高致病性蓝耳病及其强制免疫副反应等疾病、疫病。

②自然灾害：暴雨、洪水（政府行蓄洪除外）、风灾、雷电、地震、冰雹、冻灾。

③意外事故：山体滑坡、泥石流、火灾、爆炸、建筑物倒塌、空中运行物体坠落。

（二）出险情况

育肥猪由于感染猪支原体肺炎病毒死亡3头。

（三）查勘定损情况

1. 查勘情况

经保险公司会同被保险人和畜牧部门工作人员对死亡标的进行事故损失鉴定，确定损失情况后由当地无害化处理公司对死亡标的统一进行高温化制无害化处理。

2. 确定保险责任

本次事故发生在保险期限内，保险标的出险地点在承保区域内，且在约定标的清单内，属于保单约定的保险标的。本次出险原因是重大病害（猪支原体肺炎）导致标的死亡，根据保险条款规定，属于保险责任，同意受理。

3. 损失核定

根据查勘定损情况，确定此次死亡育肥猪3头，耳标号及尸重情况如下：耳标号02880001，尸重18.45kg；耳标号02880002，尸重22.75kg，耳标号02880003，尸重31.8kg。

（四）理算赔付情况

合同约定赔款计算公式：每头育肥猪赔偿金额=每头保险金额/100×死亡保险育肥猪尸重（kg）。

结合查勘定损情况，赔款计算如下：

赔偿金额=每头保险金额/100×死亡保险育肥猪尸重（kg）。

耳标号02880001赔偿金额=800/100×18.45kg=147.6（元）；

耳标号02880002赔偿金额=800/100×22.75kg=182（元）；

耳标号02880003赔偿金额=800/100×31.80kg=254.4（元）；

赔偿金额合计=147.6+182+254.4=584（元）。

据此，该案保险公司最终赔付584元。

思考：死亡标的尸重大于100kg时应如何赔付？死亡标的尸重低于10kg时是否赔付？

二、奶牛损失案例

（一）承保情况

被保险人：某奶牛养殖场；

保险期限：20××年01月01日0时起至20××年12月31日24时止；

保险标的：奶牛；

承保数量：若干头；

保险金额：8000元/头；

保险责任：在保险期间内，在保险单载明的养殖地点范围内，由于下列原因直接造成保险奶牛死亡的，保险人按照本保险合同的约定负责赔偿。

①重大病害：口蹄疫、布鲁氏菌病、牛结核病、牛焦虫病、炭疽、伪狂犬病、副结核病、牛传染性鼻气管炎、牛出血性败血病、日本血吸虫病等疾病、疫病。

②自然灾害：暴雨、洪水（政府行蓄洪除外）、风灾、雷电、地震、冰雹、冻灾。

③意外事故：山体滑坡、泥石流、火灾、爆炸、建筑物倒塌、空中运行物体坠落。

（二）出险情况

该地区遭遇连续特大暴雨，单日降雨量达300mm以上。同时临县山洪下泻，流经该地区，内涝严重，洪水叠加，积水近80cm，并不断上涨，致使场内人员组织抢救转移奶牛。后来场区西墙开始出现坍塌情况，因当时天黑水深，奶牛受到惊吓，一部分奶牛溺水死亡，被洪水冲走（见图3-8）。

图3-8 奶牛遭遇暴雨受损情况

（三）查勘定损情况

1. 查勘情况

经被保险人查点损失情况后向保险公司申报损失，保险公司会同被保险人和当地畜牧部门及村委会人员，通过走访周边群众及当地人民政府，并对照耳标现场逐头清点，确定损失情况。

2. 确定保险责任

本次事故发生在保险期限内，保险标的出险地点在承保区域内，且在约定标的清单内，属于保单约定的保险标的。本次出险原因是自然灾害（暴雨及洪水）导致标的死亡，后因围墙倒塌导致尸体被洪水冲走，出险后被保险人为防止损失扩大，积极采取施救措施，根据保险条款规定，属于保险责任，同意受理。

3. 损失核定

根据查勘定损情况，结合投保数量、暴雨之前已死亡赔付数量与剩余存栏数量，经过将现存栏奶牛耳标号与承保时奶牛耳标号核对，确定此次洪灾中溺水死亡奶牛共计 7 头。

（四）理算赔付情况

险公司结合查勘定损情况，根据合同约定的赔款计算公式（赔偿金额=每头保险金额×死亡数量）进行理算。

赔偿金额=每头保险金额×死亡数量

$$= 8000 \text{ 元/头×7 头}$$
$$= 56000 \text{ 元}$$

据此，该案保险公司最终赔付 56000 元。

三、水产损失案例

（一）承保情况

被保险人：某淡水鱼养殖场；

保险期限：20××年 01 月 01 日 0 时起至 20××年 12 月 31 日 24 时止；

保险标的：淡水鱼；

承保数量：若干亩；

保险金额：3000 元/亩；

保险责任：在保险期间内，在保险单载明的养殖地点范围内，由于下列原因直接造成保险鱼虾损失，损失率达到 20%（含）以上的，保险人按照本保险合同的约定负责赔偿。

①泛塘：遭受洪水（政府行蓄洪除外）、风灾、暴雨、雷电、空中运行物体坠落导致的供电设备损坏断电，造成增氧机和水泵无法开启而发生"泛塘"。

②溃塘、漫塘：遭受洪水（政府行蓄洪除外）、风灾、暴雨、雷电、空中运行物体坠落而发生的溃塘、漫塘。

③重大疫病：一般淡水鱼出血、肠炎、烂鳃；鳝鱼肠炎、出血；南美白对虾白斑病、红体病；甲鱼红底板、白底板、鳃腺炎。

（二）出险情况

养殖户认为因天气炎热导致鱼死亡,随机对鱼塘里的死鱼进行打捞并做消毒处理,但几天后草鱼病情更加严重，经技术人员鉴定后，判断为草鱼综合症。该病一般表现为烂鳃、肠炎、赤皮病的其中两种。该病周期较长，死亡率较高，根据养殖户估算，此次因病死亡的草鱼为 2500～3500 kg 左右（见图 3-9）。

图 3-9　草鱼出险情况

（三）查勘定损情况

1. 查勘情况

保险公司会同被保险人和水产专家前往鱼塘现场进行查勘。到达现场后发现，当天的死鱼已打捞完毕，鱼塘水面上漂着零星的死鱼。养殖户带着查勘人员沿鱼塘周边查看时，发现了报案之前掩埋过的死鱼，塘边草丛也有随手扔出的死鱼。因养殖户承保鱼塘位于农场里，周边土地条件有限，所以查勘员指导养殖户对部分死鱼进行深埋无害化处理，其余部分由养殖户自行无害化处理。

2. 确定保险责任

本次事故发生在保险期限内，保险标的出险地点在承保区域内，且在约定标的清单内，属于保单约定的保险标的。本次出险原因是重大疾病（出血）导致的标的死亡，属于保险责任，同意受理。

3. 损失核定

根据受损区域水域面积大小，采取随机抽样的方式进行定损，采用网箱养殖的，按照不低于出险区域内网箱总量的 0.5%、最低 3 箱进行抽样；整体水域淡水养殖的，结合养殖生产实际情况，采用随机取点打捞死鱼尸体抽样称重的方式进行定损。根据查勘定损情况，最终确定标的死亡斤数为 2935.3 kg，事故损失 13 亩（1 亩=666.67 平方米，下同）鱼塘。

（四）理算赔付情况

保险公司结合查勘定损情况，根据合同约定的一般淡水鱼不同生长期标准重量及最高赔偿标准进行理算（见表3-1）。

每亩赔偿金额=（保险鱼虾不同生长期最高赔偿金额-每亩保险人已赔付金额）×赔付比例×（1-绝对免赔率）。

表3-1　一般淡水鱼不同生长期标准重量及最高赔偿标准参照表

生长期	标准重量（kg/亩）	最高赔偿比例（%）	最高赔偿金额（元/亩）
投苗期：3个月	125	30	900
4个月	165	40	1200
5个月	250	50	1500
6个月	375	60	1800
7个月	500	70	2100
8个月	600	80	2400
9个月	690	90	2700
10个月至保险止期	750	100	3000

对照一般淡水鱼不同生长期标准重量及最高赔偿标准，被保险人从投苗时间到出险时间的生长期为6个月，标准重量375 kg/亩，最高赔偿比例为60%，最高赔偿金额为1800元/亩。

总赔偿金额=每亩赔偿金额×受损面积
　　　　　=1800元/亩×13亩
　　　　　=23400元

根据保险合同约定，标的损失率达到20%（含）以上的，保险人按照本保险合同的约定负责赔偿。据此，该案保险公司最终赔付金额为23400元。

四、肉鸡损失案例

（一）承保情况

被保险人：某肉鸡养殖场；

保险期限：20××年01月01日0时起至20××年12月31日24时止；

保险标的：种鸡；

承保数量：若干只；

保险金额：8元/只；

保险责任：在保险期间内，在保险单载明的养殖地点范围内，由于下列原因直接造成保险固始鸡死亡，且一次事故死亡数量大于保险数量1%的，保险人按照本保险合同的约定负责赔偿。

①重大病害：鸡马立克病、减蛋综合征、鸡新城疫、传染性法氏囊病、高致病性禽流感、低致病性禽流感、传染性支气管炎、传染性喉气管炎、鸡痘、禽白血病、病毒性关节炎、禽腺病毒病、鸡慢性呼吸道病、鸡大肠杆菌、鸡白痢、传染性鼻炎、肠毒综合症、鸡卡氏白细胞原虫病、鸡球虫病造成的死亡。

②自然灾害：暴雨、洪水（政府行蓄洪除外）、风灾、雷电、地震、冰雹、冻灾。

③意外事故：山体滑坡、泥石流、火灾、爆炸、建筑物倒塌、空中运行物体坠落。

（二）出险情况

自报案日前几天起发现 14 栋、15 栋、17 栋、21 栋鸡舍鸡群有异常，死鸡增多。解剖分析疑似为鸡大肠杆菌病，立即投药进行饮水治疗，现已控制好转（见图 3-10）。

图 3-10　肉鸡出险情况

（三）查勘定损情况

1. 查勘情况

查勘人员会同被保险人和畜牧局专家一起到达肉鸡场，现场查看生产记录、防疫记录，并对死鸡逐袋称重，死亡标的共计 1200 只，尸重合计 1661.74kg。经现场诊断为鸡大肠杆菌病，之后由当地无害化处理中心进行统一处理。

2. 确定保险责任

本次事故发生在保险期限内，保险标的出险地点在承保区域内，且在约定标的清单内，属于保单约定的保险标的。本次出险原因是重大病害（鸡大肠杆菌）导致标的死亡，根据保险条款规定，属于保险责任，同意受理。

3. 损失核定

根据查勘定损情况，确定此次死亡标的 1200 只，尸重合计 1661.74kg。

（四）理算赔付情况

保险公司结合查勘定损情况，根据保险合同约定的赔款计算公式［赔偿金额=每只保险金额/2×死亡保险肉鸡总尸重（kg）] 进行理算。

　　赔偿金额=每只保险金额/2×死亡保险月鸡总尸重（kg）

　　　　　　=8/2×1661.74

　　　　　　=6646.96（元）

　　根据保险合同约定，此次事故死亡数量大于保险数量的 1%。据此，该案保险公司最终赔付 6646.96 元。

【本章术语】

　　存栏：饲养中的牲畜头数。

　　出栏：猪、羊等其他动物长到屠宰重量。

　　动物无害化：指对带有或疑似带有病原体的动物尸体、病害肉及屠宰场其他废弃物，经过物理、化学或生物学方法处理后，使其失去传染性、毒性而不对环境产生危害，保障人畜健康安全的一种技术措施。

　　道德风险：投保人、被保险人或受益人为骗取保险金而故意造成保险事故或加重损失程度的风险。

　　耳标：耳标是动物标识之一，是用于证明牲畜身份、承载牲畜个体信息的标志，加施于牲畜耳部。

　　定损：确定保险标的实际损失的过程。

　　理算：在核赔过程中，保险人确定赔付保险金数额的过程。

　　预付赔款：在最终保险金的数额确定之前，保险人向被保险人或者受益人预先支付的一定数额的保险金。

【本章思考题】

　　1. 奶牛和肉牛的理赔技术要点有何区别？

　　2. 养殖业保险防灾防损的主要环节有哪些？

　　3. 简述养殖业保险防灾防损的措施与方法。

　　4. 简述能繁母猪专用耳标的作用。

　　5. 简述水产养殖保险的技术要点。

　　6. 与传统化养殖方式相比，工厂化水产养殖具有哪些优点？

　　7. 简述养鸡保险的技术要点。

　　8. 简述养猪生产面临的主要风险。

第四章　林木保险理赔

【本章学习目的】通过阅读本章，了解林木保险的概念与分类、林木保险理赔的特点、基本原则和要求。结合理赔实务操作熟悉林木保险理赔流程，掌握林木保险和苗木保险的理赔技术要点，能够正确理解林木保险防灾防损的概念与意义，熟悉林木防灾防损的措施与方法。

第一节　林木保险理赔概述

一、林木保险的概念与分类

（一）林木保险的概念

林木保险是以具有经济价值的天然林和各类人工营造林为保险标的，对于其在保险期间内因遭受人力不可抗拒的自然灾害、意外事故、病虫草鼠害等保险事故造成的经济损失，由保险人依照保险合同约定向被保险人提供经济补偿与防灾防损服务的保险活动。

（二）林木保险的分类

按照不同的划分标准，林木保险有不同分类。

1. 按照保险标的性质分类

（1）防护林保险：将以发挥生态防护功能为主要目的的森林、林木作为标的物的林木保险。保险标的包括水源涵养林、水土保持林、防风固沙林、农田/牧场防护林、护岸林、护路林等。

（2）经济林保险：将以生产果品、食用油料、饮料、调料、工业原料和药材等为主要目的森林、林木作为标的物的林木保险。

（3）苗圃林保险：以苗圃中培育的具有根系和苗干的树苗作为标的物的林木保险。

（4）用材林保险：将以生产木材为主要目的的森林、林木作为标的物的林木保险。

（5）薪炭林保险：将以生产生活燃料为目的的森林、林木作为标的物的林木保险。

（6）特种用途林保险：将以国防、保护环境、科学实验为主要目的的森林、林木作为标的物的林木保险。保险标的包括国防林、实验林、母树林、环境保护林、风景林、名胜古迹和革命纪念地的林木等。

2. 按照保险保障程度分类

（1）林木成本保险：以生产投入或再植成本作为确定保障程度的基础，根据生产成本确定保险金额的林木保险。

（2）林木产量保险或产值保险：以生产产出作为确定保障程度的基础，根据林木产量或产值确定保险金额的林木保险。其中，以林木实物产量计量的为林木产量保险，以林木市场价值或资产评估价值计量的为林木产值保险。

3. 按照保险责任范围分类

（1）单一风险林木保险：只承保一种风险责任的林木农险，如林木火灾保险。

（2）多风险林木保险：承保一种以上可列明风险责任的林木保险，如林木综合保险，承保自然灾害、意外事故和重大病虫害等损失责任。

（3）林木附加险：在主险基础上为被保险人提供特定风险责任保障的林木保险，如林木火灾保险附加病虫害保险。

4. 按照损失核定方式不同分类

（1）传统林木保险：基于保险林木的实际损失确定赔偿金额的林木保险。

（2）林木指数保险：基于预先设定的外在参数对应的赔偿标准确定赔偿金额的林木保险，如林木低温气象指数保险、森林防火气象预警指数保险等。

5. 按照保险的实施方式分类

（1）财政补贴型林木保险：指政府给予财政补贴等政策扶持的林木保险。财政补贴型林木保险是指政府为了实现特定的政策目标，通过参与林木保险产品的运营，或对林木保险业务参与主体提供一定的扶持、优惠或补贴等促进政策的一种制度安排。其中，接受中央政府财政补贴等政策扶持的林木保险为中央政策性林木保险，仅接受地方政府财政补贴等政策扶持的林木保险为地方政策性林木保险。

（2）商业性林木保险：指保险机构与林业生产经营者直接签订商业保险合同，完全按照商业化的运作方式经营的林木保险。

6. 按照林木属性分类

（1）公益林保险：将主要提供生态性、公益性和社会性产品或服务的森林、林木作为标的物的林木保险。

（2）商品林保险：将主要提供市场流通的经济产品且以满足社会经济需求为主体功能的森林、林木作为标的物的林木保险。

7. 按照承保年限分类

（1）一年期林木保险：保险期间为一个自然年或顺延年的林木保险。

（2）多年期林木保险：保险期间在一年以上，投保人可根据自身需求选择不同保险期间整年投保的林木保险。多年期林木保险的保险费可趸缴或期缴，采取趸缴方式的可根据保险合同约定享受一定水平的费率优惠。

二、林木保险理赔的特点

（一）林木的生命性

不同于一般财产保险，林木保险标的是活的生物，因此，林木保险理赔要遵循林木的生物学特性。

1. 林木价值具有累积性

森林不同于一般财产，森林资源再生产的过程是营林投资不断增加和林木材积不断增长的过程，也是林木的实际价值不断累积的过程。在保险期间内，林木保险标的价值等于原值加上其后增值的部分。因此，在确定保险金额和计算赔偿金额时应考虑累积价值，保险赔偿责任以实际价值为限。

2. 林木的生命周期性

林木的生命周期和生长规律为林木保险理赔划定了时间前提。如处于幼林、中龄林、成熟林等不同生长阶段的林木，在生长周期的不同阶段有着不同的成本水平，生产成本投入随着周期的延后不断增加，营林投资前期多且集中，后期逐步减少并维持在一定水平，这一水平的高低主要取决于生产者的经济状况和林业管理水平。因此，处于不同生长阶段林木对应着不同的赔偿标准。

3. 林木的自我恢复性

林木保险标的在一定的生长期内因遭受灾害事故而导致部分损失后往往具有自我恢复能力。在灾害事故发生之初仅能大致确定损失范围，而不能准确核定达到保险合同约定赔付标准的标的成灾面积与损失率，需要根据生物学特性设定合理的观察期，待其恢复后开展二次或多次查勘以最终确定损失面积和损失率。由于林木具有生长周期长、可再生性强的特性，损失核定所需的观察期往往比种植险标的更长。

（二）灾害事故的周期性、季节性、地域性与关联性

林业生产面临的最主要的灾害事故包括火灾、病虫草鼠害、气象灾害以及地质灾害等。第七次全国森林资源清查结果显示，2004—2008 年，全国乔木林受灾面积达1761.74 万公顷，占乔木林面积的 11.32%。根据乔木林遭受火灾、病虫害、气候灾害（风、雪、水、旱）和其他灾害的程度，乔木林受害等级划分为轻度、中度和重度三级。其中，重度灾害占 11.78%，中度灾害占 23.10%，轻度灾害占 65.12%。各种灾害类型中，遭受病虫害的乔木林面积达 893.02 万公顷，占受灾面积的 50.69%；遭受火灾的面积为 306.40 万公顷，占 17.39%；遭受气候等其他灾害的面积为 562.32 万公顷，占31.92%。

1. 林木火灾

不同于种植业保险，火灾是林业生产最主要的致损因素之一。

在我国森林火灾中，人为火源占 99%以上，自然火源占比不到 1%，而且森林火灾风险的周期性、季节性和区域性较为显著。我国的气候类型以季风气候、大陆性气候及高原山地等气候为主，降水程度存在年际间和季节性的波动起伏。森林火灾多发生在降水少的干旱年，降水多的湿润年一般不易发生火灾，干旱年和湿润年的交替更迭使得森林火灾呈现年际周期性变化。同时，对于一年内干季和湿季分明的地区，森林火灾往往发生在干季。我国南方林区火灾多发生在冬春季节，森林火灾次数较多，约占全国森林火灾总数的 40%，而烧林面积少，只占全国烧林面积的 15%。北方林区火灾多发生在春秋季节，北方林区火灾次数虽少，但由于气候干燥，森林和草地毗连，容易形成规模较大的火灾，如黑龙江省和内蒙古自治区，火灾次数仅为全国的 2%，而烧林面积却占全国烧林总面积的 50%以上。此外，烧荒烧炭及春节、清明等祭祖、祭祀集中的时间段也是森林火灾的高发期。

2. 林业有害生物

除火灾外，林业有害生物也是林业生产面临的较为严重的森林灾害。据资料显示，我国共有森林病、虫、鼠、有害植物等 8000 余种，其中成灾的约 100 种。1976 年以来，森林病虫害每年发生面积达 670 万公顷，约占森林面积的 1/8。20 世纪 80 年代后，全国年均林业有害生物发生面积均在 800 万公顷左右，常发性森林生物灾害日趋严重，其中以松毛虫危害最为严重。松毛虫成灾主要呈现大面积、周期性暴发两个特征。按照不同种类，以马尾松毛虫暴发成灾最为严重，其余依次为落叶松毛虫、油松毛虫、赤松毛虫、云南松毛虫和思茅松毛虫。马尾松毛虫暴发周期一般为 3～5 年，油松毛虫、赤松毛虫则 6～10 年暴发一次，落叶松毛虫为 10～20 年。近年来，马尾松毛虫在福建省平均 3.69 年出现一次暴发高峰，危害面积逐年增加，年均受害面积近 8 万公顷，每年造成直接经济损失 3200 万元以上。

林业外来有害生物入侵危害严重。在我国的危险性林业有害生物中，外来有害生物入侵所致受灾面积占总面积的 20%左右，但所造成的损失却高达 60%。据不完全统计，外来林业病虫害年发生面积约为 130 万公顷。其中，1979 年在辽宁丹东最早发现了美国白蛾，它原来的栖息地在北美，但入侵我国后开始迅速扩张，如今在京津沪都已发现。1982 年，在江苏省南京市首次发现了松材线虫，现已入侵浙江、安徽、广东和山东等省份，成灾面积达 7.3 万公顷，死亡松树达 2000 余万株。此外，危害严重的林业外来有害生物还有红脂大小蠹、松突圆蚧、紫茎泽兰等。

鼠害是森林经常遭受的一种灾害。我国森林鼠害主要发生在生态脆弱区，全国森林鼠害年均面积为 150 万公顷。对于东北和西北地区的森林鼠害，每年受损面积达 66 万公顷以上。西北黄土高原气候干旱、环境恶劣，森林鼠害危害严重，年均森林鼠害发生面积约为 25 万公顷。在甘肃民勤、武威等地，大沙鼠对灌木及主要沙生植物梭梭林危害严重，受害率达 67%。在鼠类种群暴发成灾机制和控制生态学研究上，发现了一些鼠类种群暴发与厄尔尼诺-南方涛动（ENSO）密切相关，提出鼠类种群暴发ENSO成灾说。

3. 气象灾害与地质灾害

森林的气象灾害主要有冻害、雪害、风害、高温害、干旱、雹灾、洪涝、寒潮。气候变暖导致的干旱是我国影响面最广的气象灾害，其显著的特点是频率大、分布广，长期降水偏少导致树苗大量死亡，造成植树成活率下降。在干旱期，已长成的树木也可能因缺水而枯死，易引起火灾，1987年大兴安岭森林大火就是长期干旱引发的。风灾一般不会造成大面积林木受灾，但随着气候变暖，每年累计造成的损失较大，而且风灾和雪灾同时发生，对森林造成的灾害更为严重。森林的地质灾害主要包括泥石流、滑坡、水蚀、风蚀、崩塌、水土流失。地质灾害给林业造成了严重的经济损失和人员伤亡，是森林灾害的重要组成部分。

4. 灾害的关联性

气候异常加剧了林业有害生物的泛滥成灾，全球气候变暖、极端气候事件频发产生的高温干旱、大风天气是诱发林火的高危隐患。气候变化导致林业有害生物适生区范围扩大，种类增多，种群快速增长，发育速率加快，发生周期缩短，发生频率更为频繁。病虫害的暴发成灾，进一步促进可燃物的形成积聚，增加了极端高温干旱区火灾发生的频率及发生重特大火灾的可能性。如2006年川渝地区百年一遇的大旱使往年基本没有林火灾害的重庆市，发生了158起林火，属历史罕见。此外，地表温度的升高、地气之间对流的增强，也会大大提高雷击发生的概率，伴随着雷击数量的增多，雷击火源也会越来越多。

冰雪灾害除了直接造成林木死亡之外，其对森林的破坏还会引发水土流失和泥石流等次生灾害，容易导致凋落物的积累，致使火灾发生频率大幅上升。如2008年初发生在我国长江流域至江南地区百年一遇的低温雨雪冰冻灾害，导致林木大批折断，地表可燃物猛增2～10倍，平均地表可燃物载量超过50t/hm^2，部分严重地段达到100t/hm^{2}以上，已超过可发生高强度林火和大火的标准（30t/hm^2）。据国家林业部门统计，以湖南省为例，冰雪过后，2008年3月份的火灾次数超过1999年至2007年3月份火灾次数的总和，是历年3月份平均火灾次数的10.86倍。

（三）查勘工作量大，定损技术复杂，费用成本高昂

森林覆盖地域广，多数分布在山区、丘陵、原始林区，内部林、小班布局情况复杂，地理位置较为偏僻且交通条件不便。当灾害波及范围较大、造成保险林木不同程度受损时，往往需要保险公司理赔人员在野外艰苦环境下长时间、远距离、高强度进行多次现场查勘，对于出险情况和标的权属情况的调查费时费力，相比种植、养殖保险，额外增加了费用支出。特别是森林综合保险承保多种风险，如病虫害、风灾等，其定损难度大、专业技术性强，对理赔人员的专业要求更加严格，相应增加了理赔费用和技术要求。可见，理赔人员需要同时具备林业专业基础知识和保险业务知识才能

胜任林木保险的查勘定损工作,必要时需要林业部门和林业专业技术人员的协同配合,有效发挥其技术优势。

林业灾害具有发生面积大、危害程度深、防治困难、受损林木具有一定的自我恢复能力等特点,无论按蓄积量,还是按投入成本,抑或按林木再植成本来准确确定风险损失都有困难。此外,受灾时间和受灾地点不一样,灾后林木的经济损失核算也不一样。以火灾为例,世界各国划分林业火灾的标准与范围各不相同。我国南、北方林区在划分特大火灾与大火灾的标准上也有区别,即便是同一地方、火灾等级相同,冬季火灾和夏季火灾造成的损失也并不一样。加之逆选择和道德风险难以防范,无形中增加了保险公司的经营成本,也增加了查勘定损和赔偿处理的难度。

(四)林权归属不清晰造成理赔困难

我国2003年以来的集体林权制度改革为林木保险的发展提供了重大机遇。自2009年财政部开展中央财政森林保险保费补贴试点以来,林木保险得到了长足发展,森林保险制度也在不断完善之中。但不能不认识到,一些以山地、丘陵地带为主的林区仍然存在林权归属不清的情况,林地、森林或林木的产权人的权、责、利界定模糊,在一定程度上影响了林木保险业务的发展。如果林区产权主体不明,保险合同难以确定保险对象,承保到户工作难以落实。当发生保险事故后,保险公司需要在查勘定损过程中投入大量的人力、物力重新核实森林或林木所有权人与使用权人,以确保将赔款发放至具有保险利益的被保险人。在治理体系不健全、不完善乃至利益纷争等问题突出的地区,这一工作往往会遇到较大的阻力。

(五)巨灾风险突出,逆选择与道德风险并存

我国是世界上自然灾害最为严重的国家之一。据统计,中华人民共和国成立后,我国森林火灾每年平均发生4660次,1950—1979年,森林火灾成灾面积占造林保存面积的1/3,特别是20世纪70年代,森林火灾年均达万次,成灾面积约为100万公顷。1966—1986年,大兴安岭林区共发生森林大火73起,占全国同期森林大火的80%,而1987年大兴安岭森林火灾一次性过火森林面积达90万公顷,造成重大人员伤亡和财产损失。森林病虫害的发生与危害面积也呈逐年上升趋势。此外,森林还受风灾、干旱、洪涝、滑坡、泥石流、环境污染和人为因素的破坏。例如,2008年的雨雪冰冻灾害就导致中国南方14个省林业直接经济损失162亿元。可见,保险机构在林木保险的经营中面临着较为严峻的巨灾风险。

保险机构在面临巨灾风险带来较大赔付压力的同时,实际经营中还存在不同程度的逆选择与道德风险。我国幅员辽阔,地形复杂,林木所处地域和气候差别较大,并且,不同树种抵抗不同灾害风险的能力有所不同,加之投保人灾害风险管理水平迥异和隐含的道德风险,从而导致风险单位各异,形成了不同程度的风险水平。一方面,被保险人对于自有林木的了解程度远远高于保险公司,如一些林农仅将部分风险性较

高的林木进行选择性投保，对于已投保的林木疏于管理或放任灾害事故损失的扩大。此外，部分林农出于侥幸心理不选择购买林木保险，这种个体和群体的双重逆选择性投保，导致保险机构承担的赔付责任高度叠加与集中，整个过程中，保险公司均处于信息劣势一方。另一方面，由于选择性投保和林地地域广大的原因，出险后林农带领保险公司工作人员一同查勘现场，往往把没有投保的受灾林木指定为保险林木。此外，也存在将有用之材间伐之后准备更新树林时，故意将余存部分炼山，编造失火原因，造成过火林木财产损失，以索要保险赔款的情况。

（六）理赔与防灾减损联系紧密

林木巨灾风险具有低概率、高损失的特点，这就凸显了林木巨灾风险防范的重要性。通过林木保险的风险转移机制，保险机构能够在短时间内积累大量的保险资金，从而在投保林木遭受保险事故后能够对林业生产者进行快速、有效的经济补偿。但不得不承认，相对于种植业和养殖业生产而言，林业生产的巨灾风险更为突出，重大林业灾害事故不仅对人民的生命财产安全构成严重威胁，而且会对生态安全和森林资源造成严重破坏，如天然林的损毁往往在短时间内是不可恢复的，造成的损失也难以仅通过金钱去估量的。

《森林防火条例》确立了"预防为主、积极消灭"的森林防火方针，《森林病虫害防治条例》规定实行"预防为主，综合治理"的森林病虫害防治方针。森林防火方针与病虫害防治方针均强调以预防为主，这就决定了林木保险作为林业风险管理的重要手段，在林木保险制度设计和业务经营发展层面，需要统筹考虑防灾防损、施救理赔及巨灾准备金管理等政策。林木保险除了在灾后通过保险理赔给予林业生产者经济补偿之外，在灾害发生过程中通过部门协同采取必要、合理的施救举措以最大限度地减少灾害损失。

例如，福建当地森林保险经营机构 2010 年第一季度共投入防火宣传和隐患排查资金约 270 万元，取得了良好的社会效果；北京市森林保险除支付保险赔款外，还特别设置了森林保险防灾防损资金项目，各区县园林绿化局和林场可以根据不同的需求，申请森林保险防灾防损资金用于森林防灾培训、设备投入、科研项目辅助开发等。2015—2016 年，在森林保险框架下共筹措防灾减损资金 1100 多万元，这种多元化、专业化的生态公益林风险保障体系，有效提升了森林资源的保护水平，从保险公司的角度来说，也有助于大大降低巨灾赔付的风险。

三、林木保险理赔的基本原则和要求

林木保险理赔是一项政策性极强的工作，要始终以保障投保人和被保险人的合法权益为根本出发点。为了更好地贯彻落实国家强农惠农政策与农业保险监管要求，提高理赔质量，林木保险理赔应遵循以下原则和要求。

（一）重合同，守信用，讲时效

林木保险理赔是保险人对保险合同履行义务的具体体现。在保险合同中，明确规定了保险人与被保险人的权利和义务，保险合同双方当事人都应恪守合同约定，保证合同顺利实施。保险人在处理林木保险赔案时，应严格按照保险合同的条款约定受理赔案、核定损失。理算赔偿时，应提供充足的证据，拒赔也应确保依据充分、证据确凿。

保险人应按照法律法规的要求，在规定的时效范围内完成查勘定损、理算核赔、赔款支付、拒赔等操作。《农业保险条例》第 14 条规定，保险机构应当在与被保险人达成赔偿协议后 10 日内，将应赔偿的保险金支付给被保险人。农业保险合同对赔偿保险金的期限有约定的，保险机构应当按照约定履行赔偿保险金义务。

（二）坚持依法合规经营

林木保险理赔应坚持依法合规经营，遵循《保险法》《农业保险条例》《中央财政农业保险保险费补贴管理办法》（财金〔2016〕123 号）等法律法规要求，做到"定损结果到户""赔款支付到户"和"理赔结果公开"，确保赔案处理规范，赔款及时、足额地支付给被保险人，理赔档案资料真实完整。保险机构原则上应实现林木保险赔款"零现金转账直赔到户"，即通过被保险人银行账户（卡）或者"一卡通"财政补贴专户足额支付赔款；被保险人也有义务向保险人提供真实、准确的个人银行账户信息以便于保险机构支付赔款，减少退票。

当前，个别地区存在以保险林木林权归属不明确或灾后集中统一开展造林等事宜为由，通过行政文件、村民大会或村民代表大会决议的方式，在未经林木所有权人、使用权人授权同意的情况下，要求保险公司将本应发放到户的保险赔款支付至林业部门、村经济合作社集体或第三方机构银行账户的情况。《宪法》第 13 条规定，公民的合法的私有财产不受侵犯。《村民委员会组织法》第 27 条规定，村民自治章程、村规民约，以及村民会议或者村民代表会议的决定不得与宪法、法律、法规和国家的政策相抵触，不得有侵犯村民的人身权利、民主权利和合法财产权利的内容。可见，上述做法不符合法律规定，存在赔款流向风险。对于林业改革已完成、非集体所有、已确权到户的森林或林木，行政事业单位、村民（代表）大会无权在未经林木所有权人、使用权人授权同意的情况下处置应发放到户的林木保险赔款；对于林权归属尚不明确的森林或林木，应在摸排清楚林权归属情况并取得相应依据的前提下将赔款发放至具有保险利益的被保险人。

（三）实事求是

保险林木出险后，面对错综复杂的标的情况与出险损失情况，保险人除了按照保险合同、条款约定及实务操作流程开展理赔工作外，还应实事求是、合情合理地处理赔案，以事实为依据，以条款为准绳，应赔尽赔，不惜赔、不滥赔、不错赔。

《农业保险条例》第22条规定，保险机构应当按照国务院保险监督管理机构的规定妥善保存农业保险查勘定损的原始资料。禁止任何单位和个人涂改、伪造、隐匿或者违反规定销毁查勘定损的原始资料。

（四）主动、迅速、科学、合理

这一原则的宗旨在于提高保险服务水平，保证服务效率。主动、迅速，即要求保险人在处理赔案时积极主动，不拖延并及时深入事故现场进行查勘，及时理算损失金额，对属于保险责任范围内的且已经能够确定全部或部分赔偿金额的损失，应迅速赔付。科学、合理，即要求保险机构在赔案处理过程中，根据灾害种类和事故具体情况合理组织现场查勘，厘清责任，科学定损，依据条款约定履行赔偿义务，确保查勘定损过程清晰，定损方式科学合理，定损依据充分。《农业保险条例》第12条规定，采取抽样方式核定损失程度的，应当符合有关部门规定的抽样技术规范。林业灾害评估技术性强，通过抽样方式测定损失程度的，应采用林业生产通行的方法，确保抽样样本具有代表性、抽样结果具有可信度。

阅读材料4-1　国外森林保险模式

1. 芬兰的森林保险模式

芬兰是世界范围内开办森林保险业务最早的国家，其发展历程可以追溯到1914年。芬兰的森林保险业务是在政府农林部领导监督下，由联营保险公司经营，承保对象包括国有林、企业财团所有林、教会和个人林场。1972年以前，芬兰对森林保险的损失赔偿设定了最高限额，实行定额保险；1972年以后，则根据林木的实际市场价值，采取足额保险的赔付方式。在森林保险赔偿中，联营保险公司提供保险损失金额的1/3，另外2/3的损失金额由政府补助基金供给。芬兰经营的森林保险险种包括火灾保险、重大损失保险和综合保险及其附加险。森林火灾保险承保火灾损失单一责任；森林重大损失保险承保大面积损失限额以上的赔偿责任；森林综合保险承保火灾、暴风、雪灾和虫害损失责任，并通过附加险扩大承保兽害和洪水等损失责任。此外，芬兰的森林保险在将全国范围内所有森林划分为20个林区的基础上实行差别费率，并对重大损失险实行费率优惠。

2. 瑞典的森林保险模式

瑞典开办森林保险业务的时间较长，已经有80多年的历史，瑞典政府和林业生产经营者都十分重视森林保险这一规避灾害风险的市场化工具。瑞典是由商业保险公司经营森林保险，并由政府成立联营再保险公司，以承担森林保险分保业务。商业保险公司主要承保对象包括国有林、集体林和个人林场中的人工林。瑞典森林保险的产品种类由起初单一的火灾保险，逐步发展成为火灾保险和综合保险两大险种。

其中，森林综合保险的责任范围包括火灾、风暴、干旱、霜冻、病害及虫害等。瑞典根据全国各区域的地理位置、自然环境、气候条件、交通情况及民众习俗等多种因素，将全国森林划分为 6 个林区，不同林区规定不同的保险费率，并按照单位面积立木蓄积量的价格确定保险金额，依据森林实际投保面积收取保费，同时按实际灾害损失进行经济赔偿。

3. 比利时的森林保险模式

比利时的森林保险是由从事农业和自然资源类保险业务的商业保险公司经营。全国大约有 20 多家可直接经营农林保险业务的公司，并且各保险公司对森林保险的承保对象各有侧重，包括国有林、企业财团所有林及个人林场等。商业保险公司将全国森林划分为若干个林区，根据风险等级实行精算费率，不同林区规定不同的保险费率和理赔标准。由于森林管护与经营涉及自然资源的增值和环境保护，一旦发生较大自然灾害，需要投入巨大的人力和资金数额，会对社会稳定和经济发展带来重大影响，故比利时的森林保险业务是在政府部门密切监督下进行的。目前，比利时森林保险承保数量和险种均有很大发展，这是因为在政府按照法律规定进行监督的情况下，林权所有人都必须为其名下的林木资源购买灾害保险，同时政府为其提供一定的保费补贴资金。

4. 美国的森林保险模式

为了有效保护和合理利用森林资源，美国政府为林业生产经营者承担了大部分森林保护措施成本，这为森林保险市场的培育和发展提供了必要条件。在开放的市场经济条件下，美国的竞争机制促进了森林保险产品及其条款的多样性和合宪性。美国鼓励和支持私营保险机构开展森林保险业务，政府向其提供 30% 的森林保险业务费用补贴。商业保险公司根据林业经营者的保护措施、地域气候、树种耐火性、林木种植密度及其他因素制订不同的森林保险费率。此外，森林保险条款和费率的制订还涉及被保险林木是否暴露于易着火地带，以及是否采取其他火灾预警措施等。经过政府对林业的大力支持和市场化的竞争性发展，美国的森林保险市场对森林资源的合理保护和有效利用起到了极为重要的作用。

5. 日本的森林保险模式

为了大力发展林业产业，日本于 1937 年开始大规模进行人工造林。随着森林火灾风险的增大，日本为了保护新造林，降低森林灾害损失，开始积极发展森林保险业务。日本的森林保险是由民间不以营利为目的的全国森林组合会——市町村森林共济会经营，并通过官方机构为森林保险提供再保险。日本在开办森林保险业务之初，其保险责任范围只涉及单一的林木火灾责任。后来，气象灾害被列入森林保险险种，改变了单一火灾险的局面，并且为了分散火山喷发而导致的森林山火损失，还增加了喷火险。从此，火灾险、气象险和喷火险成为日本森林保险体系的三大险种，并一直延续至今。此外，日本森林保险的投保和索赔手续十分简便，为了节约林木资产评估费用，日本林业厅拥有详细的全国林地档案和森林调查资料，并制订了全国统一的林木价值标准和相应的保险费率。近年来，日本的森林经营目标由振兴林业产业转变为充分发挥森林生态作用，国有林的经营管理费用全部由国家负担，森林保险只针对民有林。

综上所述，芬兰、瑞典、比利时、美国和日本森林保险的共同特点如下：①均采用了公私合营的发展模式，政府发挥制度供给优势，提供法律保障和约束，并给予一定的财政补贴，以调动森林保险经办机构的积极性，同时发挥保险经办机构的经营管理优势，因地制宜地制订森林保险费率和理赔标准；②以火灾保险等单一森林保险险种为基础，积极发展符合本国森林灾害特点的综合性保险；③政府重视森林资源管护，并且林业生产经营者也具有较强的森林资源保护意识，这为各国森林保险的发展提供了必要条件。上述国家之间的不同点是政府介入森林保险的程度不同。其中，美国市场化程度最高，较好发挥了市场机制对森林保险资源的配置作用，而政府主要是给予商业保险公司一定的费用补贴；其次是瑞典、比利时和日本，政府对森林保险业务的经营给予了高度重视，主要涉及再保险业务或者给予被保险人一定的保费补贴；政府介入程度最高的是芬兰，芬兰政府直接承担了森林保险赔付金额的2/3，基本不涉及再保险等其他业务领域。

（资料来源：张长达. 完善我国政策性森林保险制度研究[D]. 北京：北京林业大学，2012.）

第二节　林木保险的防灾防损

一、林木保险防灾防损的特征与内容

保险防灾防损是保险公司对其所承保保险标的可能发生的各种风险进行识别、分析和处理，以防止灾害事故发生和减少灾害事故损失的工作。对于森林保险，保险标的分布广袤、地形地貌复杂、标的权属不一，森林灾害类型多样、成因复杂，灾害防御和应急响应专业性强，所以森林保险的防灾防损工作需要保险公司和被保险人、林业主管部门共同参与、密切合作、协同推进。森林灾害一旦发生，不仅会对林木本身和林副产品造成直接的经济损失，还会对森林更替和病虫害防治、林下动物微生物生存环境、水土涵养等生态环境造成不利影响，且森林生长恢复慢，影响周期长，所以森林保险防灾防损对减少被保险人经济损失、维护森林生态安全，具有极其重要的意义。切实有效发挥林木保险的防灾防损职能也是贯彻林业相关法规的必然要求，国务院《森林防火条例》第11条规定，国家鼓励通过保险形式转移森林火灾风险，提高林业防灾减灾能力和灾后自我救助能力。《森林病虫害防治条例》第 20 条规定，国家在重点林区逐步实行森林病虫害保险制度，具体办法由中国人民保险公司会同国务院林业主管部门制订。

从工作性质上看，森林保险防灾防损既包含为防止灾害事故发生或减少灾害发生的频率而开展的防御工作，也包含灾害事故发生后为减少经济损失而开展的施救工作。从工作需求和目标上看，既包含以降低赔付风险、改善业务质量、稳定保险业务经营的风险导向型防灾防损，也包含以改善客户体验、提升保险服务水平、稳定业务发展为目标的客户导向型防灾防损，还包含以满足政府相关部门政策要求、发挥森林保险准公共产品属性和作用、履行社会管理职责的政策导向型防灾防损。从实施主体上看，森林保险防灾防损既包含保险公司开展的防灾宣传、风险识别与预警、防灾检查，也包含被保险人按照法律法规和保险合同约定，做好林业生产管理和灾害防范、消除各类安全隐患的各项工作，还包含林业行政主管部门开展的监督管理、灾害防治检疫，或受保险公司委托，由林业调查设计单位、第三方咨询机构开展的防灾防损建议指导工作等。

（一）森林保险防灾防损特点

1. 预防为主，防救结合

森林灾害危害大，波及范围广，施救工作难度较大。因此，在对保险标的进行防灾防损时，应坚持"预防为主、防救结合"的思路。

2. 综合防治，生态恢复

防灾防损的目的在于恢复、维护和扩大森林生态系统对灾害的自然控制能力和平衡能力，而不是单纯消灭这些灾害因子。在此原则指导下对森林自然灾害进行管理，可充分利用自然因素对灾害因子的抑制作用，发挥各种防治措施的优点，取长补短，协调配合，以达到最佳防治效果并减轻对生态系统的破坏。

3. 专业协作，共同推动

森林灾害类型多样，种类复杂，专业性较强。在开展防灾防损工作时，要紧密依托林业部门，借助专业力量提升防灾防损工作的效果，切实起到防灾减损的作用。

（二）森林保险防灾防损的主要环节

1. 建立被保险人防灾档案，掌握保险标的风险状况

对森林保险总保额达到一定数额以上，以及特别重要或风险高发区的保险标的，应逐户建立防灾档案，这一工作可结合防灾安全检查工作进行。

2. 开展防灾防损安全检查

在灾害发生前，对农业保险承保标的所处环境进行防灾防损安全检查，及时发现安全隐患，并向被保险人提出整改建议。凡属建档的对象，尤其是往年承保标的中出险概率较大的或新承保的保险标的，在承保标的的生长阶段或保险期限内，至少应进

行一次防灾安全检查，然后撰写安全检查报告，并视情况向被保险人发送安全隐患整改通知书并提出整改措施。

3. 制订防灾预案

防灾预案是承保公司为防止保险事故发生，或当保险事故发生后，为对保险标的进行有效施救而预先制订的防灾防损工作方案。

4. 签订防灾防损协议

为了落实保险双方的防灾防损责任，保险公司在展业承保时，可采取与防灾重点参保户签订《防灾防损协议书》的方式，使保险双方的防灾防损工作法律化，以促进被保险人强化防灾防损意识，切实落实防灾措施，减少社会财产的损失。

5. 配置防灾救灾装备设施

为降低承保标的的风险水平，减少灾害损失，为被保险人购置防灾防损装备和救灾工具，如森林火灾监测设备、森林防火宣传警示装置、森林灭火装备等。

6. 配合被保险人开展防灾技术创新和成果运用

为提升风险预警能力及被保险人灾害防范能力，可购买外部防灾防损信息及专业咨询服务，并可根据保险双方需求，开展科技创新和运用，如进行森林火灾预警系统建设、森林灾害风险研究、森林灾害公众宣传教育等。

二、林木保险防灾防损的措施与方法

森林灾害的发生、蔓延与成灾，与气候变化、生态环境变化及灾害预防体系息息相关，是气候状况、生态环境、防治体系作用的复合体。根据灾害影响因素的不同，可以将森林灾害分为生物因素灾害和非生物因素灾害。生物因素灾害包括病害、虫害和其他生物体灾害，如鼠害、生物物种入侵等。非生物因素灾害包括火灾、洪灾、旱灾、雨雪冰冻、地震等。由于森林火灾是当前森林保险面临的最大风险，故将森林火灾防灾防损单独介绍。

（一）森林防火

1. 抓住关键时点、关键环节，做好责任落实和防火宣传、预警

森林火灾易发期一般在每年 11 月 1 日至次年 5 月 30 日，其中 11 月 1 日至次年 2 月 28 日为火灾重发期。具体表现如下：冬至、春节、元宵节、清明节期间，农村有祭祖、垒坟、烧纸、放火炮、烧香等习惯，容易引发森林火灾；4～5 月，气温回升，地面积累的植物落叶变得干燥，容易引发森林火灾；5 月底，越冬作物收获后，林区边缘地有焚烧秸秆来培肥地力的行为，极易引发森林火灾。根据《森林防火条例》，森林防火工作实行地方各级人民政府行政首长负责制，森林、林木、林地的经营单位和个人，在其经营范围内承担森林防火责任。

因此，保险公司可紧紧抓住关键时间节点，依托各级政府和林业部门，把防火责

任落实到山头、地头、人头。如建议县政府与各乡镇、乡镇政府与各村签订《森林防火安全责任书》，做到层层落实，共同遵守，履行好森林防火有关规定和责任；协助政府相关部门建立完善的森林火灾应急预案，明确森林火灾应急组织指挥机构及其职责，森林火灾的预警、监测、信息报告和处理程序，以及森林火灾的应急响应机制和措施等。也可采取多种形式广泛宣传防火知识，如设置防火警示牌、警示碑、条幅，在路槛、石壁上书写防火标语，利用宣传车下村、下组宣传森林防火知识，发放森林防火资料，利用当地电视台播放森林防火知识和图片，做到森林防火众所周知。

《国家森林火灾应急预案》规定，根据森林火险等级、火行为特征和可能造成的危害程度，将森林火险预警级别划分为 4 个等级，由高到低依次用红色、橙色、黄色和蓝色表示。保险机构可主动建立健全同林业主管部门和气象主管部门的沟通协作机制，协同制作森林火险预警信息，并联合通过预警信息发布平台和广播、电视、报纸、互联网、手机短信、微信等渠道向涉险区域相关部门、公众以及参保林农发布。必要时，要向省级森林防火指挥机构转达预警信息，并提出防灾防损建议。

2. 建议林业主管部门开展专业防火措施

开设阻隔防火线。在林区内，要清除乔灌木和杂草，形成阻隔火源蔓延地带。要充分利用当地堰塘、水库、拦河工程等水源条件，在林地边缘、林区道路两侧开设水渠，阻隔火源蔓延。在防火线边种植冬青、木荷、构树、青冈栎、竹柏等抗火性强、枝叶茂盛、含水量高、含油量低、不易燃烧、生长迅速、郁闭速度快、萌芽力强、无病虫寄生的树种，形成阻隔防火带。

开展计划烧除。计划烧除，又称计划火烧，是在人为控制下有计划、有目的地在一定生态条件下用低强度的火烧除天然可燃物，为实现防火、育林、放牧或减少森林病虫害等一个或几个目标而获得一定预期效果的新技术。烧除范围一般为距离林缘、山边 50 米以内的田间稻草、田埂草和林缘山边杂草。开展计划烧除工作应在森林火险等级较低，风力较小，林农空闲时间较多，野外火源较少的情况下实施。计划烧除技术性强，必须履行相应审批程序，在详细的实施方案下，有序开展，并做好相应紧急措施。

3. 建立智能化视频监控预警系统

传统视频监控将采集视频图像通过微波汇总，由人工完成集中监视；人工监视易造成肉眼疲劳，视频中的火情不易被察觉，造成漏报；监控中心的视频线路较多，人工监视也无法一一监看，易造成漏报。因此，传统视频监控的最大缺点是漏报率非常高。传统视频监控是非数字化系统，许多智能应用无法实现。

实现森林防火的智能化、信息化，是森林防火的发展方向。利用无缝融合智能图像识别技术、面向对象的 3D GIS 技术、大型网络监控技术等高新技术，结合林业管理的专业知识和林业防火经验，建立林业防火智能监测预警及应急指挥系统，从而实现林区视频的自动监控、烟火准确识别、火点精确定位、火情蔓延趋势推演、扑救指挥的辅助决策、灾后评估等多方面功能。建立森林防火的完整业务链，并有针对性地解决用户的各种个性化需求。智能预警系统一般由前端智能监控产品和后端应用系统构成。前端智能监控产品包括基站智能控制箱、嵌入式的烟火识别智能处理器等，后端应用系统包括联网监控管理平台、基于 ArcGIS 平台的森林防火辅助决策及应急指挥系统等。

（二）森林有害生物防治

森林有害生物管理应采取"营林为主，适当干预，精密监测，精确管理"的管理策略，对林业有害生物实施有效管理。

1. 建议被保险人科学营林，培育健康的森林

森林有害生物防治，要回归本源，源头治理，提升森林健康度。保险公司可建议被保险人开展科学合理、可持续的森林经营管理工作。例如，科学划分立地类型，实施标准化造林；以地带性植被为主，建立多类型植被；因地制宜，乔灌草结合，合理搭配；加强种子繁育和苗木培育工作，促进遗传多样性；加大现有林扶育力度，及时伐除病弱木，增强森林抗逆能力；提高低产林改造强度，更新老虫源地森林，提高森林生态系统活力；改善现有林木采伐方式，禁止皆伐和"拔大毛"式采伐方式；对天然林减少人为干扰，以防止外来物种入侵为主，保护原生植被。

2. 加强监测预报以及林木检疫

构建完善的监测网络系统，加强灾害预警能力。在生物病虫害的防治过程中，可依托国家级生物病虫害测报点，加强对生物病虫害的监测。承保公司应强化与地方森防部门的合作，提高监测的覆盖率，发挥网络体系监测在病虫害防治过程中的作用。只有加强监测的预报，才能有充足的防治时间，避免大面积林业受生物病虫害的侵害。同时，可协助林业主管部门依法加强检疫，防止林业有害生物扩散和外来有害生物入侵，以减缓林业有害生物的传播和蔓延速度。

3. 对已发生有害生物灾害的森林进行适当科学干预

对已经造成林木损失的林业有害生物，可采取生态调控手段，进行必要的防治；对于暴发成灾的，必要时可选用针对性强、不伤害非靶标生物的无公害药剂，采取先进的施药措施，进行人工防治。禁止使用广谱杀虫（杀菌）药剂，尽量不要采用全面布撒的施药方式，以免伤害非靶标生物，造成面源污染。对于一些有害生物，应加强监管力度，及时发现，及时根除。

4. 强化新技术应用

数字化技术可用于林业有害生物防治工作中的监测和预测等方面。通过数字化技术与地理信息系统（GIS）、遥感技术（RS）的结合，利用计算机软件对所采集的数据和信息进行数字化分析，可实现对信息及时、有效的监测；图像、数据等多媒体资源的实际位置可通过计算机进行展示、统计与分析。此外，现代分子生物学技术、遗传工程技术在抗虫基因的检测和优质树种的选育工作中也已取得重要进展，并实现了商业应用。

（三）森林自然灾害防治

1. 雨雪冰冻灾害

雨雪冰冻灾害的实质是低温冻灾，是指发生在冬春和秋冬之交，日平均温度在 0℃以上，由于冷空气的侵袭或夜间强烈辐射冷却降温，使土壤表面、近地面的气温或植物体温降到 0℃以下，使植株原生质遭到破坏，导致植株受害或死亡的一种短时间低温灾害现象。冻灾的发生使得森林群体的更新和建立变得困难，在影响林业生产发展的同时降低了原有森林生态系统的服务功能。

（1）加强霜冻灾害监测预报

对霜冻灾害进行及时准确预报是实现防灾减损的首要前提。保险公司可联合林业主管部门、气象部门共同分析和研究霜冻灾害的分布特征、强度特点、变化规律及其发生的气象条件，为有效防御霜冻灾害提供科学依据。

（2）物理防御方法

对于苗圃地，可以开展物理防御方法，包括熏烟法、灌水法、覆盖法、直接加热空气法、空气混合法及架设风障、营造防护林法等，这些方法都是通过提高植株生长的环境温度来防止低温灾害发生。同时，建议被保险人在育种、育苗生产过程中开展低温驯化，即将树木幼苗从正常温度移到逐渐降低温度的环境中，诱导植物增加抗冷性。

（3）化学物质及施肥处理

对于苗圃地，化学药剂或某些激素在增强植物抗寒力方面也取得了一定应用。目前，使用最多的植物延缓剂或广谱杀菌剂是多效唑（PP333）。此外，合理的施肥措施也能增强苗木的抗寒能力，可在苗期多施钾肥、少施氮肥，一般对增强其抗寒能力有益。

（4）建议被保险人加强经营管理

加强科学经营管理，筛选抗性强、优质高效的乡土树种营造混交林，大力推进中幼林抚育间伐，提高林木质量和抵御冰冻灾害的能力。

2. 干旱

针对特大干旱的林业，应对措施主要集中在针对苗圃、经济林的防御措施上。

（1）苗圃及幼林抗旱管理

在遭遇特大干旱时，应根据天气和土壤墒情及时灌溉。在水源缺乏的情况下，苗圃生产应采用抗旱育苗措施，以确保苗木正常生长，提高苗木质量和产量。对已确定整株枯死、主干低位枯死且不能利用根系恢复的幼苗、幼树，应及时进行清理，保持林地卫生状况良好。对于保留的幼苗、幼树，可采取培土、修剪、平茬等措施予以救护。

（2）经济林抗旱管理

不同经济林树种的耐旱力也有所不同。目前主要栽培树种中，杏、石榴、枣、无花果树耐旱力最强；核桃、板栗、李树等耐旱力中等；柿、榛子、苹果、梨树等耐旱力最弱。针对不同的树种可采用穴贮（施）肥水、果园覆盖、抗旱栽培管理等技术开展林地管理。

（3）严防病虫害、火灾等衍生灾害

干旱易导致寄主植物生长势下降，进而造成植物抗病虫能力降低，且干旱对越冬害虫的虫口密度影响不大，所以应重点关注食叶害虫和蛀干害虫越冬后成虫密度的动态。干旱还可加剧森林火灾发生的危险性。森林可燃物载量大，干旱情况下更容易发生大火，须加强干旱区域森林火灾预警、监测和扑救技术的针对性。

第三节　林木保险理赔流程

林木保险理赔流程图与第二章种植业保险理赔流程图相同。

一、报案管理

（一）报案受理规则

（1）坚持集中受理报案原则，所有报案由保险机构客户服务专线归口受理。保险公司分支机构或业务人员首先接到林农报案的，应及时转报案。鼓励被保险人本人通过专线电话、官方微信、电商平台等多种渠道直接报案。保险机构要切实规范转报案和非被保险人代报案流程，严格时限要求，确保报案信息及时、完整、真实、准确录入业务系统，防止报案信息长期游离在业务系统之外。

（2）保险机构应主动向被保险人告知报案方式，畅通报案渠道，引导受灾林农及时报案。发生大面积灾害时，可由相关政府职能部门或村级农村基层组织、"三农"服务人员初步了解、统计受灾情况后，代表受灾林农集中报案。

（二）报案受理与案件派发

1. 询问案情

主要询问：投保险种、保单号码、被保险人（分户）名称、出险原因/事故类型、出险时间、出险地点、受损标的、出险数量、估计损失、保险标的详细坐落位置（包括习惯小地名）、报案人姓名、联系电话及方式等。

在受理报案的同时，须告知报案人/被保险人保护好现场，并及时通知报案人后续工作安排。

2. 查询承保、理赔信息

根据报案人提供的保单号码、被保险人（分户）名称等查询条件，查询保单信息，了解承保及以往报案情况。

3. 录入报案信息

在业务系统中记录报案信息、出险信息、损失信息、处理信息等有关信息，生成报案记录。

4. 案件派发

系统生成报案记录后，应根据案情需要，及时将案件派发给理赔人员。

对于保险责任起讫日期与出险日期接近的案件，以及存在其他疑点的案件，应提醒理赔人员注意核实。

（三）报案数据清理

对于客户报错案、客户重复报案、不属于投保险别或险种出险、客户主动放弃索赔等已报案但未立案案件，应进行报案注销处理，具体参照《保险公司非寿险业务准备金基础数据、评估与核算内部控制规范》的相关要求执行。

二、查勘工作

现场查勘是了解出险情况、确定保险责任、掌握第一手资料和正确处理赔案的一项重要工作。查勘工作质量好坏，对能否准确、合理赔付起着基础性作用。保险机构应根据灾害种类和事故具体情况合理组织查勘工作，确保查勘工作科学、高效，服务规范、到位。

（一）查勘时效

一般情况下应在接到报案后 24 小时内进行现场查勘；发生重大灾害或因不可抗力等原因难以及时到达现场的，应及时与报案人（或被保险人）联系并说明原因，共同商定对受损标的进行现场查勘的时间。对于需要二次或多次查勘的，应与被保险人协商确定后续查勘的时间。

因不可抗力等特殊情况确实无法查勘现场的，应书面说明具体情况、理由，以及取得其他佐证（据以认定保险责任、损失数量和损失程度等）的方式。

（二）查勘前准备工作

（1）查勘人员在赶赴现场查勘之前，应了解保险标的及其承保情况，如标的种类和数量、标的范围（含方位图或林业小班图等）、保险期限、保险责任、赔偿处理、保险费收缴情况、被保险人（分户）清单等。

（2）根据出险标的特性和灾害事故的性质，携带必要的查勘工具及防护用具，如保险单及承保分户清单（抄件/电子数据）、摄像机、照相机、皮尺、移动查勘终端/GPS测亩仪、激光测距仪等，以及《查勘报告》《出险及索赔通知书》等空白单证。

（3）必要时，可走访有关气象、林业、公安、应急管理、森防、消防等部门，咨询、索取有关保险标的的专业技术资料，初步掌握灾害等级、持续时间、影响范围、灾前气象、伴发灾害以及保险标的生长阶段等情况。

（三）现场查勘要点

（1）查勘人员接到现场查勘通知后，应及时与被保险人或地方政府职能部门取得联系，赶赴现场。

（2）林木险发生保险事故后，能够确认保险标的已经全损的，应及时开展定损工作；未达到全损标准、难以立即确定损失程度的，应根据保险标的的生物学特性，设置合理的观察期，科学开展二次或多次查勘定损。对于连续发生的灾害（如台风、雪灾）等，应待灾害结束后再定损。

（3）发生大面积灾害时，应综合考虑投保方式、损失范围、出险原因、标的特性等因素合理制订查勘方案，明确查勘时间、查勘路线、查勘单位、人员组织等内容；必要时可聘请有关技术部门专家协助查勘。

（4）查勘过程中，应注意做好调查取证工作，结合案情，通过笔录、拍照、摄像、录音、航拍、遥感等方式，全面、翔实记录能够体现查勘过程和损失情况的原始资料和数据，并妥善保存。现场查勘照片或影像应符合监管要求，查勘影像资料应确保清晰、完整，不得进行任何修改；照片应保留原始拍摄参数并上传至业务系统。

（5）对于以林业生产经营组织、村民委员会为被保险人且无承保分户清单的，应注意查验林权证等资料，复核林地/林木承包流转情况和保险标的的实有数量，并在查勘/理赔报告中说明复核的方法、过程和结论。必要时，应缮制调查询问笔录，确认被保险人林地、林木承包流转和生产成本投入等情况，并由被保险人签章确认。

（6）查勘时，不仅要查明灾害发生的时间、地点、出险原因、受损标的树种、树龄或生长阶段、损失范围、承保比率、有无重复保险等情况，还要注意区分保险责任与非保险责任造成的损失。必要时，应缮制询问笔录作为佐证。

①查出险时间。了解保险事故发生的确切时间，确认事故发生是否在保险有效期内。可通过被保险人自述、向有关部门了解认定，以及向周围群众了解等方式确定出险时间。

②查出险地点。要结合GPS（全球定位系统）定位了解出险地点是否与保单或批单及保险清单、损失清单上载明的保险地址相符，出险地点的受损标的是否在承保范围和保险责任范围之内。

③查出险原因。一方面，要了解出险事实经过，查清事故损失是由直接原因还是间接原因导致的，是自然因素还是人为因素导致的。另一方面，要确认出险原因是否达到保险合同中约定的等级，是否构成保险责任。对于出险原因比较复杂的案件，要

深入实地调查，多听、多问、多看；也可向有关部门了解事故原因，或请有关部门协助鉴定事故原因。如与在出险地点周围了解的情况有出入时，更要反复调查，索取书面材料证明。对由第三者责任引起的事故，特别是火灾，应取得书面证据，以便于追偿。在案件尚未查清原因之前，理赔人员切忌主观武断、轻易表态、草率地肯定或否定，以免给后续理赔带来困难。

对于林木火灾的责任认定，如经现场查勘，核定的损失面积低于保险条款规定的免赔面积，应进行零赔付结案处理。过火后，如果树冠没有被烧毁、树枝和树干没有受损，只是地表过火，外部树枝、树皮熏黑，均不属于赔偿范围。如果现场对损失存在争议，可设置1~6个月的观察期或恢复期。在观察期或恢复期内，如果林木发出新枝、新芽、新叶，证明火灾对林木没有造成严重损失，不构成火灾保险责任（保险条款另有约定的，按照条款约定执行）。

④查承保比率。查勘时，应注意核实保单（或承保清单）所载明的保险面积与实际种植面积（或可保面积）是否相符，以确认是否属于足量投保。对于保险面积小于实际种植面积的，还应确认是否可以区分保险面积与非保险面积，以确定是否应进行比例赔付。

⑤查损失范围。查勘时，应参照承保分户清单，界定灾害发生的区域范围和受灾面积，包括受灾乡村/地块数、受灾农户数等。

（7）大面积自然灾害或复杂疑难案件的处理，要争取各级政府部门及有关专业机构的支持和帮助，在条款规定的范围内，科学、迅速、真实、合理地确定损失。决定聘请公估机构、技术专家或其他中介机构的，应按照有关规定履行必要的审批流程，并征得被保险人的同意。

（8）坚持回避和保密制度。查勘人员如遇有自己亲属、朋友的保险标的出险时，应主动提出回避，并不得对外泄露案件处理情况。

（9）对损失面积大、损失金额高、社会影响大或估损金额超过本级理赔处理权限的重大案件，应及时报告上级管理机构，由上级管理机构组织人员参与查勘定损。

（10）现场查勘的原始记录应由查勘人员和参与查勘的被保险人签字确认，不得遗失、补记或做任何修改。

（四）施救整理受损财产

查勘过程中，如果灾害尚未得到控制而继续蔓延，应立即会同被保险人及有关政府职能部门共同研究采取施救措施，尽量减少保险标的损失。如灾害已得到控制或已消除，在完成拍照、现场记录等工作后，应告知并协助被保险人立即对受灾现场进行整理，共同研究施救和保护受损财产的措施，防止损失加重。

（五）收集有关出险证明及单证

发生保险事故后，被保险人在向保险人索赔时，应按照保险条款的要求提供保险单（保险凭证）、出险及索赔通知书、损失清单、出险证明、身份证明、银行卡号信息等有关单证资料或信息。

理赔人员应根据案情特点，一次性告知被保险人索赔程序、索赔材料清单，并提供相关索赔单证，以便及时、准确处理赔案。在被保险人提交索赔资料时，应对相关单证材料进行初审，材料不齐全须补充的，应一次性告知客户。

（1）出险证明应按各险种条款的要求和出险原因的不同，由政府相关专业技术部门或职能部门出具，内容要包括时间、地点、原因、有关技术性数据及结论等。

（2）被保险人提供的出险及索赔通知书、损失清单和各种原始单据，属集体投保统一报案索赔的应加盖地方政府职能部门公章，属个人报案索赔的应由被保险人签字。

（3）要严格审查被保险人提供的各种单证、证明。对重要证明或有疑点的证明材料，应及时核实和鉴定。如发现有涂改、伪造账册和单证等欺诈行为，应锁定证据并实施调查，必要时应追究相关人员的法律责任。

（六）缮制查勘报告

查勘定损工作结束后，查勘人员应根据现场查勘的原始记录及时缮制查勘报告。查勘报告要注明查勘时间和地点，并对标的受损情况、事故原因及保险责任是否成立等方面提出明确意见。查勘报告要做到要素齐全、内容翔实、情节明了。对于需要二次或多次查勘定损的，应逐次记录查勘情况。纸质查勘报告应由查勘定损人员本人签字确认，系统中录入的查勘时间、查勘人应与实际查勘时间、查勘人相符，且与单证、影像资料信息匹配。

林木险查勘报告应包括但不限于以下内容：

①灾害发生的时间、地点、受损标的名称、出险经过、报损情况。

②查勘定损过程、责任认定的依据、过程和结果。

③查勘意见（标的生长阶段、出险原因、损失面积、损失程度、承保比率等）。

三、立案管理

（一）立案时限

在初步查勘并确定保险责任后，应及时在系统中进行立案处理。

立案时，应准确录入事故类型和出险原因，并根据已掌握的情况录入受灾农户户次、损失数量（受灾面积、成灾面积、绝产面积）等要素信息。

对于报案后超过10日尚未立案的案件，系统自动进行强制立案并估损赋值。

（二）立案估损及估损调整

1. 初次立案估损

未决估损金额直接关系到未决赔款准备金计提的准确性。理赔人员应根据保险标的的单位保额、损失程度、损失面积等因素合理估计损失金额。

要注意同一保单项下多次立案的是否与实际出险情况相符，避免重复立案等情况。

2. 立案估损调整

立案后，应及时根据最新查勘定损情况调整估损金额，特别是跨年度案件，估损要尽可能地接近案件的实际损失。

系统强制立案的，理赔人员应注意审视系统自动估损赋值是否准确，并及时根据实际情况调整估损金额。

（三）立案注销及恢复

1. 立案注销

对于客户报错案、客户重复报案、不属于投保险别或险种出险但因理赔人员操作失误等已立案案件应做立案注销处理，具体参照《保险公司非寿险业务准备金基础数据、评估与核算内部控制规范》的相关要求执行。

2. 立案恢复

立案注销后，需要进行恢复的，应按照规定的流程提交审核，说明恢复原因和依据，并妥善留存相关支持性材料。

四、定损工作

林木保险的定损工作主要是通过查阅单据资料、现场测量、图形勾绘、遥感分析等方式核定保险标的损失数量，通过植株指征、经验估计、工具测量等方式测定保险标的损失程度。

定损工作要严格遵循相关法律法规和制度规定，依据林业生产技术规程和条款约定，综合考虑标的特性、损失范围、灾害种类、区域分布等具体情形，科学选择定损时间和方式，并确保定损时效，落实"定损结果到户"。同时，要如实、详细记录清点的损失数量、核定损失程度的方式方法、过程和结论，并妥善保存相关的原始工作记录，不得遗失、补记或进行任何修改，做到定损过程公开透明，定损依据充分，定损结论客观、公平、科学、合理。定损工作主要包括以下内容。

（一）科学开展二次或多次定损

林木遭受灾害事故后，往往具有一定的再生能力，受灾后有一段恢复期，因此除非保险标的确已全损，一般不宜立即确定损失程度，而应根据保险标的的生物特性及条款的约定，设立合理的观察期（观察期具体时间长短要根据标的种类、灾害性质和损失情况等确定），待林木在约定时间内恢复生长后再进行定损，并根据条款确定损失数额。

保险标的在生长期间内多次遭受保险事故发生部分损失的，应综合考虑历次出险因素合理定损。对于损失核定确需较长时间的，应向被保险人做好解释说明工作。

（二）准确确定损失数量/损失面积

林木险损失数量的核定一般采取的方法有抽样核实、目测、实地丈量、点数、调查询问等，有条件的可综合采用遥感技术及测距仪、GPS 测亩仪、光谱仪、照度仪等工具进行测定。

1. 林木火灾的测量方法

（1）目测法：适用于林木大面积受损和坡度较大的林地。根据实地地形地貌，准确判断受损林木与未受损林木的分界线，把受损的林木勾绘成图。

（2）直线丈量法：主要用皮尺或测绳等工具来测量林木受损面积，适用于受损面积较小的林木。

（3）仪器实地测量法：主要用罗盘仪、经纬仪、测距仪等测量仪器，适用于地势开阔、视野良好、受损面积较小（一般在 200 亩以下）的火灾。

（4）地形图勾绘法：按照 1/50～1/25 的地形图（小班图），沿着火灾受损边缘步行前进，将各地形地貌如河流、沟谷、山脊、分水岭、防护林及各林种等勾绘在地图上，绘制成火灾平面图。

（5）遥感测定法：当森林火灾面积较大，达数千亩或以上时，有条件的可采用航天、航空遥感等先进技术设备，根据火灾炭化程度及地形图绘制火灾平面图。

2. 森林火灾面积的计算

（1）网格法：采用透明的刻有 1mm、2mm、5mm 和 1cm 的网格蜡纸或方格网直接覆盖在欲测的图形上，先数出完整的方格数，然后估计不完整的方格，将其折合成整方格数，相加后再乘以每个方格所代表的面积，即可得到图形的面积，再按比例换算成实地面积。计算公式如下：

图形总面积=（完整方格数+不完整方格折合数）×每个方格面积。

例：经过勾兑，在地形图上得出的完整方格数为 10 个，不完整的方格数折合成 5.8 个，合计为 15.8 个方格，地图比例为 1:50000（1cm 代表实际距离 50000cm），具体计算方法如下：

先求出 1cm 边长的方格所代表的实地面积：$500 \times 500 = 250000$（m^2）

换算成亩：250 000/666.7=374.98（亩）

地形图实际受损面积：15.8×374.98=5924.68（亩）

（2）几何法：根据几何原理，在火灾图上，将其划成若干几何图形，根据不同的几何图形计算面积，然后再按该图的比例尺计算实际面积。

（3）机械法：用特制的求积仪计算受灾面积。一般由专业人员进行操作计算。

3. 林木火灾损失核定注意事项

（1）在抽样的面积中注意测量林木的成林和幼林。

（2）要注意扣除林间空地和未过火的林地。

（3）如过火地树林比较稀疏，要抽样然后采取以株折亩的办法计算损失面积，即按国家规定的林地植株数为标准计算。

过火林实际受灾面积=过火面积×过火林地抽样实有密度/国家森林标准种植密度。

（三）科学核定损失程度

林木保险标的的损失程度，除保险合同（如指数保险）另有约定外，一般通过抽样的方式测定。《农业保险条例》第 12 条规定：“保险机构按照农业保险合同约定，可以采取抽样方式或者其他方式核定保险标的的损失程度。采用抽样方式核定损失程度的，应当符合有关部门规定的抽样技术规范。”

通过抽样方式测定损失程度，应事先制订抽样定损的规则，确保抽样样本具有代表性，抽样结果具有可信度。发生保险事故时，应根据灾害类别、损失情况及实地条件等情况，与被保险人协商确定抽样定损方式，或会同有关林业技术部门，采用林业生产通行的方法进行科学测定。

采取抽样方式定损的，应详细记录抽样地点、抽样方式、样本总数量、样本损失数量、样本损失程度等要素，并由相关抽样人员、被保险人（或被保险人代表）签字确认。

1. 林木综合保险

林木保险条款中一般规定损失程度计算公式如下：

损失程度=单位面积林木损失株树/单位面积林木平均株树（林木平均密度）。

林木保险抽样定损应根据实际出险情况合理区分不同损失程度类型（如轻度损失、中度损失、重度损失等），在相应区域分别设置至少一个随机抽样点，采取符合有关部门规定抽样技术规范的取样方法，根据选取的样本测定损失程度。抽样时应尽量使各样本段在总体中分布均匀，同时还应考虑不同损失程度在总体中所占的比例。

2. 林木火灾保险

（1）林木火灾保险条款中一般规定损失程度计算公式如下：

损失程度＝单位面积平均死亡株数/单位面积平均实际株数×100%。

（2）其他林木火灾损失计算公式

林木材积损失=火灾面积/样本地面积×样本地立木材积。

损失程度=样本地烧毁株数/样本地林木株数×100%。

（3）林木火灾的损失程度可根据树冠、树干形成层和树根受损的不同情况来确定，具体可参照《LYT 1846-2009 森林火灾成因和森林资源损失调查方法》确定（保险条款有约定的，按条款约定处理）。

（四）合理确定赔偿标准

1. 确定是否达到起赔点

在保险合同有效期内，无论标的发生全部损失还是部分损失，均在损失程度达到或超过条款约定的起赔点时，开始承担赔偿责任。

2. 确定赔偿标准

苗木（幼林）保险应根据保险条款约定，结合苗木所处生长阶段（生长期）、投入成本等因素，确定生长期对应的赔偿标准。

成林保险应根据保险条款约定，结合林木树龄、投入成本等因素，确定对应的赔偿标准。

（五）定损结果到户

在定损过程中，应详细记录清点的损失数量、核定损失程度的方式方法、过程和结论，做到定损依据充分、结论准确合理，并确保定损结果到户。查勘定损原始工作记录应取得相关查勘人员、林业技术人员、被保险人的签字确认并妥善保管，不得涂改、伪造、隐匿或者违规销毁。

（六）第三方机构和技术专家聘用

对于技术性较强的案件，或遇到有争议、疑难案件时，可聘请第三方机构、外部专家或技术人员参与赔案的处理，包括现场查勘、灾因鉴定、损失确定等项目，为理赔提供专业技术支持。

聘请第三方机构、专家、技术人员进行损失鉴定的，应由鉴定人出具详细的鉴定报告，说明鉴定的时间、地点、过程、依据和结论，并在鉴定报告上签字。

五、理算管理

（一）赔款理算要点

1. 赔款理算的基本要求

查勘定损结束且索赔资料收齐后，应根据保险条款约定和查勘定损结果准确计算保险赔款。对于集体投保业务，一次事故涉及多个林农损失的，应形成到户的分户理算清单。

对于森林/林木已确权到户且林权证已发放到户的，须提供林权证或合同（涉及林权证或合同数量较多的可列明林权明细清单；承保时已采集林权证或合同的复印件或扫描件的，理赔时无须重复提供）。暂未确权到户或林权证暂未发放到户的林木，可由当地林业部门（包括乡镇林业主管机构）等出具相关标的林地/林木数量及权属证明。

2. 确认赔款支付对象

坚持以"保险利益原则"为基本出发点，准确确定林木保险的赔付对象。对于被保险人为林业主管部门、林业生产经营组织、村民委员会且未附分户清单的或被保险人将林地、林木转租他人的情况，在理赔时应注意核实赔付对象，并在赔案中附林权证、被保险人（或其代表）在事故现场的照片、林地/林木承包流转合同或承保验标报告等佐证材料（复印件或对应的承保电子档案），确保赔款支付对象是具有保险利益的林业生产经营者。

仅组织林农投保农业保险而未实际投入保险标的生产成本并承担经营风险的林业主管部门、林业生产经营组织或村民委员会，不论其是否缴纳保费，是否为保单上列明的被保险人，也不论其有无承保分户清单，均应以实际投入生产成本并承担经营成本的林农作为最终赔付对象，缮制分户理赔清单，并将赔款直接支付到林农账户。

3. 几种特殊情况的赔偿处理

对于存在不足数量保险、重复保险、保险金额低于或高于标的出险时实际价值等特殊情况的案件，应按相关法律法规和保险合同的约定处理。

（1）不足数量投保的赔偿处理

若保险标的保险面积低于其可保面积，属不足数量投保。林木保险条款一般均约定："发生保险事故时，保险单载明的保险面积小于其可保面积时，若无法区分保险标的与非保险标的的，保险人按保险单载明的保险面积与可保面积的比例计算赔偿。"

（2）保险金额低于或高于标的出险时实际价值的赔偿处理

保险条款一般约定："若被保险人投保的保险标的的每亩保险金额低于或等于其出险时的实际价值，则以每亩保险金额为赔偿计算标准；若保险标的的每亩保险金额高于出险时的实际价值，则以出险时的实际价值为赔偿计算标准。"

（3）重复保险的赔款计算

保险条款中一般约定："保险事故发生时，如果存在重复保险，保险人按照本保险合同的相应保险金额与其他保险合同及本保险合同相应保险金额总和的比例承担赔偿责任。其他保险人应承担的赔偿金额，本保险人不负责垫付。若因被保险人未如实告知导致保险人多支付赔偿金的，保险人有权向被保险人追回多支付的部分。"

计算公式：本保单项下应付赔款=总赔付金额×本保单项下的保险金额/各保单保险金额总和。

重复保险案卷，可以使用复印件，但须在《卷内目录》右上方注明原件所属保险公司。

4. 直接理赔费用理算

直接理赔费用是指发生的与某一特定赔案直接相关，能够直接确定的费用。不可单独计量、按照一定原则分摊至某一特定案件的费用不得作为直接理赔费用。直接理赔费用包括专家费、律师与诉讼费、损失检验费、公估费、差旅费、追偿成本及外部奖励等。

直接理赔费用应按照《财产保险公司理赔费用管理办法》规定合理、规范列支，并取得合法有效的凭据（指正式税务发票或财政部门监制的非税收入专用收据）。

根据《保险公司非寿险业务准备金基础数据、评估与核算内部控制规范》规定，立案注销、拒赔、零结案案件发生的直接理赔费用应在原案件中列支，不得分摊到其他赔案中。

5. 理赔报告缮制

对于重大、复杂赔案，在查勘定损报告中无法完整表述赔案处理全过程的，可缮制理赔报告，以描述全案处理过程，包括承保情况、出险情况、查勘定损情况、赔款支付方式等，具体内容如下。

（1）承保情况：包括保单号码、被保险人名称、投保险别、保险金额、保险期间、标的地址、保费缴纳情况、联共保情况、分保情况等。

（2）出险情况：包括出险时间、出险地点、出险原因、出险经过、报损金额等。

（3）查勘情况：包括查勘时间、人员、地点、范围、责任认定、估计损失等。

（4）定损情况：包括定损过程、定损方式、定责定损依据、鉴定报告结论/核定损失范围、损失面积、损失程度等。

（5）理算情况：包括赔款计算公式、计算过程、计算结果等。

（6）赔款支付情况：包括赔款支付对象和方式等。

（二）林木火灾保险的赔款理算

由于各地的承保方式不同，其赔款计算方法也有所不同，具体方式应以条款规定为准。几种常见的计算方式如下。

1. 按损失程度计算

赔偿金额＝每亩保险金额×损失面积×损失程度。

损失程度＝单位面积平均死亡株数/单位面积平均实际株数×100%。

2. 按造林成本计算

造林成本一般包括挖树根、清地、挖树坑、树苗、施肥到树木成活所需的一次性总费用。赔款计算公式如下：

赔偿金额＝国家标准造林成本×实际受损面积×（被保险林木实有密度/国家森林标准种植密度）×损失程度；

或：赔偿金额＝每亩保险金额×（样本地烧毁株数/样本地林木株数）×实际受损面积。

3. 按蓄积量的成数计算

（1）如免赔为面积，公式为：

赔款金额＝每立方米价格×（每亩蓄积量×承保成数-每亩材积）×（实际受损面积-免赔面积）。

（2）如免赔为金额，公式为：

赔款金额=每立方米价格×（每亩蓄积量×承保成数-每亩材积）×实际受损面积-免赔金额。

4. 按评估价格或估价计算

赔款金额=（实际受灾面积-免赔面积）×每亩保额×（林木实际密度/国家森林标准种植密度）×损失程度-免赔金额

（三）预付赔款处理

《保险法》第 25 条规定："保险人自收到赔偿或者给付保险金的请求和有关证明、资料之日起六十日内，对其赔偿或者给付保险金的数额不能确定的，应当根据已有证明和资料可以确定的数额先予支付；保险人最终确定赔偿或者给付保险金的数额后，应当支付相应的差额。"

对于损失金额高、社会影响大、保险责任已经明确，但因客观原因一时难以确定最终赔款金额的案件，保险机构接到被保险人预付赔款申请的，可在保险金额范围内，按照预付赔款权限履行审批流程后，根据能够确定的损失和及时恢复生产的需要，预付部分赔款。

六、公示

《农业保险条例》第 12 条规定："由农业生产经营组织、村民委员会等单位组织农民投保的，保险机构应当将查勘定损结果予以公示。"

由林业主管部门、林业生产经营组织或村民委员会等单位组织林农投保林木保险的，应将查勘定损结果、理赔结果在村级或林业生产经营组织公共区域进行不少于 3 天的公示。有条件的地区可通过互联网、短信、微信等方式进行理赔公示，确保查勘定损结果与理赔结果公开透明。

理赔公示应通过拍照、录像、超链接、截图（屏）等方式留存公示现场影像资料或相关证据材料并上传至业务系统。公示影像资料应能够反映拍摄日期、地点和公示内容。公示内容应包括被保险人姓名、标的名称、投保数量、损失数量、损失程度、赔款金额等信息。公示期间，如有被保险人对查勘定损结果、理赔结果提出异议，应进行调查核实，并将核实结果告知被保险人；经核查情况属实的，应据实对理赔结果进行调整。

公示结束后，应根据公示反馈结果制作分户理赔清单，列明被保险人姓名、身份证号、银行账号和赔款金额，由被保险人或其直系亲属签字（或通过其他与被保险人签字具有同等法律效力的方式）确认。由被保险人的直系亲属签字确认的，应签署实际签字人姓名，同时注明其与被保险人的关系（父母、子女、配偶等）。

七、核赔与赔款支付

核赔人员应对查勘报告、损失清单、查勘影像、公示材料等关键要素进行严格审核，结合报案记录、索赔申请、事故证明等赔案单证，核实出险时间、出险地点、出险原因、受损标的名称、损失数量、损失程度等要素，核定赔案真实性、保险责任认定准确性、查勘定损过程规范性、定损结果合理性、赔款计算准确性、赔案单证完整性、付款对象准确性，并签署核赔意见。

核赔工作主要包括以下内容。

（一）了解承保情况

了解保险条款、保险合同（保险单、承保清单、保单批改及特别约定）、保费构成及缴纳等主要内容，掌握承保险别、被保险人、保险标的范围（包括林业小班图等）、保险责任、责任免除、保险期间、保险金额确定方式，以及起赔、免赔等规定，核实被保险人在出险前的缴费情况，以及森林、林木权属情况或承包流转情况，判断保单效力。同时，还要了解有无联保、共保或重复投保等情况。

（二）核实出险情况

通过查阅出险通知/索赔申请书、查勘报告/理赔报告、损失照片和相关新闻媒体报道、政府及林业管理部门、气象部门、应急管理部门的灾情报告和出险证明等资料，核实出险时间、报案时间、出险地点、出险原因等。重点应了解出险时保险标的所处的生长阶段，自然灾害是否达到了保险责任规定的标准，承保标的所处地理位置是否符合承保条件等。

（1）核定造成保险标的损失的原因是否属于保险条款和保单约定的责任范围。

（2）核定出险时间是否在保险期间内。

（3）核定受灾林农是否属于保单中约定的被保险人。

（4）核定受损标的是否属于保险标的。

（三）了解查勘定损过程

（1）核实查勘定损过程是否清晰，方式是否科学合理，依据是否充分。

（2）核实是否合理设定观察期进行二次定损。

（3）核实是否做到定损结果到户，是否保留原始查勘定损资料，是否按要求进行了公示。

（四）核定损失金额

（1）审核受损标的出险时的生长阶段，损失单价是否符合定损标准。

（2）审核损失面积（数量）、损失程度的核定是否科学、准确、合理。

（3）审核是否存在不足数量投保、重复投保等情况。

（五）审核赔款计算

（1）审核赔款理算方式是否正确，计算结果是否准确，是否形成到户的理算清单，并按规定的时间、地点（村、组）进行公示。

（2）审核赔偿项目是否准确合理。

（3）审核直接理赔费用列支是否符合相关规定。

（4）审核对于不足数量投保是否按照条款规定进行比例赔偿，重复保险是否进行比例分摊。

（六）审核赔款支付方式和对象

（1）审核赔款支付对象是否是具有可保利益的被保险林农，是否与承保清单被保险人一致；特别是以林业局为单位投保的，要注意了解林木权属情况，确保将赔款支付给有可保利益的被保险人。

（2）审核直接理赔费用支付对象是否为实际提供服务的机构、专家，是否开具有效支付凭据（指正式税务发票或财政部门监制的非税收入专用收据），是否通过转账方式直接支付。

（七）审核赔案单证

审查案件主要单证是否真实、完备，单证要素是否准确完整，案件相关证明材料及签章是否真实有效。

（1）确认被保险人提供的单证、证明及材料是否齐全，是否真实有效，有无涂改、伪造；对于有疑点的证明材料或材料间数量、日期不一致、表述有冲突的应进一步调查核实。

（2）审核经办人员是否规范填写赔案有关单证并签字（签章），主要单证是否齐全，要素填写是否准确完整。

（八）签署核赔意见

核赔人员根据授权对赔案进行审核。属本级核赔权限的，对于保险责任认定清楚、损失核定准确合理、案卷主要材料齐备的赔案，应核赔通过并签署同意赔付的意见，否则应做退案处理。对于超本级核赔权限的赔案，应提出初核意见并提交上级核赔。

（九）赔款支付

1. 赔款支付时限

《农业保险条例》第 14 条规定："保险机构应当在与被保险人达成赔偿协议后 10

日内，将应赔偿的保险金支付给被保险人。农业保险合同对赔偿保险金的期限有约定的，保险机构应当按照约定履行赔偿保险金义务。"

2. 赔款支付方式

林木保险赔款应采用"零现金转账直赔到户"的方式，通过业务系统将赔款直接支付到被保险人银行账户（卡）或"一卡通"财政补贴专户。财务支付的收款人名称原则上应与被保险人一致。对于特殊情况下系统中录入的领款人与承保清单中分户被保险人不一致的，应书面逐一说明情况并在提供合理依据与证明材料的基础上予以支付。

对于确须以现场集中兑付赔款方式支付现金的，应报请保险机构省级分公司或总公司审批同意，并将集中兑付的现场影像或照片、经被保险人（或其代理人）签字的赔款支付清单或赔款收据作为理赔资料留存归档。

八、回访管理

保险机构应建立客户回访制度。被保险人为规模经营主体的，应实现全部回访，其他被保险人应抽取一定比例回访。理赔环节重点回访核实受灾品种、损失情况、查勘定损过程、赔款支付、理赔公示等情况。保险公司应详细记录回访时间、地点、对象和回访结果等内容，并留存回访录音或走访记录等资料备查。

九、结案及归档管理

（一）结案

赔案经核赔通过后，对于具备结案条件的案件，由理赔人员手工或由系统自动进行结案处理。

对于客户主动放弃索赔、无事故责任且无须赔付的、事故损失小于免赔额的已立案案件，应做"零赔付结案"处理，具体参照《保险公司非寿险业务准备金基础数据、评估与核算内部控制规范》的相关要求执行。

（二）拒赔案件处理

《保险法》第24条规定："保险人依照本法第二十三条的规定做出核定后，对不属于保险责任的，应当自做出核定之日起三日内向被保险人或者受益人发出拒绝赔偿或者拒绝给付保险金通知书，并说明理由。"

《保险公司非寿险业务准备金基础数据、评估与核算内部控制规范》规定："对于已立案但核实不属于保险责任的案件，应做拒赔处理""对于拒赔案件，需保险公司出具书面拒赔通知书"。

拒赔前，应向被保险人详细说明原因，认真听取意见，并向被保险人做好解释工作。对于不属于保险责任的，应在核定之日起 3 日内向被保险人发出《拒赔通知书》，并做好解释说明工作。在《拒赔通知书》送达被保险人时，应保留被保险人的送达回证，由其在送达回证上记明收到日期，签名或者盖章，送达回证上的签收日期为送达日期。查勘照片、查勘报告和拒赔通知书等理赔材料应上传至业务系统。拒赔案件所有材料必须妥善保管，必要时须补充其他有效证明材料，积极做好应对诉讼、仲裁的准备工作。

（三）重开赔案

重开赔案是指对已经结案的案件，发现该案需要追加或调整赔付的，在满足规定条件的情况下，经过严格的审批流程后，在业务系统中将其恢复成为未决状态，对原有理赔信息进行修改的一项操作。

1. 重开赔案的条件

《保险公司非寿险业务准备金基础数据、评估与核算内部控制规范》规定："保险公司应加强重开案件的管理，杜绝随意重开案件。原则上，案件只能由于与客户相关的外部因素才能进行重开，包括诉讼、后续治疗、客户追加索赔等，且重开时必须有相应的支持性材料，经总公司审批后方可进行。满足重开条件的案件应在原案件下以多次赔付的方式进行，不得以新立案件号方式处理，同时各公司应记录并保存重开案件的案件清单。"

2. 重开赔案的流程

提交重开赔案申请时，应注明重开赔案的原因和依据，并上传相关支持性材料。因诉讼、仲裁重开赔案的，还须附上判决书、仲裁裁决书。

（四）案卷归档

结案后，应将赔案内部单证与被保险人提供的索赔手续及有关证明材料汇集归档。

归档形式包括电子档案和纸质档案两类。已实现电子化储存和流转的原始电子单证（如报案登记表、分户承保清单、现场照片等），可不再打印；原始查勘定损记录、被保险人提供的索赔资料、公示签字材料及有关证明等纸质单证材料应妥善汇集保管，按赔案号装订成卷。

当发生大面积灾害时，因涉及赔案数量众多，多案共用部分单证材料，如气象证明、专家鉴定、理赔报告等，可视情况以县（灾害涉及多个乡镇时）或以乡镇（灾害仅涉及一个乡镇的多个村时）为单位将共用材料原件统一保管在其中一笔赔案案卷中，其他赔案留存复印件或电子文档，并以索引形式附清单注明所有与之对应的报案号或赔案号；同时，在相对应的其他赔案中，也应注明留存共用单证原件的报案号或赔案号。

阅读材料4-2 我国森林保险试点

福建、江西和湖南是我国南方重点集体林区，森林资源较为丰富，森林覆盖率分别达到63.1%、60.05%和57.01%，均位居我国前列，林业用地面积分别占三省土地总面积的71.6%、63.7%和61.05%，其中集体林地面积分别占三省林业用地面积的92.6%、87.2%和92.7%。福建和江西是我国集体林权制度改革的先行省份，湖南省则是在2010年底基本完成集体林权主体改革部分。福建、江西和湖南均属于自然灾害频发的省份，近年来主要的森林灾害类型包括火灾、病虫害等常规性灾害，以及冰雪、风灾、滑坡等偶发性灾害。森林保险作为林业风险管理的重要手段，三省试点工作起步较早，均具有20多年的实践历程，积累了一定的实践经验，并且也是国家财政部门最早列入中央财政保费补贴的三个试点省份。

1. 组织机构协同

为加强多部门交流与合作，福建、江西和湖南省均由林业部门、保险公司等单位建立了相应的组织机构。以福建省为例，福建省从省到市、县层层建立了森林保险联席会议制度，每个季度召开一次联席会议，参会单位涉及财政部门、林业部门和保险公司等，以便总结和研究森林保险业务中存在的问题。例如，2010年1月，福建省林业厅与省森林保险经办机构召开了森林火灾保险联席会议，双方就森林防火和森林火灾理赔工作情况进行了交流，并根据联席会议精神，最终形成了《关于进一步加强森林火灾保险理赔工作的通知》。与此同时，福建省、市、县均成立了由林业和保险公司参加的森林保险工作领导小组，并下设办公室，挂靠林业系统各级计财或防火部门，负责制订和实施本地区的森林保险方案。又如2017年，福建省林业厅、财政厅、森林保险经办机构联合印发了《2017年森林综合保险方案》，要求各地持续推进森林综合保险工作，明确职责分工，各司其职，密切合作，采取有力措施推进工作的顺利开展。

2. 巨灾风险准备

试点省份除了采用各种统保措施、扩大保险标的数量以外，针对森林巨灾风险低概率、高损失的特点，均建立了巨灾风险准备金制度。福建省是由省级财政建立了2000万的森林综合保险风险补偿金，上年度结余结转下年度使用，年度总额保持2000万元。当年全省森林综合保险赔付率超过90%时，启动省级森林综合保险风险补偿金，赔付由森林保险经办机构与省级森林综合保险风险补偿金按1:1比例承担，省级风险补偿金以2000万元为限，超过部分由森林保险经办机构全额承担。而江西省和湖南省是由保险公司在保费收入中按相应比例计提巨灾风险准备金，突出了森林巨灾风险分散市场化方面的作用。江西省是由森林保险经办机构开设公益林统保风险准备金专户，通过省林业厅及森林保险经办机构共同管理，若当年森林保险保费收入扣除赔付费用后尚有盈余，则按相应比例扣除业务服务费用后，剩余部分全部转为公益林统保巨灾风险准备金，并逐年滚存。保险期间内，生态公益林保险赔款超过年收保费的 85%时，保险公司可申请动用巨灾风险准备金。湖南省则是由保险公司按年保费收入的 25%计提森林巨灾风险准备金，以有效规避经营风险。

3. 定损标准

为规范森林保险现场查勘定损程序，科学核定灾害损失，试点省份通过林业部门和保险公司的协商与合作，均确立了森林保险灾害损失认定标准和理赔操作规程。以湖南省为例，湖南省森林保险联席会议成员单位组织制定了《湖南省森林保险灾害损失现场查勘定损规程（试行）》，明确规定了火灾、洪水、旱灾、冻灾及病虫鼠害的定损与理赔标准，并对现场勘定损的申请、受理、查勘方法及争议调处做了详细规定，极大地降低了保险公司查勘定损的复杂性，有效缩短了理赔时间，减少了理赔纠纷。特别是湖南森林保险责任不限于死亡，引入了"推定死亡"的保险责任概念，并将其落实到具体的灾损赔付计算中，将条款、方案、相关林业技术规程规范要求与查勘定损规程有机结合，从而客观、公正、科学、有效地维护了保险双方的合法权益。例如，一旦发生经林业主管部门确认的松材线虫、松褐天牛等森林灾害时，虽然林木外观可能并无死亡迹象，其损失率却被认定为100%。湖南省在现场查勘定损时不再适用死亡株数与死亡率的认定，而"推定死亡"更符合森林灾害的实际，极大节约了市场交易成本。此外，针对森林火灾损失标准难以界定的情况，福建省规定火灾赔偿面积按受害面积计算，大幅提高了火灾查勘定损和灾后赔付速度。

4. 防范逆选择与道德风险

除了采用各种统保措施，较好防范逆选择现象以外，试点省份均在保证林木再植成本的基础上，设定了森林保险保额以及免赔额，以有效规避投保人的道德风险和减少小额灾害损失的查勘定损费用。其中，值得借鉴的是，江西省商品林保险设置了以 800 元/亩为上限的保额区间，具有较强的灵活性，可以满足不同投保主体的需要，但森林保险条款中免赔额以高者为准的规定，将会阻碍小林农的参保积极性，导致广大中小林农享受不到政策性森林保险的保障，从而损害中小林农的利益。

（资料来源：张长达. 完善我国政策性森林保险制度研究[D]. 北京：北京林业大学，2012.）

第四节　林木保险理赔的技术要点

一、林木保险

（一）常见承保的树种

1. 桉树

桉树（Eucalyptus robusta Smith）又称为尤加利树，是桃金娘科桉属植物的统称，原产地在澳洲大陆，属常绿植物，一年内有周期性的枯叶脱落的现象，大部分品种是高大乔木，少数是小乔木。速生桉树的品种繁多，按造林目的主要分为取材和造纸两大类。桉树的标准种植密度为每亩 90～120 株，种植年限为 5～7 年，造纸桉树种植年限稍短。桉树对种植地域、生长环境的要求较高，而且肥料的使用对其生长状况影响明显，因此桉树种植一般头一年需要施肥两次，第二、第三年还须追肥一次，有条件的林场第四年还会追肥一次。桉树的生长特性为头三年以长高为主，后三年以长粗为主。

2. 松树

松树（Pinus）是松科松属植物的统称，松树种类多，分布广，如分布于华北、西北几省区的油松、樟子松、黑松和赤松，华中几省的马尾松、黄山松、高山松，秦巴山区的巴山松，以及台湾松和北美短叶松，多数是我国荒山造林的主要树种。松树按造林目的主要分为取材和取松香两大类，种植密度为每亩 130～140 株，成材时间在 10 年以上。松树对种植地域、生长环境的要求不高，只需头两年各施一次肥，树苗高过杂草后，就无须管理，由其自然生长。树木生长到 8、9 年或胸径达 10～12cm 就可以采松香，取过松香的松树生长速度较慢。

3. 杨树

杨树（Populus）是杨柳科杨属的植物，全属有约 100 多种，分为五大派：青杨派（Tacamahaca）、白杨派（Leuce）、黑杨派（Aigeiros）、胡杨派（Turanga）、大叶杨派（Leucoides）。杨树的生长速度快，产材量大，成本低廉，广泛用于工业生产，同时也是用材林、防护林和四旁绿化的主要树种。杨树生长周期一般在 12 年左右，按照株行距 6m×6m 的成片林栽植模式，一般 4～5 年进入蔽合期。

4. 其他经济树种和速生树种

其他常见的经济树种和速生树种主要有杉木、相思树、黎蒴树等。杉木（Cunninghamia Lanceolata）是柏科杉木属植物，是一种常见的经济树种，主要可用于建筑、桥梁、造船、矿柱、家具等木材，生长速度较慢，成材一般要 15 年以上，种植密度为每亩 180 株左右。相思树（Acacia confusa）是豆科相思子属植物，常绿乔木，生长迅速，耐干旱，是华南地区荒山造林、水土保持和沿海防护林的重要树种，成材一般需 5～7 年，种植要求与桉树相近，但不像桉树那样对种植环境的生态影响很大。

（二）林木的生产成本

以桉树为例，造林成本一般包括以下费用。

第一年：地租、树苗、清山费（除杂炼山、挖树坑、开设林道、开种植平台、防火道、下基肥覆土）、基肥费、施基肥费用、种植费用和第二次施肥的费用、肥料费用、劈除杂草费用及全年的管护费用。

第二、第三年：地租、肥料费用、施肥的费用、劈除杂草费用及全年的管护费用。

第四年以后的费用主要为地租和管护费。

（三）灾害对不同品种林木的影响

由于林木生物特性和生长习性不同，不同的灾害类型和强度对不同树种的影响不尽相同。以火灾为例，火灾对松树的影响较大，一般火焰过了树顶造成树叶枯黄或造成根部树干的损伤超过 1/3，就有可能出现树木死亡。火灾后，对松树的观察期为 1～2 个月（可根据南北方气候的差异视具体情况而定）。观察期后，若松树树叶无法返青，松树就会死亡。查勘时要在不同地域、不同受灾程度的林地多取样方（20m×20m 林地树木），观察期后的受灾林地样方内松树的返青率决定受灾松树林的损失程度。

火灾对桉树的影响不像松树那么大，一般火焰过了树顶造成树叶枯黄或造成树干树皮的损伤过重，有可能出现树木死亡。火灾后，对树木的观察期为 3～6 个月（可根据南北方气候的差异视具体情况而定）。观察期后，若桉树树顶的树叶无法返青或无新芽长出，桉树就会死亡或成为"小老头树"（长高及长粗都十分缓慢）。桉树是阔叶树种，砍伐后可以经由树头萌芽育林，因此在观察期后对其返青率的计算要比松树复杂，不能光看树顶的返青情况，还要通过观察其萌芽的部位来确定桉树的受损程度。此外，由于桉树是含水量较高的树种，水分对其影响较大，因此受灾后短期内当地是否有降雨，对桉树的灾后恢复影响较大。

火灾对杉木的影响与松树相似，不同点主要是松树是针叶树种，树头没有萌芽能力，而杉树是有树头萌芽能力的树种，砍伐后也可以经由树头萌芽育林。

火灾对相思树、黎蒴树与桉树的影响相近，同样也有明显的区别。例如，相思树、黎蒴树树冠比桉树矮，树冠的宽度比桉树大，与桉树一般只有一条主干不同，每株树出现两个以上主干的比例高达 30%以上。黎蒴树与桉树类似，砍伐后可以经由树头萌芽育林，而相思树与松树类似，基本没有树头萌芽育林能力。由此可见，火灾对不同树种的影响是不同的，现场查勘时要考虑和注意的事项也不尽相同。

此外，在不同地域、不同树龄、不同管理水平下，树木生长情况的差别很大，抗击火灾的能力也不同。松树、杉木等成材期限较长的，火灾对其影响主要是不同地域的植被密度、厚度，较难从树龄的角度考虑其影响程度。但对于桉树等速生树种来说，不同地域的火灾对其影响程度不同，火灾对三年龄前的桉树的影响极大，其灾后死亡率相当高。

（四）森林火灾查勘定损技术要点

1．森林火灾类型确定

按照受害森林面积和伤亡人数，森林火灾分为一般森林火灾、较大森林火灾、重大森林火灾和特别重大森林火灾。

（1）一般森林火灾：受害森林面积在1公顷以下或者其他林地起火的，或者死亡1人以上3人以下的，或者重伤1人以上10人以下的。

（2）较大森林火灾：受害森林面积在1公顷以上100公顷以下的，或者死亡3人以上10人以下的，或者重伤10人以上50人以下的。

（3）重大森林火灾：受害森林面积在100公顷以上1000公顷以下的，或者死亡10人以上30人以下的，或者重伤50人以上100人以下的。

（4）特别重大森林火灾：受害森林面积在1000公顷以上的，或者死亡30人以上的，或者重伤100人以上的。

2．火灾发生原因的确定

森林火源分为人为火、自然火、外来火三大类，火灾起源的判定直接影响到保险责任的认定以及追偿工作的开展。

（1）人为火：由人为因素直接或间接引起的森林火灾。

（2）自然火：由雷击、森林可燃物自燃、火山爆发等自然因素引起的森林火灾。一般为保险责任。

（3）外来火：由邻国烧入我国境内的森林大火。

森林火灾原因的认定，一般由林业主管部门或应急管理部门组织调查，保险公司可根据实际情况参与其中。调查的方法有询问法和现场勘查法。

询问的主要对象包括森林火灾的发现者、报告人、嫌疑人，森林火灾发生区域附近的居民，以及在此区域从事各类活动的人员等。询问的主要内容包括森林火灾被发现的时间、地点、当时的状态，发现人、被告人的基本信息，报告人和接报人对报告内容的复述等。

现场勘查可以采用由初步确定的起火范围（中心）向四周（外围）进行勘查的"离心法"或由火烧迹地外围向中心逐步缩小范围的"向心法"。

3．森林受损程度的确定

可根据实际树冠、树干形成层和树根受害情况综合判定。

（1）烧毁木：林木树冠全部烧焦，树干严重被烧，采伐后不能作为用材的列为烧毁木。可按100%的损失程度调查统计损失株数。

（2）烧死木：树冠2/3以上被烧焦，或树干形成层2/3以上被烧坏（呈棕褐色），或树根烧伤严重且无再生能力，采伐后尚能作为用材的列为烧死木。可按 100%的损失程度调查统计损失株数。

（3）烧伤木：树冠被烧一半或 1/4，树干形成层上保留一半以上未烧伤，树根烧伤不严重，还有恢复生长的可能列为烧伤木。可按抽样调查统计损失株数。

（4）未伤木：树冠未被烧，树干形成层未受伤害，仅外部树皮被熏黑，树根未受伤害的列为未伤木。不作为损失林木调查统计损失株数。

4. 火灾面积的确定

一般的森林火灾可用罗盘仪、经纬仪和 GPS 测量。也可以利用小班图、地形图、林相图进行对坡勾绘，按照比例尺折算。

较大的森林火灾可借助航空器或者卫星遥感图像进行测量。

（五）森林雨雪、冰冻、暴风等自然灾害的查勘定损技术要点

自然灾害受损林木定损参考标准如表 4-1 所示。

表 4-1　受损林木定损参考标准

受损类型	损失标准
腰折	林木树冠以下部分被折断，可按100%的损失程度调查统计损失株数
倒伏	林木倒伏后主干与地面所成夹角小于30°计全倒，可按100%的损失程度调查统计损失株数；夹角为30°～60°计半倒，可按实际调查统计损失株数
翻蔸	林木被连根拔起，根系完全离地或根系严重扯断，可按100%的损失程度调查统计损失株数
断梢	林木主梢被风力、重力等外力折断，可按100%的损失程度调查统计损失株数
折枝	用材林林木40%以上的枝条被折断、经济林木20%以上的枝条被折断，可按实际调查统计损失株数
冻死	林木主梢被冻死或者受冻影响林木成活和正常生长，可按 100%的损失程度调查统计损失株数
劈裂	林木主干如同被劈一样分裂开来，可按100%的损失程度调查统计损失株数
爆裂	林木因灾爆裂开来，可按100%的损失程度调查统计损失株数
流失	林木被水力、风力、泥石流等外力带走，可按100%的损失程度调查统计损失株数
掩埋	林木被泥沙等物质所掩埋，可按100%的损失程度调查统计损失株数
干旱死亡	林木因干旱缺水干枯死亡，可按100%的损失程度调查统计损失株数

（六）林业有害生物灾害的查勘定损技术要点

由于森林中的病原微生物和有害昆虫、鼠、兔类种群及有害植物的流行或猖獗危害，使林木减产，造成经济损失或降低森林在陆地生态系统中的地位和作用的现象，称为林业有害生物灾害。

1. 灾害发生程度判定

在林业调查中，林业有害生物在林间自然状态下实际或预测发生的数量多少称为灾害发生程度，统计单位包括条/株、虫情级、有虫株率、头/10 平方厘米、条/50 厘米标准枝、粒/株、个/米标准枝、活虫/株、条/百叶、头/平方米、盖度等（见表 4-2）。

表 4-2　林业有害生物发生（危害）程度标准

序号	种类	调查阶段	统计单位	发生（危害）程度		
				轻	中	重
1	落叶松毛虫 *Dendrolimus superans (Butler)*	幼虫	条/株	20～40	41～70	71 以上
2	马尾松毛虫 *Dendrolimus punctatus Walker*	幼虫	虫情级 条/株	2～3 5～13	4～6 14～30	7 以上 31 以上
3	油松毛虫 *Dendrolimus tabulaeformis Tsai et Liu*	幼虫	条/株	10～20	21～40	41 以上
4	蜀柏毒蛾 *Parocneria orienta Chao*	卵 幼虫	粒/株 条/株	50～200 5～15	201～400 16～30	401 以上 31 以上
5	云南木蠹象 *Pissodes yunnanensis Longor and Zhang*	幼虫	有虫株率（%）	5～10	11～30	31 以上
6	红脂大小蠹 *Dendroctonus valens Le Conte*	幼虫、成虫	有虫株率（%）	2～6	7～12	13 以上
7	云南纵坑切梢小蠹 *Tomicus n.sp*	成虫	枝梢被害率	10～20	21～50	51 以上
8	松纵坑切梢小蠹 *Tomicus piniperda L.*	成虫	枝梢被害率	5～10	11～20	21 以上
9	萧氏松茎象（幼林） *Hylobitelus xiaoi Zhang*	幼虫	有虫株率（%）	5～10	11～30	31 以上
10	松墨天牛 *Monochamus alternatus Hope*	幼虫	有虫株率（%）	5～10	11～24	25 以上
11	日本松干蚧 *Matsucoccus matsumurae (Kuwana)*	固定若虫	头/10 平方厘米	0.5～2	2.1～6.9	7 以上
12	松突圆蚧 *Hemiberlesia pitysophila Takagi*	雌蚧	枝梢被害率	5～10	11～30	31 以上
13	湿地松粉蚧 *Oracella acuta（lobdell）Ferris*	雌蚧	枝梢被害率	10～19	20～49	50 以上
14	春尺蠖 *Apocheima cinerarius Erschoff*	蛹 幼虫	头/株 条/50 厘米标准枝	1～3 2～4	4～6 5～8	7 以上 9 以上
15	杨毒蛾 *Stilpnotia candida Staudinger*	幼虫	条/50 厘米标准枝	1～4	5～8	9 以上
16	柳毒蛾 *Stilpnotia salicis (L.)*	幼虫	条/50 厘米标准枝	1～4	5～8	9 以上

续表

序号	种类	调查阶段	统计单位	发生（危害）程度		
				轻	中	重
17	杨小舟蛾	蛹	头/株	5～10	11～20	21 以上
	Micromelalopha troglodyta (Graeser)	幼虫	条/50 厘米标准枝	2～5	6～10	11 以上
18	杨扇舟蛾	幼虫	条/50 厘米标准枝	7～10	11～15	16 以上
	Clostera anachoreta (Fabricius)					
19	美国白蛾	幼虫	有虫株率（%）	0.1～2	2.1～5	5.1 以上
	Hyphantria cunea (Drury)					
20	黄褐天幕毛虫	卵	粒/株	50～100	101～200	201 以上
	Malacosoma neustria testacea	幼虫	条/株	20～40	41～100	101 以上
	Motschulsky					
21	光肩（黄斑）星天牛	幼虫	有虫株率（%）	5～9	10～20	21 以上
	Anoplophora glabripennis (Motsch)					
22	青杨天牛	虫瘿	个/米标准枝	0.2～0.3	0.4～0.6	0.7 以上
	Saperda populnea L.					
23	桑天牛	幼虫	条/株	0.5～1	1.1～1.9	2 以上
	Apriona germari (Hope)		有虫株率（%）	2～5	6～9	10 以上
24	杨干象（幼林）	幼虫	有虫株率（%）	2～5	6～15	16 以上
	Cryptorrhynchus lapathi L.					
25	白杨透翅蛾（幼林）	幼虫	有虫株率（%）	2～5	6～15	16 以上
	Parathrene tabaniformis Rottenberg					
26	青杨脊虎天牛	幼虫	有虫株率（%）	1～4	5～10	11 以上
	Xylotrechus rusticus L.					
27	大袋蛾	虫袋	活虫/株	0.5～2	2.1～6	6.1 以上
	Clania variegata Snellen	幼虫	条/百叶	3～7	8～15	16 以上
28	苹果蠹蛾	幼虫	有虫株率（%）	2～3	4～5	6 以上
	Laspeyresia pomonella (L.)					
29	蔗扁蛾	幼虫	有虫株率（%）	3～5	6～10	11 以上
	Opogona sacchari (Bojer)					
30	黄脊竹蝗	跳蝻	头/平方米	2～5	6～20	21 以上
	Ceracris kiangsu Tsai	跳蝻、成虫	头/株	5～15	16～30	31 以上
31	椰心叶甲	幼虫、成虫	有虫株率（%）	3～5	6～10	11 以上
	Brontispa longissima (Gestro)					
32	红棕象甲	幼虫	有虫株率（%）	3～5	6～10	11 以上
	Rhyncnophorus ferrugineus Oliu					
33	刺桐姬小蜂	幼虫	有虫株率（%）	1～4	5～10	11 以上
	Quadrastichus erythrinae Kim					
34	双钩异翅长蠹	幼虫、成虫	有虫株率（%）	1～4	5～10	11 以上
	Heterobostrychus aequalis					
	(Waterhouse)					

序号	种类	调查阶段	统计单位	发生（危害）程度		
				轻	中	重
35	枣大球蚧 *Eulecanium gigantean (shinji)*		叶片受害率（%）	5～10	11～35	36以上
36	沙棘木蠹蛾 *Holcocerus hippophaecolus Hua et Chou*	幼虫	有虫株率（%）	10～30	31～70	71以上
37	种实害虫 *Cone and seeds*		种实被害率（%）	5～9	10～19	20以上
38	松针褐斑病 *Lecanosticta acicola*		感病指数	5～20	21～40	41以上
39	落叶松枯梢病 *Guignardia laricina (sawada) Yamamoto et K.Ito*		感病指数	5～20	21～40	41以上
40	松材线虫病 *Bursaphelenchus xylophilus Nickle*		感病株率（%）	1以下	1.1～2.9	3以上
41	松疱锈病 *Cronartium ribicola Fischer ex Rabenhorst*		感病株率（%）	3～5	6～10	11以上
42	杨树溃疡病 *Dothiorella gregaria Sacc*		感病株率（%）	5～10	11～20	21以上
43	杨树烂皮病 *Valsa sordida Nit*		感病株率（%）	5～10	11～20	21以上
44	泡桐丛枝病 *Mycoplasma-Like-Organism*		感病株率（%）	10～20	21～40	41以上
45	猕猴桃细菌性溃疡病 *Pseudomonas syringae pv. Actinidiea Takikawa et al.*		感病株率（%）	3～5	6～10	11以上
46	冠瘿病 *Agrobacterium tumefaciens (Smith and Townsend) Conn.*		感病株率（%）	3～5	6～10	11以上
47	杨树花叶病 *Poplar Mosaic Virus*		感病株率（%）	3～5	6～10	11以上
48	草坪草褐斑病 *Rhizoctonia solani*		感病株率（%）	3～5	6～10	11以上
49	鼠兔 *Ochotona spp.*		受害株率（%）	3～10	11～20	21以上
50	田鼠 *Microtus spp.*		受害株率（%）	1～5	6～15	16以上
51	鼢鼠 *Eospalax spp.*		受害株率（%）	5～15	16～24	25以上

续表

序号	种类	调查阶段	统计单位	发生（危害）程度		
				轻	中	重
52	薇甘菊（新发区） *Mikania micrantha H. B. K*		盖度（%）	1～5	6～20	21 以上
	薇甘菊（旧发区） *Mikania micrantha H. B. K*		盖度（%）	10～30	31～59	61 以上
53	紫茎泽兰 *Eupatorium adenophorum Spreng*		盖度（%）	10～30	31～59	61 以上
54	飞机草 *Eupatorium odoratum*		盖度（%）	20～30	31～59	61 以上
55	加拿大一枝黄花 *Solidago canadensis L.*		盖度（%）	1～5	6～20	21 以上
56	金钟藤 *Merremia boisiana*		盖度（%）	20～40	41～59	61 以上

资料来源：中华人民共和国林业行业标准《林业有害生物发生及成灾标准》（LY/T 1681—2006）。

2．灾害损失程度判定

有害生物对其寄主植物（林木）所造成的实际危害大小，可用失叶率、感病指数、受害株率等指标进行描述（见表 4-3）。

（1）失叶率（%）=（单株树冠上损失的叶量/单株树冠上的全部叶量）×100。

（2）感病指数=[∑（各病级代表数值×该级株数）/调查总株数×最高病级代表数值]×100。

（3）受害株率（%）=（受害株数/实际调查株数）×100。

（4）盖度（%）=（植物地上部分垂直投影面积/样地面积）×100。

表 4-3　林木不同灾害成灾指标

序号	种类		成灾指标
1	林业检疫性 有害生物		在未发生区新发现或已发生区的新造林地发生检疫性有害生物为成灾；在已发生区检疫性有害生物造成寄主植物死亡为成灾，未造成寄主植物死亡的按下列非检疫性有害生物 2、3、4、6 指标相应降低 10 个百分点界定成灾标准（达到检疫性有害生物成灾标准的整个小班面积均计入成灾面积）
2	叶部病虫害	常绿	失叶率 50%以上 感病指数 40 以上 死亡率 3%以上
		落叶	失叶率 60%以上 感病指数 50 以上 死亡率 3%以上

序号	种类		成灾指标
3	枝干病虫害	一般	受害株率30%以上
			死亡率3%以上
		小蠹虫类、	受害株率60%以上
		萧氏松茎象	死亡率6%以上
4	种实病虫害		种实受害率20%以上
5	鼠、兔害		未成林造林地寄主死亡率15%以上
			成林死亡率3%以上
			成林受害株率30%以上
6	有害植物		盖度60%以上
			树木死亡率3%以上
7	其他非检疫性林业有害生物		死亡率6%以上
8	发生在经济林和行道树、景观林的非检疫性林业有害生物		失叶率、感病指数、受害株率、种实害虫受害率、盖度分别按上述相应降低10个百分点；死亡率降低1个百分点（其中未成林造林地鼠、兔害寄主死亡率降低5个百分点）

阅读材料 4-3 林木有关知识

胸径：林木胸高直径的简称，又称干径，指树干距地面以上相当于一半成年人胸高部位的直径。由于人的高矮不一，为使测量点一致，胸高的具体高度在一个国家内部都是统一规定的，但不同国家的标准并不一致。中国和大多数国家一样将胸高位置定为地面以上1.3m高处，这个标准高度对于一般成人来讲，是用轮尺测定读数比较方便的高度。胸径断面畸形时，测取最大值和最小值的平均值。

承包土地经营权证书：《农村土地承保经营权证管理办法》第三条规定，承包耕地、园地、荒山、荒沟、荒丘、荒滩等农村土地从事种植业生产活动，承包方依法取得农村土地承包经营权后，应颁发农村土地承包经营权证予以确认。承包土地经营权证书可基于土地承包合同约定而申请。

林权证：指县级以上地方人民政府或国务院林业主管部门，依据《森林法》或《农村土地承包法》的有关规定，对国家所有和集体所有的森林、林木和林地，个人所有的林木和使用的林地，确认所有权或使用权，并登记造册，发放的证书。

林班：在林场的范围内，为便于森林资源统计和经营管理，将林地划分为许多面积大小比较一致的基本单位，称之为林班。林班的面积与森林经营强度有关，在我国的林业实践中，经营强度较高的约为50hm²，中等的约为100hm²，较低的约为200hm²。林班的编号用大写正体的阿拉伯数字标记，以便与小班编号相区别。

小班：小班是进行森林经营、组织木材生产的最小单位，也是调查设计的基本单位。在作业区内把立地条件、林分因子、采伐方式、经营措施相同和集材系统一致的林区划分为一个小班。小班界限按集材系统以自然区划为主。一个小班的面积一般以 5 公顷左右为宜，最大不应超过 20 公顷。

二、苗木保险

（一）苗木种植相关知识

1. 定义

苗木是具有根系和苗干的树苗。凡在苗圃中培育的树苗，不论年龄大小，在未出圃之前，都称为苗木。

2. 苗木生长的自然条件

（1）地形、地势及坡向

苗木应栽植在地势较高的开阔平坦地带，既便于机械耕作和灌溉，也有利于排水防涝。苗圃地坡度一般以 1°~3° 为宜，在南方多雨地区，选择 3°~5° 的缓坡地对排水有利。坡度大小可根据不同地区的具体条件和育苗要求确定，在质地较为黏重的土壤上，坡度可适当大些；在沙性土壤上，坡度可适当小些，如果坡度超过 5°，容易造成水土流失，降低土壤肥力。地势低洼、风口、寒流汇集、昼夜温差大等地形，容易出现苗木冻害、风害、日灼等灾害，严重影响苗木生产，不宜选作苗圃地。

我国地域辽阔，气候差别很大，栽培的苗木种类也不尽相同，在山地栽植苗木时应选择国家和地方法规政策允许的宜耕坡地，修筑水平梯田，可根据不同地区的自然条件和育苗要求选择适宜的坡向。北方地区冬季寒冷，且多为西北风天气，最好选择背风向阳的东南坡中下部作为苗圃地，有利于苗木顺利越冬。南方地区温暖湿润，常选择东南坡和东北坡作为苗圃地，而南坡和西南坡光照强烈，夏季高温持续时间长，对幼苗生长影响较大。山地苗圃包括不同坡向的育苗地，可根据所育苗木生态习性的不同，进行合理安排。例如，在北坡培育耐寒、喜阴的苗木种类，而在南坡培育耐寒、喜光的苗木种类，既能够减轻不利因素对苗木的危害，又有利于苗木的正常生长。

（2）土壤条件

苗木所需的水分和养分主要来源于土壤，植物根系生长所需要的氧气、热量也来源于土壤，因此，土壤对苗木的生长，尤其是苗木根系的生长影响很大。土层深厚、土壤孔隙状况良好的壤质土（尤其是沙壤土、轻壤土、中壤土），具有良好的持水保肥和透气性能，适宜苗木生长。

根据多年苗木生长状况来看，适宜的土层厚度应在 50cm 左右，含盐量应低于0.2%，有机质含量应不低于 2.5%。土壤酸碱度是影响苗木生长的重要因素之一，一般要求园林苗圃土壤的 pH 值在 6.0~7.5。不同的园林植物对土壤酸碱度的要求不同，有些植物适宜偏酸性土壤，有些植物适宜偏碱性土壤，可根据不同的植物进行选择或改良。

（3）水源及地下水位

培育苗木对水分供应条件要求较高，建立苗圃必须具备良好的供水条件。水源可划分为天然水源（地表水）和地下水源。将苗圃设在靠近河流、湖泊、池塘、水库等水源附近，修建引水设施灌溉苗木，是十分理想的选择。在无地表水源的地点可开采地下水用于苗圃灌溉，这就需要了解地下水源是否充足、地下水位的深浅，以及地下水含盐量高低等情况。

地下水位对土壤性状的影响也是必须考虑的一个因素。适宜的地下水位应为2m左右，但不同的土壤质地有不同的地下水临界深度，沙质土为 1~1.5m，沙壤土至中壤土为 2.5m 左右，重壤土至黏土为 2.5~4.5m。地下水位高于临界深度，容易造成土壤盐渍化。

（4）气象条件

地域性气象条件通常是不可改变的。因此，苗木应栽种在气象条件比较稳定、灾害性天气很少发生的地区。高海拔地域年平均气温过低，大部分苗木的正常生长受到限制。年降水量小、无地表水源、地下水供给也十分困难的气候干燥地区，不适宜建立苗圃。经常出现早霜冻和晚霜冻以及冰雹多发地区，会因不断发生灾害，给苗木生产带来损失，也不适宜建立苗圃。某些地形条件，如地势低洼、风口、寒流汇集处等，经常形成一些灾害性气象条件，对苗木生长不利，虽然可以通过设立防护林减轻风害，或通过设立密集的绿篱防护带阻挡冷空气的侵袭，但这样的地点毕竟不是理想之地，不宜建立苗圃。

（5）病虫害和植被情况

在选择苗圃用地时，需要进行专门的病虫害调查，了解圃地及周边的植物感染病害和发生虫害情况。若圃地环境曾发生严重病虫害并且未能得到治理，则不宜在该地建立苗圃，尤其是对苗木有严重危害的病虫害应格外警惕。此外，苗圃用地是否生长着某些难以根除的灌木杂草，也是需要考虑的问题之一，如果不能有效控制苗圃杂草，对育苗工作将产生不利影响。

3. 苗木种类

（1）实生苗

实生苗是指用种子繁殖的苗木。凡以人为的方法用种子培育的苗木称为播种实生苗，在野外母树天然下种自生的苗木称为野生实生苗。播种实生苗根系发达，苗木生长整齐、健壮、质量好。野生实生苗密度不匀，分化严重，根系不发达。

（2）营养繁殖苗

利用植物的营养器官如根、茎（枝）、叶等，在适宜的条件下培养出的独立苗木个体称为营养繁殖苗，又称为无性繁殖苗。根据所用的育苗材料和具体方法不同，又可分为扦插苗、嫁接苗、根蘖苗、压条苗、埋条苗、组培苗。

扦插苗是利用离体的植物营养器官如根、茎（枝）、叶等的一部分，在一定的条件下插入土、沙或其他基质中，利用植物的再生能力，经过人工培育而发育形成的完整新植株。其中，用苗干或截取树木的枝条扦插育成的苗木称为插条苗，用树木或苗木的根插入或埋入圃地培育的苗木称为插根苗。

嫁接苗是利用两种植物能够结合在一起的能力，将一种植物的枝或芽接到另一种植物的茎（枝）或根上，使之愈合生长在一起而形成的独立植株。供嫁接用的枝或芽称为接穗或接芽，承受接穗或接芽的植株（根株、根段或枝段）称为砧木。用枝条作为接穗的称为枝接，用芽作为接穗的称为芽接。嫁接苗与其他营养繁殖苗所不同的是其借助于另一植物的根，因此，嫁接苗为"他根苗"。

根蘖苗又称为留根苗，是利用某些树种能够萌生根蘖或灌木丛生的特性，把根蘖或丛生枝从母株上分割下来，栽植形成的完整新植株。

压条苗是指把不脱离母体的枝条埋入土中，或在空中包以湿润物，待生根后切离母体而育成的苗木。埋条苗是将剪下的 1 年生生长健壮的发育枝或徒长枝全部横埋于土中，使其生根发芽而育成的苗木。

组培苗是指利用母体的组织或细胞在营养液中育成的苗木。

（3）移植苗

移植苗是指将实生苗或营养繁殖苗自苗圃中控出后，经过移栽继续培育的苗木。目前在城市公园绿地、单位、居民区绿化，以及旅游区、风景区、森林公园、公路、铁路两侧等绿化美化中几乎都采用大规格苗木（人苗）进行栽植，人规格苗木适应性强，抵御自然灾害及严寒、干旱、风沙、水涝、盐碱等不良环境的能力强。同时，也可以有效抵抗人为因素对树木的影响和干扰破坏，以及土壤、空气、水源的污染。

（4）留床苗

留床苗是指在上年育苗地继续培育的 2 年生及 2 年生以上的实生苗和移植苗。

（二）苗木的风险损失特征

苗木生产面临的风险包括自然灾害（如暴雨洪涝、冻灾霜害、暴风、暴雪、雹灾、干旱、雨淞、泥石流等）、意外事故（火灾）、病虫草害和市场风险等。

1. 自然灾害

（1）暴雨洪涝

由于连续降雨，圃地积水，引起内涝；地下水位升高或经常浇水过量，也会造成内涝。圃地土壤含水量过多会导致土壤通气不良，土壤板结及反碱，土壤温度下降，造成苗木根系腐烂或苗木发生病害而形成涝害。暴雨洪涝灾害的主要预防措施如下：

①完善苗圃内沟渠，或建设排涝泵站使积水能够及时排出。

②对于局部地势较低地区，可培育耐湿树种，如柳树、杨树等，或实行高床、高垄以提高地势。

③对于受积水浸泡的苗木，应及时排水，排水后要及时松土散墒，提高土壤通气

性和地温，促使根系生长尽快恢复。

④视具体情况防治病虫。苗木被淹后，高温多湿的气候环境有利于多种病虫害的发生和蔓延，可喷施微肥及灭菌剂、灭虫剂，壮苗防病。

（2）冻灾霜害

冻害及霜害是苗木生产中常见的自然现象，如不注意预防，会给生产带来较大损失。春秋两季是苗木冻灾霜害的易发时期，遭受冻灾霜害的苗木质量下降或生理失活死亡，对苗木生产者造成较大的经济损失。低温对苗木的危害主要体现在以下方面。

①温度下降幅度较大或持久低温，苗木细胞失水，酶失去活性，使未木质化的苗木遭受冻害。

②由于春秋昼夜温差大，苗木西南方向易发生冻裂现象。

③春季气温上升，苗木地上部分开始活动，而土壤尚未化冻，根系不能吸水，造成苗木水分严重失调出现生理干旱而死亡。

冻灾霜害的主要预防措施如下：

①灌水。水的热容量很大，比植物体温高的水落到植株上，能使其体温升高，水结冰时放出潜热。霜冻来临前，在田间适量灌水，可增加土壤湿度，缓和土壤温度下降情况，可避免或减少冻霜害发生。应用此法前要注意土壤含水量，土壤干松时应用此法效果较好。

②排水。在地势低湿、土壤水分过多的苗圃，秋季则应进行排水，降低土壤含水量以预防冻拔。

③覆盖。用塑料布或各种秸秆将苗木遮盖起来，也可用土覆盖，保持苗木温度。选用薄膜时，最好使用不透明反光膜。

④熏烟。在将要发生霜冻之前，在上风方向点火或在苗圃四周点火放烟，缓慢燃烧发烟物，烟粒能吸收一部分水气，使之放出潜能，提高地表温度，使霜冻不易发生。

⑤在经济条件允许的情况下，对于抗性较低、易发生冻害的树种，可实行全面保护性大棚内种植，大棚内种植可提高积温，避免冻害、霜害、涝害等多项自然灾害的发生。

⑥搞好苗圃防护林带建设，形成林间小气候，减少霜冻发生。

⑦由于低洼地受霜害比较重，在山区设苗圃地时，应尽可能避开山坳霜洼地，掌握霜冻测报技术，并注意当地气象预报。

（3）日灼伤害

常见于红松幼苗，落叶松、樟子松也可发生。苗木日灼伤部位在苗茎，发生日灼伤后呈红褐色，苗茎脆硬，难以伸直，留在土中的种皮和子叶常被霉菌侵染以致发霉。发生日灼伤的直接原因是光照太强，空气燥热；间接原因一部分是在苗出土前撤草过早，突然经受强烈日光照射而灼伤，一部分是在幼苗出土时受了冻害，苗茎不能伸展而被灼伤。日灼伤害的主要预防措施如下：

①注意用细雾喷水降低气温，喷水量要适当。当喷水量过大时，要对苗地进行松

土，防止土壤板结。

②苗木出土时注意防寒，可采取遮盖、浇水等措施。

③苗木出土前撤除遮盖物时要注意天气变化，撤除遮盖物后，若遇高温、高燥天气要使用透光均匀、空气流通好的遮阳网进行遮阳。

（4）其他灾害

暴风、干旱、雹灾等对苗木的影响极大，常常使苗木造成难以恢复的机械损伤和不可逆的生理破坏。可有针对性地采取以下预防措施：

①改造自然条件，如大面积建立防护林网格，增加排灌设备设施；增施有机肥，改良土壤；做好水土保持工作，冰雹多发地区应铺设防雹网等。

②增加科技含量，实行保护地育苗和容器育苗。

③在干旱地区，采取中耕、除草、覆盖、浇水等抗旱栽培措施。

④及时掌握天气变化情况，对要发生的自然灾害做好准备，避免或减少灾害的发生。

2．病虫害

苗木病虫害是影响苗木质量的重要因素之一。苗木病虫害比较普遍，不同条件下的苗圃，苗木几乎都存在各种各样的病虫害，轻者会影响苗木的生长，重者可能会造成全株死亡，后果严重。苗木受害严重主要是由于苗木组织幼嫩，抵抗病虫害侵染的能力较弱，同时，苗木植株体积较小，受害面积占全株面积较大，尤其是幼苗，可能会出现整株死亡。

做好苗木病虫害的防治工作是保证培育优良苗木的重要措施之一，防治工作应坚持预防为主、综合防治的原则，尽量避免或减少病虫害的发生。苗木病虫害综合防治的主要方法有植物检疫、栽培技术管理、生物防治、化学防治、机械和物理防治及抗病育种。实践证明，单独使用任何一种防治方法，都不能全面有效地解决病虫害问题。病虫害一旦发生，应尽快了解病虫害的发生原因、发生规律和特点及其与环境的关系，掌握病虫害危害发生的时间、部位、范围等，制订切实可行的防治措施，及早下手，积极消灭，将危害控制在最低限度。

3．火灾

参照第三节"林木保险理赔的技术要点"中林木保险的相关内容。

4．市场风险

对苗圃经营来讲，市场风险是最为重要和最为直接的经营风险，其他如政策方面、灾害方面的风险也是先影响到苗木市场波动，进而导致供求关系发生失衡，对苗木生产造成影响。我国在经过1998年洪灾以后，为改善生态环境，政府开始推行"退耕还林"政策，一时间杨树等速生造林苗木价格迅速提高。但几年之后，由于生产过剩，大量苗木积压，加之国家"保护基本农田"政策的出台，更使得造林苗木用量和价格急剧下降，经营风险凸显。又如曾经发生过的对郁金香、君子兰、芦荟、北海道黄杨、香花槐、乐昌含笑、杜英等花卉苗木的人为炒作，也严重影响了苗木产业的健康发展。

（三）查勘定损技术要点

1. 火灾、自然灾害、病虫害的查勘定损要点

火灾、自然灾害、病虫害的查勘定损要点参照第三节"林木保险理赔的技术要点"中林木保险的相关内容。

2. 苗木质量分级

对于难以通过上述森林（成林）相关损失鉴定标准确定损失的，可参照《主要造林树种苗木质量分级》（GB 6000-1999）确定损失。

（1）相关定义

①苗龄

苗龄即苗木的年龄，指苗木从播种、插条或埋根到出圃实际生长的年龄。以经历1个年生长周期作为1个苗龄单位。

苗龄用阿拉伯数字表示，第一个数字表示播种苗或营养繁殖苗在原地的年龄，第二个数字表示第一次移植后培育的年数，第三个数字表示第二次移植后培育的年数，数字间用短横线间隔，各数字之和为苗木的年龄，称为几年生。

1-0 表示 1 年生播种苗，未经移植。

2-0 表示 2 年生播种苗，未经移植。

2-2 表示 4 年生移植苗，移植一次，移植后继续培育两年。

2-2-2 表示 6 年生移植苗，移植两次，每次移植后各培育两年。

0.2-0.8 表示 1 年生移植苗，移植一次，2/10 年生长周期移植后培育 8/10 年生长周期。

0.5-0 表示半年生播种苗，未经移植，完成 1/2 年生长周期的苗木。

$1_{(2)}$-0 表示 1 年干 2 年根未经移植的插条苗、插根苗或嫁接苗。

$1_{(2)}$-1 表示 2 年干 3 年根移植一次的插条、插根或嫁接移植苗。

注：括号内的数字表示插条苗、插根苗或嫁接苗在原地（床、垄）根的年龄。

②一批苗木

同一树种在同一苗圃、用同一批繁殖材料、采用基本相同的育苗技术培育的同龄苗木，称为一批苗木（简称苗批）。

③地径

地径，指苗木地际直径。播种苗、移植苗为苗干基部土痕处的粗度，插条苗和播根苗为萌发主干基部处的粗度，嫁接苗为接口以上正常粗度处的直径。

④苗高

苗高，指自地径至顶芽基部的苗干长度。

⑤根系长度和根幅

根系长度和根幅是指起苗修根后应保留的根系长度和根幅。

⑥一级侧根

一级侧根指直接从主根长出的侧根。

⑦苗木新根生长数量

苗木新根生长数量是指将苗木栽植在其适宜生长的环境中经过一定时期后，所统计的新根生长点的数量，简称 TNR。

（2）分级要求、检测方法、检验规则，以及相关树种在不同地域对应的苗木等级标准详见《主要造林树种苗木质量分级》相关内容，理赔定损时须注意根据损失特征的不同，区分保险责任范围内和除外责任（被保险人的故意行为或管理不善、盗窃、鸟害、施肥不当、可通过有效措施防治的常规病虫害等）造成的损失。

第五节　林木保险理赔案例

一、商品林损失案例

（一）承保情况

被保险人：某林业公司；

保险期限：20××年 01 月 01 日 0 时起至 20××年 12 月 31 日 24 时止；

保险标的：橡胶林；

承保数量：若干；

保险金额：50 元/株；

保险责任：在保险期间内，由于下列第（一）、（二）款的原因造成保险橡胶树的倒伏、半倒、断主干、主枝折断、流失或被掩埋的损失，或由于第（三）款的原因造成保险橡胶树的损失，保险人按照本保险合同的约定负责赔偿。

（一）风力 10 级及以上的热带气旋、龙卷风。

（二）上述气象灾害引发的洪水、泥石流、滑坡或山崩。

（三）寒害、旱灾。

（二）出险情况

受强台风影响，被保险人橡胶林种植区域出现强风雨天气，大部区域降雨量均超过 100mm 并伴随有 11～14 级大风，最大风力达 14 级（46.1m/s），被保险人各分公司种植的橡胶树造成折断及倒伏等严重损害（见图 4-1）。

（三）查勘定损情况

1. 查勘抽样

被保险人各分公司已申报损失，并根据保单按倒伏、半倒、断主干 2m 以下（含 2m）、主枝折断（含断主干 2m 以上）、流失掩埋等损失类型分别统计。

图 4-1　橡胶林出险情况

根据被保险人各分公司所报损失和保险合同约定，对不同损失区域分别分区抽样，样本数量为每区 12～15 个。

各区抽样样本确定后，会同被保险人、保险经纪人和保险协保员深入林段树位，逐株清点，确定损失情况及不同损失类型比例。

2. 确定保险责任

本次事故发生在保险期限内，保险标的出险地点在承保区域内，且在约定标的清单内，属于保单约定的保险标的。本次出险原因是强台风，属于保险合同列明的保险责任。

3. 损失核定

根据抽样定损结果，结合整体损失数量与损失比例，确定被保险人整体损失情况如表 4-4 所示。

表 4-4　橡胶林损失核定

损失类型	倒伏	半倒	主干折断 2m 以下	主枝折断 （含主干折断 2m 以上）	流失掩埋
每株赔偿比例	100%	50%	100%	50%	100%
损失数量（株）	15000	30000	20000	25000	5000

（四）理算赔付情况

1．预付赔款

经保险公司对报损清单抽样查勘计算损失比例，按单株保险金额、分类赔偿标准、风力级别进行初步理算，估计本次风灾损失 3500000 元。因风灾之后，被保险人所属的橡胶林无法进行日常割胶，为了及时恢复生产，根据被保险人申请，以及保险合同附加"50%预付赔款"条款，保险公司同意预付被保险人人民币 500000 元。

2．赔款理算

保险公司结合定损情况、损失率、每株赔偿比例等因素，根据合同约定的赔款计算公式（赔偿金额=每株保险金额×每株赔偿比例×损失株树）进行理算。

赔偿金额=每株保险金额×每株赔偿比例×损失株树
　　　　=50 元/株×100%×（15000+20000+5000）株+50 元/株×50%×（30000+
　　　　　25000）株
　　　　=2000000+1375000
　　　　=3375000（元）

根据保险合同约定，该保单残值利益归于被保险人且不涉及免赔事项，据此，该案保险公司最终赔付 3375000 元。

【本章术语】

比例赔偿：在不足额保险的情况下，对于保险标的的实际损失，保险人按保险金额与保险价值的比例承担赔偿责任的赔偿方式。

免赔率：保险合同中约定的，免赔金额与被保险人遭受的损失金额的比率。

残值：被保险的财产遭受损失后剩余的经济价值。

共保：两个或两个以上的保险人使用同一保险合同，对同一保险标的承担同一保险责任的保险。

等待期：从保险合同生效日或复效日开始，至保险人具有保险金赔偿或给付责任之日的一段时间。

森林蓄积量：指森林中林木材积的总量，以立方米为计量单位。通常用于统计较大范围（如一个国家、一个地区）内各种林木的总量。其计算方法是，首先在森林调查中进行各树种的单株调查，得出单株材积，然后将单株材积乘以一地森林中各树种的株数。

梅花五点取样法：即先确定对角线的中点作为中心抽样点，再在对角线上选择四个与中心样点距离相等的点作为样点。这种方法适用于调查植物个体分布比较均匀的情况。

等距抽样：先将总体的全部单元按照一定顺序排列，采用简单随机抽样抽取第一个样本单元（或称为随机起点），再顺序抽取其余的样本单元，这类抽样方法被称为等距抽样（systematic sampling）。

逆选择：投保人所做的不利于保险人的选择。

【课后思考题】

1. 林木保险可如何分类？
2. 请简述林木保险的理赔流程。
3. 林木因遭受火灾会产生哪些类型的损失？对应的损失程度标准是什么？
4. 林木保险的防灾防损举措主要有哪些？
5. 简述森林火灾查勘的技术要点。
6. 苗木的风险损失特征有哪些？

第五章　创新型农业保险产品理赔

【本章学习目的】本章主要介绍农产品目标价格保险、农产品收入/产值保险、气象/水文指数保险等创新型农业保险产品理赔的特点和原则、理赔的基本流程和技术要点。通过本章阅读，了解创新型农业保险产品与传统农业保险产品的区别，掌握创新型农业保险产品理赔应遵循的原则和操作要点。

第一节　创新型农业保险产品理赔概述

一、创新型农业保险产品的概念和分类

与传统农业保险产品以"低保费、低保额、广覆盖、保成本"为经营原则，主要承保自然风险对保险标的造成的物质损失的特点不同，创新型农业保险产品在保障范围、保障程度乃至赔付依据等方面均有一定的突破，即以保险标的品种的增加（如承保地方特色农产品）、保障水平的提升（如承担被保险人的收入损失）、承保风险的扩展（如承保市场价格波动风险）和赔付依据的变化（如根据气象数据计算赔付金额）等为基本特征。

随着国家农业供给侧结构性改革和农产品价格形成机制改革的推进，以及新型农业经营主体对农业风险转嫁需求的提升，重点面向新型农业经营主体的农业保险创新产品层出不穷。2014 年《国务院关于加快发展现代保险服务业的若干意见》中明确提出："按照中央支持保大宗、保成本，地方支持保特色、保产量，有条件的保价格、保收入的原则，鼓励农民和各类新型农业经营主体自愿参保，扩大农业保险覆盖面，提高农业保险保障程度。开展农产品目标价格保险试点，探索天气指数保险等新兴产品和服务，丰富农业保险风险管理工具。"2016 年《中共中央国务院关于落实发展新理念加快农业现代化 实现全面小康目标的若干意见》中更是明确提出："积极开发适应新型农业经营主体需求的保险品种。探索开展重要农产品目标价格保险，以及收入保险、天气指数保险试点。""探索建立农业补贴、涉农信贷、农产品期货和农业保险联动机制。""稳步扩大'保险+期货'试点。"2018 年《中共中央国务院关于实施乡村振

兴战略的意见》也指出，"探索开展稻谷、小麦、玉米三大粮食作物完全成本保险和收入保险试点，加快建立多层次农业保险体系""深入推进农产品期货期权市场建设，稳步扩大'保险+期货'试点，探索'订单农业+保险+期货（权）'试点"。2018 年，财政部、农业农村部及银保监会印发《关于开展三大粮食作物完全成本保险和收入保险试点工作的通知》（财金〔2018〕93 号），在 6 个省份开展试点，进一步推动农业保险保障水平覆盖全部农业生产成本或开展收入保险。2019 年《中共中央 国务院关于坚持农业农村优先发展做好"三农"工作的若干意见》提出，"推进稻谷、小麦、玉米完全成本保险和收入保险试点。扩大农业大灾保险试点和'保险+期货'试点。"国家相关制度政策和历年中央一号文件对农业保险产品创新指明了方向。

根据承保风险和理赔依据的不同，创新型农业保险产品可分为以下几种。

（一）农产品目标价格保险

农产品目标价格保险承保被保险人（农业生产者）因保险标的市场价格大幅波动（一般为下跌，即农产品价格低于约定的目标价格）所遭受的经济损失。农产品目标价格保险将农产品生产的市场风险纳入保障范围，是传统农业保险的有益补充，有利于保险保障从"保成本"向"保价格、保收入"逐步转变。

将农业保险与衍生金融工具融合的"保险+期货"模式，本质上也是价格保险的一种形式，其特点是保险公司通过期货市场的对冲机制，将农产品市场价格波动风险转嫁到期货市场，即实现价格保险产品、场内期货与场外期权的结合。

目前，我国已经开发并试点的农产品目标价格保险有生猪价格指数保险，蔬菜瓜果价格指数保险，玉米、大豆、鸡蛋、橡胶、棉花期货价格保险等。

（二）农产品收入/产值保险

农产品收入/产值保险是为农产品价格和产量提供双重保障的保险产品，既承保保险标的因自然灾害、生物灾害或意外事故遭受损失的物质风险，也承保保险标的因市场价格波动造成销售收入低于约定目标销售收入的预期收益损失，是农业保险向更高保障层次发展的方向。农产品收入保险一般以保险双方当事人约定的目标产量和目标价格的乘积来确定目标收入（产值），当实际收入（产值）低于目标收入（产值）时，保险公司履行赔偿责任。

常见的农产品收入/产值保险产品有农作物收入保险、农产品期货收入保险、中药材产值保险、农作物收益保险等。

（三）气象/水文指数保险

气象/水文指数保险是在根据历史经验数据将一个或几个气象要素（如风速、气温、降水等）或水文要素对农作物或水产品造成的损害程度指数化的基础上，以气象指数或水文指数达到一定水平作为保险责任的触发条件，并据以计算赔偿金额的保险产品。

气象/水文指数保险产品保障范围不仅包括保险标的损失（直接损失），还包括因为某种气象灾害导致被保险人生产成本增加所造成的损失（间接损失），如牛羊天气指数保险。

气象/水文指数保险是与传统农业保险产品差别最大的创新型产品。传统农业保险产品的赔付金额根据保险标的因遭受保险事故所导致的物质损失（成本投入损失或产量损失）确定，而气象/水文指数保险产品的赔付金额根据保险条款事先约定的不同气象/水文指标对应的赔偿标准（本质上是基于历史经验数据形成的损害程度指数或经济损失指数）确定。基差风险和基础数据缺失是气象/水文指数保险面临的两大瓶颈。

常见的气象/水文保险产品有海水养殖风力指数保险、橡胶风力指数保险、蜜橘低温冻害气象指数保险、牛羊天气指数保险、水稻暴雨指数保险及螃蟹水文指数保险等。

二、创新型农业保险理赔的特点和原则

在创新型农业保险，尤其是气象/水文指数保险产生初期，业内外往往存在一些不正确的认识：一是认为创新型农业保险产品是一种金融工具，保险标的是价格或指数；二是认为创新型农业保险的最大优点是不需要进行查勘，只需取得气象证明或价格清单即可赔付；三是认为指数保险的产生是为了解决保险标的损失无法核定的问题，出险后赔款金额按保险条款约定计算，与标的实际损失无关，也不需要了解标的实际损失。

实际上，创新型农业保险产品理赔与传统农业保险产品理赔的主要区别是定损方式和赔付依据不同。传统农业保险理赔一般通过工具测量、分类清点、经验估计、遥感分析等方式对保险标的损失数量和损失程度进行确认，并据以计算赔偿金额；而创新型农业保险产品往往还要通过查阅信息资料（如市场价格、期货价格、气象/水文数据、被保险人财务报表）等方式，取得计算保险赔偿金额的基础数据，并根据保险条款约定的赔偿标准计算赔偿金额。作为一种保险产品，创新型农业保险产品的理赔处理除了应遵循农业保险理赔"主动、迅速、科学、合理"的原则外，也必须符合财产保险的基本原则。

（一）创新型农业保险理赔必须遵循保险利益原则

保险和赌博的根本区别是有无保险利益，即投保人或者被保险人对保险标的具有法律上或事实上的利益。财产保险与其他金融产品的区别在于保险是对被保险人财产及其有关利益的风险保障，而不是扩大财富的工具。《中华人民共和国保险法》第十二条、第四十八条明确规定："财产保险是以财产及其有关利益为保险标的的保险""保险利益是指投保人或者被保险人对保险标的具有的法律上承认的利益""财产保险的被保险人在保险事故发生时，对保险标的应当具有保险利益"。

创新型农业保险产品的保险标的仍是财产及其有关利益，并不是市场价格或气象

数据，市场价格和气象数据只是据以确定和触发保险责任的要素。创新型农业保险的被保险人应是农产品的生产者，在保险事故发生时，对保险标的应当具有保险利益；其保单的保险数量应等于或小于被保险人生产的农产品数量。

因此，创新型农业保险产品对于承保验标和农业生产数据获取方面的要求更高；在出险理赔时也必须调查了解保险标的是否真实存在，合同约定的保险标的数量是否与实际相符，在保险事故发生前有无发生转让、灭失等情况，以确认被保险人在保险事故发生时对保险标的是否具有保险利益。

（二）创新型农业保险理赔仍然适用损失补偿原则

受保险责任和赔偿方式的影响，创新型农业保险产品赔偿与保险标的遭受的物质损失并不完全相关。比如，农产品目标价格保险承保的市场风险属于被保险人的预期收益损失，牛羊气象指数保险承保的是被保险人养殖成本上升的损失，气象/水文指数保险的基差风险会导致保险赔付金额与保险标的的实际损失存在差异。但从本质上讲，创新型农业保险产品仍然以损失补偿原则为基础，对被保险人因保险事故遭受的经济损失承担赔偿责任。

对于目标价格类保险、农作物收入/产值类保险，被保险人的预期收益仍基于农业生产，且该预期收益应在合理的范围内，即目标价格、目标产量/产值的确定应符合农业生产的基本规律和价格规律。对于气象/水文指数保险，基差风险的存在和指数保险模型本身存在的误差并不等同于指数保险的赔偿与损失无关，指数保险模型的建立，必须是基于风险因素与损失之间有明确的对应关系，且有较强的规律性这一前提，从而有可能根据经验数据测算出相应的数据模型，使后续的定损工作得以简化，并不是保险标的损失根本无法确定（农业保险通常采用的抽样定损也是确定损失的一种方式，定损结果与标的实际损失也会存在一定的偏差）。因此，对于气象/水文指数型保险，在保险事故发生后，保险人一方面按照保险合同的约定履行赔偿责任，另一方面有权调查了解保险标的的实际损失情况，据以不断修正模型，减少误差。被保险人不能因为投保指数保险而持续获利，如其实际损失总是大于或小于应得的保险赔偿金额，则应对保险产品的赔偿条件进行调整。

（三）创新型农业保险必须坚持最大诚信原则

创新型农业保险产品保险双方当事人的信息不对称程度相对更高。比如，海水养殖风力指数保险，如果没有被保险人的配合，保险人很难直观了解或评估被保险人养殖标的的数量及因保险事故所导致损失的经验数据。保险合同双方当事人，尤其是被保险人，不仅在保险合同订立时、整个保险合同有效期内和履行合同过程中应向对方提供足以影响订约与履约决定的全部实质性重要事实，而且在保险产品设计时，也应提供真实、有效、充分的经验数据，以保证保险产品的科学性。

因此，创新型农业保险产品在理赔过程中，保险人有权向被保险人索取生产记录、财务报表等基本资料，被保险人有义务提供相关资料。

三、创新型农业保险理赔基本流程

目前，农业保险监管相关规定和保险行业相关农险理赔服务标准中，均对价格保险、指数保险等创新型农业保险产品实务操作给了了一定的自由操作空间。创新型农业保险理赔流程与传统农业保险理赔流程基本一致，只是在具体操作上具有一定的特点和差异性。

（一）报立案

创新型农业保险产品保险责任的触发条件更为客观明确，既可能是被保险人在得知保险事故发生后向保险公司报案，也可能是保险人一方在得知保险责任成立后主动通知被保险人报案。一些价格类保险条款中约定，在保险期间结束后，保险人应将价格及其他相关数据以书面形式通知被保险人；当平均销售价格低于保险价格时，保险人应当及时通知被保险人提供有关索赔的证明和资料，办理索赔手续。

此外，目标价格保险和收入保险等以市场价格/期货价格为保险责任要素的产品，因保险条款中往往约定以某一时段市场价格/期货价格的平均值作为判断是否触发保险责任的依据，而相关价格数据的公布存在一定的滞后性，可能存在在保险合同到期后才能确定是否触发保险责任的情况，其报立案处理的及时性略低于传统农业保险，但估损准确性高于传统农业保险。

（二）查勘定损

现场查勘是了解保险标的承保与出险情况，据以确定保险责任、核定损失范围、掌握第一手资料的重要环节。创新型农业保险产品的查勘既包括在现场对标的物的数量和损失状态的踏勘，也包括对被保险人生产经营场所、相关财务信息等基本情况的勘验调查，还包括对保险责任是否成立、被保险人是否具有保险利益等情况的认定。

目标价格保险和收入保险的查勘定损，不仅要对出险保险标的的数量和损失进行核定，还涉及对保险标的市场价格、期货价格进行调查取证；气象/水文指数型保险产品虽然在保险合同中约定了不同指数条件下对应的赔偿标准，大大减少了定损环节的工作量，但查勘工作仍然必不可少，只是方式方法与传统型农业保险有所不同。需要确认有关指数数据是否由条款约定的权威机构或渠道发布或出具，是否达到条款约定的触发条件，出险标的品种数量是否与保单约定相符，标的所在地点是否属于保险指数数据监测覆盖区域等。

（三）理算核赔

创新型农业保险产品种类繁多，保险条款内容各不相同。理算前必须对保险合同及条款内容进行全面了解，收集并缮制完整的索赔资料（出险及索赔通知书、被保险人身份及银行卡信息等）、出险证明材料（气象/水文数据、价格信息等）、现场查勘资料（现场查勘报告、现场照片、被保险人相关生产记录、财务信息等），再按照实际查勘定损情况和保险合同的约定准确进行理算处理。

值得注意的是，价格类保险投保数量少于可保数量时，并不导致保险人风险程度增加，因此一般不适用不足数量保险的比例赔偿条款。收入/产值保险承保的风险包括保险标的因市场价格下跌导致的预期收益损失，因此一般不适用保险金额高于出险时实际价值时按实际价值赔付的条款。

核赔环节，应结合报案记录、索赔申请、事故证明等赔案单证，核实出险时间、出险地点、出险原因、标的状态、损失情况等要素，核定赔案真实性、保险责任认定准确性、查勘定损过程规范性、赔款计算准确性、赔案单证完整性及付款对象准确性。

（四）赔款支付

与传统农业保险相同，创新型农业保险产品的赔款支付同样应采取零现金转账直赔到户的方式，确保将保险赔款及时、足额支付到户。赔款支付时效同样为与被保险人达成赔偿协议后 10 日内（农业保险合同对赔偿保险金的期限另有约定的，按约定执行）。

（五）公示回访

集体投保创新型农业保险产品的，同样应按《农业保险条例》和相关监管规定履行公示、签字、回访工作，并留存相应的影音和文字资料。

（六）风险反馈与产品优化

受产品开发时基础数据的时间长度、空间密度及准确度等因素影响，创新型农业保险产品，特别是气象/水文指数保险的经营中不可避免地存在基差风险。因此，理赔人员应结合实际查勘工作中发现的情况和问题，及时向前端承保环节反馈，不断优化产品条件。

第二节　目标价格保险理赔技术

一、要点

（一）保险责任认定

价格数据的获取和计算是目标价格保险产品保险责任认定的重点，以下列举几种常见的价格保险产品。

1. 生猪价格指数保险

生猪价格指数保险责任的认定应以保险合同约定的价格指标为依据。生猪价格指数保险条款有的约定以出栏月当月的"猪粮比"作为保险责任触发指标，也有的以月度"生猪出栏价格"作为保险责任触发指标。在保险期间内，如果平均"猪粮比"或"生猪出栏价格"低于保险合同约定的价格指数，视为保险事故发生，保险人按保险合同约定履行赔偿责任。平均价格应按照保险合同约定计算（如某一时段猪粮比/生猪市场价格的算术平均值、加权平均值等）。

价格指标数据应按照保险合同约定的渠道获取。"猪粮比"是指生猪市场价格与玉米批发价格的比值。我国一般以猪粮比价6:1作为生猪生产盈亏平衡点，当生猪价格下降、猪粮比价低于这一数值时养殖户亏损。"猪粮比"数据来源包括国家发改委（每周发布"猪粮比"数据）、地方畜牧局、中国政府网、各省物价局监测网等。

2. 蔬菜/瓜果价格指数保险

蔬菜/瓜果价格指数保险责任的认定以保险合同约定的价格指标为依据，一般为某地区该类蔬菜/瓜果的平均销售价格（零售价、批发价）或平均离地价（田头交易价）。当市场价格波动造成保险蔬菜/瓜果实际平均销售价格低于约定的保险价格时，视为保险事故发生。

约定的保险价格以保单载明为准，多参照某地区物价部门近3年同期平均销售价格确定，一般不低于保险蔬菜/瓜果成本价格。平均销售价格数据按照保险合同约定的渠道获取并按约定的计价周期计算，一般为某地区物价部门在某一特定时间段审核发布的价格数据的算术平均值或加权平均值（如有的条款约定，平均销售价格=Σ保险期间内每日销售均价/保险天数）。

实际工作中，蔬菜/瓜果的市场价格存在较大的波动性，一是上市期不同导致的价格差异，二是天气变化导致的价格波动，三是不同品种品质的差异，四是不同销售区域的差异，五是不同生产者实际售价的差异。这些差异导致保险合同双方当事人可能在市场价格的确定和计价周期的确认上发生一些争议和纠纷。因此，保险合同中的相关约定应尽可能细化，以避免发生不必要的争议；理赔人员也要视情况对当地市场价格情况进行走访了解，或向当地种植户进行咨询取证。

3. 保险+期货业务

保险+期货业务保险责任的认定以保险合同约定的交易所发布的期货合约价格为依据。不同保险条款约定的条件各不相同，一般为约定月份某农产品期货合约在约定时期各交易日收盘价（也有的用结算价）的平均值低于保险合同约定的目标价格时，视为保险事故发生；而承保畜禽养殖成本的玉米期货价格保险则约定在保险期间内，由于玉米期货价格上涨造成养殖畜禽的实际成本高于目标成本时,视为保险事故发生。

期货合约是指由期货交易所统一制定的、规定在将来某一特定的时间和地点交割一定数量和质量商品的标准化合约。期货价格平均值的具体计算方式应按照保险合同约定处理（如有的保险条款约定，期货合约在约定时期各交易日收盘价的平均值= 约定时期各交易日收盘价之和/交易日数）。

价格指标数据的来源按照保险合同约定获取（见图5-1）。数据来源可参考大连商品交易所（玉米、大豆、鸡蛋等）、郑州商品交易所（小麦、棉花、白糖等）和上海期货交易所（天然橡胶等）的信息。

图5-1 期货价格数据（示例）

（二）出险数量确认

出险数量的确认是目标价格保险产品理赔的难点。以几种常见价格保险产品为例进行说明。

1. 生猪价格指数保险

确定各月生猪出栏数量是准确计算生猪价格指数保险赔款的基础。不同保险产品条款约定的生猪出栏数量确定方式各不相同，有的直接约定按当月实际出栏数量计算，有的则事先约定各批次生猪出栏数量。每批次实际出栏数量小于保险单载明的每批次约定出栏数量时，按每批次实际出栏数量计算赔偿；每批次实际出栏数量大于保险单载明的每批次约定出栏数量时，按每批次约定出栏数量计算赔偿。

发生保险事故后，被保险人在向保险人索赔时，应按照保险条款的要求提供能够证明标的实际出栏数量的相关凭证，如当地动物卫生监督机构出具的《动物检疫合格证明》等。保险人也可通过调取被保险人的生猪饲养记录、出售凭据等方式，对生猪实际出栏数量进行核定。

在实际工作中，规模养殖场相关数据资料更为完备，而散户则往往缺少相应的佐证资料。因此，生猪价格指数保险的被保险人应以规模养殖场为主。

2. 蔬菜/瓜果价格指数保险

蔬菜/瓜果价格指数保险出险数量一般为蔬菜、瓜果的保险面积（亩）乘以保险产量（公斤/亩），具体以保险合同的约定为准。有的条款约定，保险单载明的保险产量小于被保险人实际销售量的，按保险单载明的保险产量计算赔偿；保险单载明的保险产量大于被保险人实际销售量的，按实际销售量计算赔偿。保险人应通过查阅被保险人的生产、销售记录等资料，确认出险数量。

严格来讲，出险数量的核定应剔除保险期间外或计价周期外已采摘的蔬菜、瓜果面积，也应剔除保险期间内因自然灾害等原因受损的保险标的数量；保险标的未达到上市标准（即从蔬菜/瓜果生长发育过程判断其尚未进入成熟采收期或收货期）的，保险人不承担保险责任。

3. 保险+期货业务

保险+期货业务的出险数量一般等于保险数量。保险数量由投保人与保险人协商确定（应小于等于被保险人生产的农产品的预计产出数量），具体以保险单载明为准。部分保险条款在约定保险数量的同时，也约定如实际生产数量小于保险数量，按实际生产数量计算赔付。

（三）赔款理算

1. 生猪价格指数保险

不同保险条款约定的赔款计算方式不同，赔款理算应按条款约定的计算公式和实际查勘定损结果执行。常见的赔款计算公式有：

（1）每批次赔偿金额=（保险价格－每批次约定出栏月生猪平均价格）×约定单猪平均重量×每批次约定出栏数量。

赔偿金额=∑每批次赔偿金额。

保险价格、约定单猪平均重量、每批次约定出栏数量由投保人与保险人协商确定，并以保险单载明为准。

（2）各理赔周期赔偿金额=理赔周期猪粮比不同下降阶段对应赔偿标准×该理赔周期内保险生猪出栏数量。

理赔周期内保险生猪出栏数量是指理赔周期内保险生猪实际出栏数量（不超过保险合同约定的年保险数量÷理赔周期次数）。

保险期间累计赔偿金额=∑各理赔周期赔偿金额。

2. 蔬菜/瓜果价格指数保险

不同保险条款约定的赔款计算方式不同，赔款理算应按条款约定的计算公式和实际查勘定损结果执行。常见的赔款计算公式有：

（1）赔偿金额=（保险价格－平均销售价格）/保险价格×每亩保险金额×保险面积。发生保险事故时，保险单载明的保险面积大于其可保面积时，保险人以可保面积为赔偿计算标准。可保面积指符合保险合同约定的保险蔬菜/瓜果实际种植面积。

（2）总赔偿金额=每亩保险金额（元/亩）×保险数量（亩）×$(1-\overline{P_1}/\overline{P_0})$。

$\overline{P_1}$：保险期间平均离地价（元/斤）；

$\overline{P_0}$：保险期间的目标保本价格（元/斤）。

平均离地价、价格采集周期以保单约定为准。

3. 保险+期货业务

不同保险条款约定的赔款计算方式不同，赔款理算应按条款约定的计算公式和实际查勘定损结果执行。常见的赔款计算公式有：

赔偿金额=（农产品保险价格－保险期间内对应农产品期货合约各交易日收盘价的平均值）×保险数量。

保险数量由投保人与保险人参考保险期间农产品出产量协商确定，具体以保险单载明为准。

二、典型案例

【某公司生猪价格指数保险】

（一）承保情况

被保险人：XX 养殖有限公司；

保险期间：20××年 1 月 1 日 0 时至 20××年 12 月 31 日 24 时止；

单位保额：1200 元；

约定猪粮比：6:1。

（二）出险经过

权威机构当年 4 月份共发布了 5 次猪粮比数据，即 4 月 1 日：5.24；4 月 8 日：5.25；4 月 15 日：5.30；4 月 22 日：5.45；4 月 29 日：5.59。

月度猪粮比平均值=当月发布的猪粮比之和/发布次数

$$=（5.24+5.25+5.30+5.45+5.59）/5=5.37。$$

月度猪粮比低于约定猪粮比（6:1），触发保险责任。

（三）查勘定损

在投保之初，保险公司已对被保险人的饲养规模、生猪养殖地点、养殖圈舍、卫生防疫条件等情况进行了验标，并对被保险人的组织机构代码证、营业执照、法人代表身份证等证件进行了收集核对，确认被保险人饲养情况真实可靠，对保险标的具有保险利益。

事故发生后，被保险人提供了反映该公司饲养情况的生产记录等资料，理赔人员综合分析后得出被保险人当月生猪实际出栏数量为 4977 头。

（四）赔款理算（参见表 5-1）

根据条款约定，当月赔偿金额=单位保险金额×月度猪粮比平均值下降比例×价格波动赔偿系数×当月保险生猪实际出栏数量。

约定出栏月月度猪粮比平均值下降比例=1－约定出栏月月度猪粮比平均值/约定猪粮比。

表 5-1　生猪价格保险赔偿计算表

月度猪粮比平均值下降比例	价格波动赔偿系数	每头保险生猪赔偿金额
小于等于 0		0
0（不含）～10%（含）	60%	1200×月度猪粮比平均值下降的实际比例×60%
10%（不含）～20%（含）	80%	1200×月度猪粮比平均值下降的实际比例×80%
20%（不含）～30%（含）	100%	1200×月度猪粮比平均值下降的实际比例×100%
大于 30%（不含）		1200

约定出栏月月度猪粮比平均值下降比例=1－约定出栏月月度猪粮比平均值/约定猪粮比=1－5.37/6=0.105；条款约定该比例对应的价格波动赔偿系数为 80%。

当月赔偿金额=单位保险金额×月度猪粮比平均值下降比例×价格波动赔偿系数×当月保险生猪实际出栏数量=1200×0.105×80%×4977=501681.60 元。

本案最终定损金额为 501681.60 元。

阅读材料 5-1　上海市农业委员会、上海市财政局《2017 年度"淡季"绿叶菜成本价格保险实施方案》

为贯彻落实《国务院关于进一步促进蔬菜生产保障市场供应和价格基本稳定的通知》的精神，保护本市蔬菜生产者的生产积极性，稳定蔬菜生产和保障市场供应，通过制度创新引入保险机制，维护蔬菜生产者的经济利益，促进本市绿叶菜的均衡生产和均衡供应，制定本市 2017 年度"淡季"绿叶菜成本价格指数保险实施方案。

1. 方案内容

（1）"夏淡"绿叶菜成本价格指数保险

保险标的："夏淡"期间上市的青菜、鸡毛菜、米苋、生菜、杭白菜等五种绿叶菜。

保险期间："夏淡"保险期为 2017 年 6 月 16 日至 9 月 15 日。2017 年 9 月 16 日后上市的绿叶菜不接受投保。

投保对象：以蔬菜生产龙头企业、专业合作社和种植大户为优先投保对象，两亩以上的绿叶菜种植散户由所在镇、村统一组织投保。

投保面积和时段："夏淡"期间上述绿叶菜最高保险面积为 13 万亩次，超过此面积的，市级财政不予保费补贴。如有特殊情况，经商议一致后可酌情增加面积。各区、各有关单位按照"均衡播种、均衡生产、均衡上市"的工作要求，分三个时段按计划组织投保。

①第一时段：2017 年 6 月 16 日至 7 月 15 日，保险面积为 3.5 万亩次。该时段投保截止日期为 2017 年 6 月 30 日。

②第二时段：2017 年 7 月 16 日至 8 月 15 日，保险面积为 6 万亩次。该时段投保截止日期为 2017 年 7 月 31 日。

③第三时段：2017 年 8 月 16 日至 9 月 15 日，保险面积为 3.5 万亩次。该时段投保截止日期为 2017 年 8 月 31 日。

保险金额和保费：保险金额按照保险产量（约亩均产量的 70%）与单位生产成本乘积计算，保险基本费率为 10%。

保费补贴标准：市级财政给予 50%保费补贴，各区根据财力予以配套补贴，投保人自缴保费比例应不低于 10%。

"夏淡"保险品种	保险产量（公斤/亩次）	生产成本（元/公斤）	保险金额（元/亩次）	保费（元/亩次）
青菜	700	2.00	1400.00	140.00
鸡毛菜	280	3.00	840.00	84.00
米苋	560	1.85	1036.00	103.60
生菜	420	2.76	1159.20	115.92
杭白菜	770	1.90	1463.00	146.30

理赔方法：根据国家统计局上海调查总队采集本市26家标准化菜市场前三年同期的零售价格数据作为基础理赔标准，在此基础上再加上3%的绿叶菜综合成本指数作为理赔标准。若在保险期间市场平均零售价低于保单约定价，则按其跌幅同比例进行相应赔付；高于保单约定价则不发生赔付。

赔偿金额＝保险金额×（保单约定价－保险期间市场平均零售价）/保单约定价×保险亩数。

保单约定价＝[保险三年前同期市场价格×（1+r1）×（1+r2）×（1+r3）+保险两年前同期市场价格×（1+r2）×（1+r3）+保险一年前同期市场价格×（1+r3）]/3×103%。

注：保单约定价是指纳入前三年各年（含当年）蔬菜价格涨幅和当年度绿叶菜综合成本指数考虑后，保险前三年实际价格的平均值。其中，r1指2015年6月至9月各月蔬菜价格涨幅，r2指2016年6月至9月各月蔬菜价格涨幅，r3指2017年6月至9月各月蔬菜价格涨幅。2015—2016年度"夏淡"期间相关蔬菜同比涨幅见下表：

时间	6月	7月	8月	9月
2015年	8.9%	10.4%	7.6%	3.3%
2016年	-2.2%	-2.3%	-0.6%	8.5%

2017年度"夏淡"期间各月蔬菜价格涨幅情况按照市统计局发布的统计数据确定。

（2）"冬淡"绿叶菜成本价格指数保险

保险标的："冬淡"期间上市的青菜、杭白菜。

保险期间："冬淡"保险期为2017年12月16日至2018年3月15日。2018年3月16日后上市的绿叶菜不接受投保。

投保对象：以蔬菜生产龙头企业、专业合作社和种植大户为优先投保对象，两亩以上的绿叶菜种植散户由所在镇、村统一组织投保。

投保面积和时段："冬淡"期间上述绿叶菜最高保险面积为8万亩次，超过此面积的，市级财政不予保费补贴。如有特殊情况，经商议一致后可酌情增加面积。各区按照"均衡播种、均衡生产、均衡上市"的工作要求，分三个时段按计划组织投保。

①第一时段：2017年12月16日至2018年1月15日，保险面积为2万亩次。该时段投保截止日期为2017年12月15日。

②第二时段：2018年1月16日至2月15日，保险面积为3.5万亩次。该时段投保截止日期为2018年1月15日。

③第三时段：2018年2月16日至3月15日，保险面积为2.5万亩次。该时段投保截止日期为2018年2月15日。

保费补贴标准：市级财政给予 50%保费补贴，各区根据财力予以配套补贴，投保人自缴保费比例应不低于 10%。

保险金额和费率：保险金额按照保险产量（约亩均产量的 70%）与单位生产成本乘积计算，保险基本费率为 10%。

"冬淡"保险品种	保险产量（公斤/亩次）	生产成本（元/公斤）	保险金额（元/亩次）	保费（元/亩次）
青菜	1600	1.19	1904	190.40
杭白菜	1400	1.09	1526	152.60

理赔标准：根据国家统计局上海调查总队采集本市 26 家标准化菜市场前三年同期的零售价格数据作为基础理赔标准，在此基础上再加上 3%绿叶菜综合成本指数作为理赔标准。若在保险期间市场平均零售价低于保单约定价，则按其跌幅同比例进行相应赔付；高于保单约定价则不发生赔付。

赔偿金额＝保险金额×（保单约定价－保险期间市场平均零售价）/保单约定价×保险亩数。

保单约定价＝[保险三年前同期市场价格×（1+r1）×（1+r2）×（1+r3）+保险两年前同期市场价格×（1+r2）×（1+r3）+保险一年前同期市场价格×（1+r3）]/3×103%。

注：保单约定价是指纳入前三年各年（含当年）蔬菜价格涨幅和当年度绿叶菜综合成本指数考虑后，保险前三年实际价格的平均值。其中 r1 指 2015 年 12 月至 2016 年 3 月各月蔬菜价格涨幅，r2 指 2016 年 12 月至 2017 年 3 月各月蔬菜价格涨幅，r3 指 2017 年 12 月至 2018 年 3 月各月蔬菜价格涨幅。2015—2016 年度"冬淡"期间相关蔬菜涨幅见下表：

时间	1 月	2 月	3 月	12 月
2015 年	—	—	—	15.2%
2016 年	12.1%	26.2%	27.6%	0.2%
2017 年	-1%	-24.3%	-22.6%	—

2017 年度"冬淡"期间各月蔬菜价格涨幅情况按照市统计局发布的统计数据确定。

2. 工作要求

（1）明确任务目标，层层落实要求

各区农委以及相关单位应按照"均衡种植、均衡投保、均衡上市"的原则，尽早落实本方案"夏淡""冬淡"期间三个时段的投保计划，明确投保对象、保险品种、保险面积、种植茬口，并提早分解到相关乡镇和基地，确保投保任务目标的完成。各区农委要做好相关行政村动员工作，组织推动本村散户菜农联合投保。同时，积极引导投保农户一次性完成三个阶段的投保工作，约束农户选择单一阶段投保的行为。

（2）细化工作流程，严格抽查核实

保险公司要贯彻"五公开、三到户"政策，坚持做到"见菜承保、上市理赔"，做到从承保到理赔各个环节公正、公开和透明，严禁出具不实保单。保险公司需在保单上注明约定绿叶菜上市日期，切实做到按时段、按计划均衡投保。各区农委应加强对承保信息抽查核实。审核工作完成后，由区农委会同区财政局将所在区"冬淡""夏淡"投保情况分别于当年9月底前和次年3月底前正式行文上报至市农委、市财政局。

（3）协调工作机制，加强政策宣传

请各区按照"政府引导、政策支持、市场运作、自主自愿和协同推进"的原则，加强部门间协调，加大政策宣传力度，提高菜农政策的知晓度，共同推进"淡季"绿叶菜成本价格保险工作。对任务完成情况好并及时给予政策配套的区，市推进农业保险工作委员会将给予表彰。

附件：1. 2017年度"夏淡"绿叶菜价格指数保险面积计划表（略）。

2. 2017年度"冬淡"绿叶菜价格指数保险面积计划表（略）。

（资料来源：上海市农业委员会网站。）

第三节　收入/产值保险理赔技术

一、要点

（一）保险责任认定

农作物收入/产值保险承保在保险期间内，因自然灾害、意外事故、有害生物及市场价格波动等保险合同责任免除以外的原因，造成保险标的价格下跌或产量降低，导致被保险人收入/产值低于约定预期收入/约定总产值，保险人依照保险合同约定负责赔偿。

同时，保险条款中一般约定，因种子、化肥、农药等质量问题导致的损失，投保人及其家庭成员、被保险人及其家庭成员、投保人或被保险人雇用人员的故意行为、管理不善造成的损失，保险人不负责赔偿。因此，在产值保险责任认定过程中，应特别注意有无涉及除外责任的情况。

收入/产值保险的保险责任认定注意事项在保险标的物质损失部分，与传统农业保险相同；在保险标的价格波动部分，与农产品目标价格保险相同，在此不再赘述。

（二）损失核定

收入/产值保险条款中一般约定以被保险人实际收入/实际总产值与目标收入/约定总产值的差额为基础计算赔款金额。这种情况下，应分别取得市场价格和实际产量数据，据以计算实际收入/实际总产值，再计算与目标收入/约定总产值的差额。

也有的农作物收入/产值保险条款约定保险标的损失和价格波动损失分别计算赔偿。这种情况下，对于因自然灾害、意外事故、有害生物等原因造成保险标的损失的，损失数量和损失程度的核定与传统农业保险相同；对于因价格因素导致的损失，出险数量的核定与农产品目标价格保险相同，在此不再赘述。

（三）赔款理算

保险条款一般约定，发生保险事故时，如保险单载明的保险面积小于其可保面积，若无法区分保险面积与非保险面积的，保险人按保险单载明的保险面积与可保面积的比例计算赔偿；保险单载明的保险面积大于可保面积时，保险人以可保面积为赔偿计算标准。

不同保险条款约定的赔款计算方式不同，赔款理算应按条款约定的计算公式和实际查勘定损结果执行。常见的赔款计算公式有：

（1）每亩赔偿金额=约定亩收入（元/亩）－农作物平均亩收入（元/亩）。

赔偿金额=∑每亩赔偿金额。

平均亩收入=亩均测产产量（斤/亩）×市场平均价格（元/斤）。

（2）赔款金额=（约定总产值－实际总产值）×（1－绝对免赔率）。

实际总产值=实际总产量×保险期间内平均离地价格。

约定总产值（元）=每亩约定产值（元/亩）×保险面积（亩）。

实际总产量由保险人与被保险人共同聘请农业技术专家或农技部门对保险标的进行抽样测产确定。

每亩约定产值根据当地前3年平均产值的一定比例由投保人与保险人协商确定，并在保险单中载明。

保险标的损失和价格波动损失分别计算赔偿的，价格风险部分的赔款金额，应扣减前期自然风险发生时已赔偿的金额。

二、典型案例

【某公司葵花产值保险】

（一）承保情况

约定每亩总产值：1500 元/亩；

承保面积：1960 亩；

绝对免赔率：10%；

保险期间：20××年 8 月 16 日 0 时至 20××年 12 月 31 日 24 时。

（二）出险情况

20××年 9 月 18 日，农户报案称所投保的葵花减产，市场收购价格低于以往年度，要求索赔。

（三）现场查勘

经聘请农业专家对承保葵花进行测产，被保险人所种植的葵花是由于 5 月份连续低温天气和 7 月份阴雨天，造成花盘小，杆径细，水分严重缺失，减产严重（如图 5-2）。测产结果为平均亩产 111.4 公斤。

图 5-2 葵花受损情况

（四）损失核定

经走访当地市场，询问部分种植户，并查询当地农业部门发布的收获期连续三个月（20××年 10、11、12 月）市场交易价格监测数据，依据条款约定，根据保险期间内每日田间地头的销售价格计算出的平均值作为平均离地价格，确定葵花平均离地价格为 6 元/公斤。

（五）赔款计算

根据条款约定，实际每亩总产值=实际每亩总产量×保险期间内平均离地价格=111.4（公斤/亩）×6（元/公斤）=668.4（元/亩）。

赔款金额=（约定每亩总产值－实际每亩总产值）×保险亩数×（1－绝对免赔率）=（1500-668.4）×1960×（1-10%）=1466942.4（元）。

本案赔款合计为 1468942.4 元。

第四节　天气/水文指数保险理赔技术

一、要点

（一）保险责任认定

天气/水文指数保险产品的责任认定相对简单，即依据保险合同指定的观测点的气象数据/水文数据确定。当指定观测点的气象数据/水文数据达到保险合同约定的触发标准时，构成保险责任。因此，在理赔时，获取覆盖保险标的所在区域的足够、精细的气象数据是保险责任认定的前提。

天气/水文指数保险涉及的气象指标主要包括气温、风力/风速、降水量等，涉及的水文指标主要是水位。

1. 气温（air temperature）

气象学上把表示空气冷热程度的物理量称为空气温度，简称气温。国际上标准气温度量单位是摄氏度（℃）。气温有最高气温、最低气温和平均气温。

最高气温是一日内气温的最高值，一般出现在 14～15 时。

最低气温是一日内气温的最低值，一般出现在日出前。

平均气温指某一段时间内，各次观测的气温值的算术平均值。根据计算时间长短不同，可有某日平均气温、某月平均气温和某年平均气温等。

高温、低温的持续时间对农作物或水产品受损程度的影响很大，理赔时要根据条款的约定，获取相应的气温数据。

2. 风速（wind speed）

风速是指单位时间空气移动的水平距离，常用单位是 m/s。风速的大小常用风级来表示，风速是风力等级划分的依据。风速分为平均风速、最大风速和极大风速。

平均风速指某一段时间内，各次观测的风速的算术平均值，有 3 秒钟、1 分钟、2 分钟、10 分钟平均风速，较为常见的是 10 分钟平均风速。

最大风速指在某一时段内的 10 分钟平均风速的最大值。

极大风速是某一时段内的瞬时风速的最大值，一般指 1 秒风速的最大值，是一个瞬时值。

同样的风速数据，平均风速和极大风速对农作物或水产品造成的损失是完全不同的，损失模型的设定与风速指标类型密切相关，理赔时要根据条款的约定，获取相应的风速数据。

3. 降水量（precipitation）

降水量是指从天空降落到地面上的液态或固态（经融化后）水，未经蒸发、渗透、流失，而在水平面上积聚的深度，以 mm 为单位，气象观测中取一位小数。气象学中常有年、月、日、12 小时、6 小时，甚至 1 小时的降水量。单位时间的降水量称为降水强度，常以 mm/h 或 mm/min 为单位，也称为雨强。按降水强度可分为小雨、中雨、大雨、暴雨、大暴雨、特大暴雨，小雪、中雪、大雪、暴雪、大暴雪和特大暴雪。

理赔时要根据条款的约定，获取相应的降水量数据。

4. 水位（water level）

水位是指自由水面相对于某一基面的高程。计算水位所用基面可以是以某处特征海平面高程作为零点水准基面，称为绝对基面，常用的是黄海基面；也可以用特定点高程作为参照计算水位的零点。水位资料是水库、堤防等防汛的重要资料，是防汛抢险的主要依据。当水位达到警戒水位时，河段或区域开始进入防汛戒备状态。

水文指数保险主要以水位指数（也有的产品约定水深）作为赔偿依据，理赔时要根据条款的约定，获取相应的水位数据。

（二）出险数量确认

天气/水文指数保险产品的出险数量一般等于保险数量。对于不同承保区域，可以在保险合同中事先约定不同气象/水文观测点覆盖的承保区域范围，将保险标的"网格化"，以提高气象数据与保险标的损失的关联度。

查勘时，要采取多种方式确认保险标的出险时是否实际存在，尤其是水产养殖保险天气/水文指数保险，要对被保险人是否实际养殖了相应的保险标的进行确认，防止不当获利。严格来讲，出险数量的核定应剔除在保险事故发生前已灭失的标的，且不应大于被保险人实际种植/养殖标的的数量。

（三）赔款理算

不同保险条款约定的赔款计算方式差异较大，而且对于不同的气象/水文指数约定不同的赔偿标准。赔款理算应按条款约定的计算公式和对应的赔偿标准计算。常用公式为：

赔偿金额=单位赔偿金额×保险数量。

单位赔偿金额=不同气象/水文指数对应的赔偿标准×单位保额。

二、难点

天气/水文指数保险的定损基于气象/水文数据，标准相对明确。同时，保险人也可以根据气象/水文数据反映的总体情况，划分轻、中、重损失程度，合理安排查勘，从而能够在一定程度上缓解传统农业保险理赔面临的大面积灾害查勘定损工作量大、人力不足的问题，有效提升理赔效率。但在实际工作中，天气/水文指数保险也存在一定的局限性。气象/水文观测点的密度、指数模型的科学性、气候变化的规律性、保险标的的可知性、农户的接受程度等方面都是需要解决的核心问题。

影响农作物产量的因素繁多，既有自然因素，也有人为因素。除天气外，地理条件、作物品种及人工管理等因素对产量的影响也很重要。指数模型难以体现人为因素造成的影响，气候的变化导致根据历史经验数据推算的损失模型存在一定的偏差。不同地区、不同作物、不同灾因需要建立不同的分析模型，气象/水文观测点的密度也直接影响基差风险的大小。基差风险即某区域遭受同样的灾害，有的农户受灾严重却没有得到赔偿或赔偿偏少，有的农户没有受灾却得到了赔偿或受灾轻赔偿高。如果基差风险不能控制在合理的范围内，农户的接受程度也难以提高。

因此，天气/水文指数保险是"功夫用在平时"，重点是产品设计和指数模型的建立要尽量符合实际，以确保基差风险控制在一定范围内。一个科学的天气/水文指数保险产品需要有大量的历史经验数据作为依托，涉及保险、气象、水文、农业、地理等诸多学科和部门，还需要一定密度的气象/水文观测站点作为保证。只有损失模型构建科学、指数设计合理，才能使按指数计算的理赔结果尽可能与农户实际损失接近。

三、典型案例

【某公司水稻暴雨天气指数保险】

（一）承保情况

承保面积：1000 亩水稻；

保险期限：20××年7月1日0时至8月15日24时；

单位保额：400 元。

（二）灾害情况

20××年6月中下旬，承保地区发生了历史罕见的降雨天气过程，按照市防汛抗旱指挥部提供的水位资料，根据某气候中心提供的降雨资料，7月1日0时至7月6日24时，承保地区降雨量为190.10mm，达到了保险合同约定的赔付触发条件。

（三）查勘定损情况

灾害发生后，理赔人员立即赶赴事故现场核实出险标的情况。现场查勘所见，由于本次暴雨过程降雨量大，农田积水无法及时排出，致使承保区域正处于分蘖期的中稻淹没在水中多日，水稻的叶面已被浸泡腐烂，影响了水稻的正常光合作用，导致水稻严重减产。

（四）赔付依据及理算

根据条款约定，"在保险期间内，保险水稻所在区域的暴雨指数达到保险合同约定的起赔标准时，视为保险事故发生，保险人按照本保险合同的约定负责赔偿。"其中，"暴雨指数"指一次降雨过程总雨量，以经气象部门审核发布的该市境内各乡镇雨量站观测数据平均值为准。

赔偿金额=降雨量×降雨量赔付系数×每亩单位保额×保险面积

=190.10×0.0016×400×1000=121664元。

本案赔付金额为121664元。

阅读材料5-2 "玛莉亚"台风刚过，投保水产养殖台风指数保险的养殖户收到了理赔款

2018年7月19日，福建省渔业互保协会在霞浦县举办了"玛莉亚"台风理赔兑现大会，向该县82名投保水产养殖台风指数保险的养殖户支付理赔款共计3160万元。

水产养殖台风指数保险以一个台风季为保险期限。该产品运用"台风行经路径与约定范围绑定方式，台风风速达到约定标准即可赔付"的原理，具有"触发即赔"的特性。

为何要采用"触发即赔"的理赔方式呢？福建省渔业互保协会秘书长坦言，由于水产养殖范围广、面积大，台风损失评估需要大量工作人员，工作难度大；此外，养殖涉及的水产种类繁多，理赔定损难度大，且存在道德风险隐患。通过市场调研以及对福建省沿海县域的台风数据进行分析，2017年起，两家农业保险经营主体和省渔业互保协会共同在该省推广水产养殖台风指数保险。

保险公司分支机构有关负责人介绍说，以福建省为例，保险公司对各沿海县域海岸线一带设置长达150至160公里范围的触发线，当台风行经路线穿过设定的触发线，且台风风速达到约定标准时，不管现场损失与否，都根据台风风速大小对应标准进行赔付。赔偿金额根据保险期内最大的一次台风时间所应对的赔偿标准进行赔付；保险期内首次发生台风事件后，可先行赔付，如果保险期内再遭遇更高级别的台风事件，后续全部赔偿金额之和以最大一次台风事件对应的赔偿金额扣减首次赔偿金额的差额为限。

"这样的赔付方式克服了传统水产养殖保险理赔定损难等问题，有效提高了保险服务效率。"霞浦县某渔业有限公司总经理说，"仅仅 5 个工作日，我就拿到了 160 万元理赔款。"

据省渔业互保协会统计，"玛莉亚"台风造成该省福鼎、霞浦、罗源、连江等地共 109 户养殖户在台风袭击下受损，共计理赔金额为 3693.93 万元。其中，霞浦县需理赔的养殖户 82 户，理赔金额 3160 万元。

"水产养殖台风指数保险，就是养殖户的'定心丸'，真好。"霞浦县三沙镇古镇村养殖户沈某说，自己今年（2018 年）6 月份办理了水产养殖台风指数险，总保费 11 万元，自己缴纳 6.6 万元，财政补贴 4.4 万元，保额 200 万元。这次台风给自己带来的损失惨重，理赔款算是解了燃眉之急。

水产养殖台风指数保险已被纳入政府支农惠农的政策性红利项目，渔民在购买保险时，只需要支付 60%的保费，剩下的部分由财政进行补贴。每年台风季前夕，渔业互保协会的工作人员都会到各个渔区设置办公点，渔民可就近办理业务。

（资料来源：国家减灾网）

【本章术语】

基差风险： 由于指数保险的赔付金额是根据保险条款中事先约定的指数所对应的赔偿标准计算得出，而赔付标准是基于指数与损失之间的历史经验数据设定，这就会导致个体赔付结果与实际损失之间存在一定的差异。这样就有可能发生农户没有遭受损失或损失很小，但根据保险条款约定的赔偿标准需要赔付或赔付大于实际损失；或者是农户遭受了损失，但根据条款约定的赔偿标准不需赔付或不能得到足额的赔付的风险。

损失补偿原则： 当保险标的发生保险责任范围内的损失时，被保险人有权按照合同的约定获得保险赔偿，用于弥补被保险人的损失，使其恢复到受灾前的经济原状况，但被保险人不能因损失而获得额外的利益。

保险利益原则： 保险利益是指投保人或者被保险人对保险标的具有的法律上承认的利益。财产保险的被保险人在保险事故发生时，对保险标的应当具有保险利益。

最大诚信原则： 保险合同当事人订立保险合同及在合同的有效期内，应依法向对方提供足以影响对方做出是否缔约及缔约条件的重要事实，同时绝对信守合同订立的约定与承诺。否则，受到损害的一方可以以此为理由宣布合同无效或解除合同。

新型农业经营主体： 指建立于家庭承包经营基础之上，适应市场经济和农业生产力发展要求，从事专业化、集约化生产经营，组织化、社会化程度较高的现代农业生产经营组织形式，主要包括家庭经营、合作经营及公司制经营。

【课后思考题】

1. 创新型农业保险产品与传统农业保险有什么区别？

2. 创新型农业保险产品理赔有哪些特点？应遵循哪些原则？

3. 目标价格保险查勘定损有哪些要点？

4. 收入/产值保险查勘定损有哪些要点？

5. 天气/水文指数保险理赔的难点是什么？

第六章　新技术在农业保险理赔中的运用

【本章学习目的】通过本章阅读，了解农业保险理赔中新技术的发展情况。熟悉各项新技术的开发背景、主要功能、技术路线、实施效果。通过案例展示与分析，正确认识农业保险新技术的局限性与发展趋势。

在我国，农业是国民经济的基础，农业经济的波动是引发国民经济周期性波动的重要因素。2018 年中央一号文件指出，实施乡村振兴战略，"推动农业全面升级、农村全面进步、农民全面发展"。随着农业保险的飞速发展，农业保险在促进国民经济健康发展、保证社会生活安定、扩大积累规模等方面的作用愈发凸显。基于"互联网+"思维，聚焦农户需求，农业保险公司努力通过新技术实现农业保险经营管理全面升级，打造农险运营管理体系，切实解决农险经营管理的难点和痛点，让农业保险成为科技服务乡村振兴战略的重要抓手。

第一节　3S 地理信息技术在农业保险中的运用

一、3S 技术的开发背景

近十年来，我国农业保险事业持续快速发展，我国已成为世界第二大农险市场，农业保险成为我国现代农业风险治理体系的重要组成部分。但是，传统的农险经营服务模式存在很多弊端，如种植险地块位置、数量难以确定，养殖险场舍位置难以获取。而依靠保险公司工作人员现场确认以上信息，不仅耗费大量人力、物力，而且严重影响了承保理赔的工作进度，造成农业保险在不少地区存在成本高、效率低、体验较差等问题，承保信息不真实、虚假理赔等套取中央财政补贴、侵害农户权益等违法违规事件屡有发生，承保理赔数据完整性和真实性问题突出，合规风险高已经成为农险经营服务中突出痛点。损失不易确定既不利于国家强农惠农政策的落实，也不利于公司农业保险的持续健康稳定经营。

二、3S 技术的主要功能

"3S" 技术是遥感技术（RS）、地理信息系统（GIS）和全球卫星定位系统（GPS）的统称，是空间技术、传感器技术、卫星定位与导航技术和计算机技术、通信技术相结合，多学科高度集成的现代信息技术。利用 3S 技术并结合已经成熟的移动互联网技术，能够实现移动承保、移动查勘，进而形成保险公司"按图承保、按图理赔"的管理新模式。

在 3S 技术基础上，部分保险公司又根据种植业保险承保、理赔业务应用需求，以卫星遥感影像为底图，以人工智能深度学习技术为辅助手段，实现农村土地边界的自动勾画，并将识别结果数字化存储，实现种植险地块信息化管理，再根据远程遥感监测结果识别土地种植作物，逐步实现种植业标的库管理。未来标的库将在远程验标、远程定损中发挥巨大作用，大幅提高农险运营效率，解决标的不清、理赔不清的农险经营痛点。

三、技术路线

3S 技术路线如下：以遥感卫星和无人机为遥感信息采集手段，采集的信息进入图系统作为基础分析数据，经过信息化处理、分析判断、人工矫正，最终输出分析结果（如图 6-1 所示）。

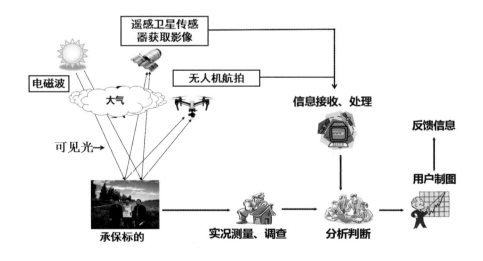

图 6-1　"3S" 技术流程图

四、3S 技术的效果与不足

（一）效果

（1）实现了从粗放承保向精确验标承保和承保信息数字化的转变，保真保准，避免了虚假承保，为后期理赔服务提供了有力支持。使用技术平台能远程、便捷、快速地采集承保标的精确信息，包括四至位置、面积大小、作物长势等，有关信息与后台核心系统无缝链接、直接上传，能快速发现重复投保问题并核实投保面积的真实性，所有信息、照片资料和操作全程防伪，从根源上杜绝了承保信息不真实的问题。

（2）实现了从粗放理赔向快速精准理赔的转变，有图有真相。使用卫星遥感勘损技术，实现大面积（省级/县级）灾害损失快速勘查和快速识别，加强第一时间对损失的全局性把握；使用无人机遥感勘损技术，实现中尺度（乡镇/村）的精确查勘与调查；通过手机、平板电脑等移动互联勘损技术，实现小尺度（以户为单位）的精确查勘。

（二）不足

（1）遥感卫星的 3S 技术普遍存在精度低、前期投入高的缺点。
（2）无法确定种植险承保标的与理赔赔付标的是否完全一致。
（3）出险时，对于多户投保且标的在偏远山区的案件，难以确定损失情况。
（4）各公司 3S 系统普遍是公司内部管理系统，是否得到监管部门的认可难以考证，也无法界定用该技术获得数据与监管掌握的数据是否一致、孰对孰错的情况。

五、案例展示

（一）案例一：东北某公司建设"3S 承保理赔平台"，实现承保标的电子化（如图 6-2）

图 6-2 3S 承保理赔平台

"3S 承保理赔平台"是基于地理信息系统和互联网开发的信息管理平台，其基本功能如下。

1. 电子地图

（1）绘制承保标的电子地图，实现按图承保

"3S 承保理赔平台"内置高分辨率遥感影像，可以清晰地识别出每一个地块。工作人员在平台中，绘制出承保地块的形状和四至，并录入与其对应的保单信息。至 2017 年底，共标注地块 45 万条，标注面积 16121 万亩。

（2）快速定位查勘位置，实现精准查勘

各机构承保区域内一旦发生难以快速、准确估算承保标的损失程度的灾害，可将该次灾害在"3S 承保理赔平台"中进行报案，通过遥感技术对受灾区域进行重点监测。如表 6-1 是通过遥感技术对大庆地区水稻、玉米、小麦、灾情进行的监测结果。

表 6-1　大庆中支肇源支公司灾情统计表

级别	面积（亩）	占比（%）	大豆面积(亩)	玉米面积(亩)	水稻面积(亩)	其他面积(亩)
1	12003.4	3.74	1311.0	2110.7	4601.7	3980.0
2	6095.9	1.90	470.0	1438.1	2267.6	1920.2
3	12240.5	3.81	754.2	4280.8	3785.7	3419.8
4	27183.5	8.47	1547.6	12978.1	7017.3	5640.5
5	44628.4	13.91	2210.7	22765.1	10815.5	8837.1
6	78652.0	24.51	3159.7	43834.0	18377.7	13280.6
7	140060.7	43.65	5358.3	84347.6	30805.7	19549.1
合计	320864.3	100.00	14811.4	171754.3	77671.2	56627.3

监测结果可上传至"3S 承保理赔平台"，工作人员可以在平台中快速查询查勘信息，包括保险标的地理位置、被保险人、保单信息、受灾程度及受灾面积等，为查勘定损工作提供了便利。

2. 卫星遥感监测技术辅助验标、查勘、定损

卫星遥感监测技术是通过卫星传感器接收地面信息，并利用技术手段对地面目标进行监测的技术。

（1）遥感验标

地面不同作物具有不同的光谱特征，遥感验标是指通过遥感解译对地面作物类型进行识别的一种验标方法。目前，通过遥感手段可对大豆、玉米、水稻和小麦进行识别，利用识别结果核对投保信息，对错误的投保信息进行实地查验，提高承保信息的准确性。

（2）局部灾害遥感监测

局部灾害遥感监测适用于突发性灾害和大面积灾害，可以快速响应查勘定损工作。当发生灾情时，公司根据"3S 承保理赔平台"中的报案信息启动局部灾害遥感监测。

首先，下载受灾区域遥感影像并进行预处理，提取承保标的 NDVI（标准差异植被指数）。NDVI 可有效地反映承保标的生长状态。其次，通过对 NDVI 的分析，对保险标的的受灾程度进行分级。最后，将监测结果上传到"3S 承保理赔平台"，平台可自动统计各地块的受灾信息，并将灾害信息生成可视化的电子表格。

各分支机构业务人员可在平台中自行查询和下载监测结果，利用遥感监测结果科学估算当次灾害损失情况，实现辅助定损。

（3）黑龙江省农作物长势遥感监测

为宏观掌握省内保险标的长势状况，利用遥感技术，对全省保险标的自 6 月下旬至 8 月下旬的生长情况进行监测，重点跟踪灾情严重的机构，并逐旬将监测的结果发布至"3S 承保理赔平台"中。

（4）县域尺度农作物长势遥感监测

在作物收获期，可以利用高精度遥感影像，对县域尺度的投保地块内作物的生长情况进行遥感监测。以投保地块内部作物 NDVI 指数为依据，将各作物类型的长势分为多个等级，作物长势等级越低，减产程度越大。查勘人员可针对保险标的长势差的区域进行集中查勘，大大提高了查勘定损工作的时效性与准确性。

卫星遥感影像客观反映了农作物的生长状况，将遥感监测技术应用于辅助查勘、定损，能够在一定程度上解决查勘定损工作中存在的工作人员经验不足和定损结果争议大的问题，有效减少理赔纠纷。

3．"手机 App 验标查勘系统"的功能与应用

阳光农险公司将遥感监测技术与手机 App 移动设备相结合，开发了"手机 App 验标查勘系统"，用于辅助查勘定损。

查勘人员查勘时，通过使用"手机 App 验标查勘系统"记录遥感监测结果中每一级别作物的受损情况，拍摄查勘照片，记录定损结果，并将查勘照片与定损结果同步至"3S 承保理赔平台"。

"手机 App 验标查勘系统"不仅能够用于辅助查勘，还能够对卫星遥感监测结果进行校正。提高卫星遥感监测结果的精度，有利于提高赔付率计算的准确性，提高公司资金管理水平。

2017 年 8 月 23 日 13 号台风"天鸽"在珠海金湾区登陆后一路西北而上，正面袭击了江门地区，中心最大风力为 15 级，是中华人民共和国成立以来 8 月份登陆的最强台风。再加上 8 月 27 日的 14 号台风"帕卡"从江门沿海登陆，两次台风给广东省的林木造成了重大损失。

面对特大台风，阳光农险高度重视，及时启动大灾应急响应预案，将定损、理赔作为灾后的首要工作，连夜制定查勘定损方案，部署定损理赔工作，并紧急抽调相应查勘设备以及 3S 技术团队、无人机团队、林业专家及查勘工作组，第一时间同林业部门共同进行现场查勘定损（如图 6-3）。同时配合江门林业局、农业局做好防灾指导工作，及时通知再保险公司实地查勘。

图 6-3　灾后定损理赔工作部署

4. 创新查勘定损方式

为高效完成查勘定损工作，利用遥感监测、无人机低空查勘及手机 App 移动查勘验标系统，与定点抽测相结合，确定损失程度。

（1）定位承保标的，绘制电子地图

标明承保标的地理位置是做好查勘定损工作的前提。通过技术手段将纸质林班图矢量化，生成电子地图，并将矢量化的电子地图与其相对应的投保信息导入 3S 平台中，高标准完成承保标的标注工作，实现按图承保的目标。

（2）启动遥感监测，宏观掌握承保标的损失情况

为实现科学定损，阳光农险购买了商业卫星遥感影像用于遥感监测。技术人员通过对遥感影像纹理的提取确定林木受灾范围，并利用影像的光谱信息对灾害进行分级，同时确定每一级别灾害林木对应的受损程度，最终计算出灾后每一块林地的受灾面积和损失金额。

（3）利用无人机查勘，提高工作效率

林木保险受地形所限，道路崎岖难行，人工查勘效率低，无人机作为此次查勘定损的手段之一，发挥了骑兵的作用。无人机内置 GPS 功能，可准确抵达受灾区域，及时留存查勘照片，校正遥感监测结果，提高了工作效率（如图 6-4）。

图 6-4　无人机现场查勘照片

（4）利用手机 App 移动查勘验标系统，现场勘测定损

遥感监测完成后，将遥感定损结果传入手机 App 移动查勘验标系统中，查勘人员到达现场，参照手机 App 中灾害的分级结果进行现场定点抽测，确定该等级下林木的损失程度（如图 6-5）。

图 6-5　左：手机 App 定点查勘；右：人工现场定损

5. 林木保险理赔情况

阳光农险通过对林班图矢量化，再将这些矢量数据上传到公司 3S 平台，生成电子地图，结合卫星遥感、无人机航拍及人工现场查勘，形成了"遥感技术+无人机局部查勘+人工定点抽测"的科学定损方式，实现了按户、按图确定损失程度和损失面积，提高了定损的时效性和精准性，取得了显著成效。灾害发生之初，公司接到林木保险受灾报案面积超 36 万亩，估损超 8000 万元。通过公司科学、专业的查勘定损工作，排查出部分已报案非承保区域受损林木，通过逐户"看图"确认，最终确定成灾面积 23.9 万亩，比最初报案减少 12.1 万亩；赔款 5566 万元，比最初报案减少 2434万元，得到了农户和当地政府的认可。

（二）案例二：卫星遥感技术在水稻病虫害理赔服务中的应用

2017 年 10 月至 11 月，在广西玉林玉州区等一区四县发生水稻穗颈瘟等病害，粮食大面积减产。玉林市总计种植水稻 174264.5 亩，该公司承保面积 17973 亩，应用卫星遥感技术，在一周内就完成对灾区全部水稻和公司承保地区水稻发病面积、发病比例的精准到户到地块的量化评估。从接到报案到完成全部赔款支付仅用时 1 个月，创造了大面积病虫害灾害理赔处理服务的新模式和新速度，得到地方政府和广大投保农

户的高度肯定。

1. 出险情况

2017 年 3 月，在驻马店局部地区发生大量降雨，导致部分小麦因内涝造成损失，尤其在常兴镇东南部损失较大，涉及 12 个行政村、上千户农户，报损面积超过 3 万亩。其中，河南驻马店汝南县常兴镇李楼村，该行政村下设 6 个大队，501 户农户，财政在册耕地面积 6273 亩耕地，根据当地种植情况，分为冬小麦和春花生，保险公司 2017 年 2 月承保小麦 394 户，4770.5 亩，李楼报损 3000 亩。

2. 设计查勘方案

因时至春花生播种前期，如果农户及时对全损的地块进行处理，可继续耕种春花生，从而进行再生产，减少农户损失。但前期需要及时对受损地块损失进行核定，涉及面积较大，传统的查勘定损手段无法完成，分公司采取应急措施，联系河南省空间信息应用工程技术研究中心，申请卫星数据。同时，紧急调配人员组织查勘。

3. 遥感影像数据调取

河南省空间信息应用工程技术研究中心紧急调取了"高分"卫星 2 月份（承保前）和 3 月份（出险后）的卫星数据进行对比，根据查勘人员的基础描述将地图中出险的地块进行初步标示，并计算面积。

4. 数据修正

通过一天的数据分析，完成基本损失数据整理，为进一步确认数据的真实性、可靠性，数据分析人员实地进行查看，并对定损标准进行再次明确，修正定损数据。

5. 数据分析

当天数据分析人员对于实地验证后的损失标准进行修正，为保障数据的真实性、可靠性，对于数据又做进一步修正，现场确认后修正受损标的标记卫星图，最终测量受损地块 1641 亩，并将电子版地图和纸质版地图交付当地理赔部门。

6. 卫星定损

出具卫星数据后，查勘员携带卫星遥感地图及相关数据实施进一步现场定损，利用卫星图与农户进行沟通，农户现场对地块进行指认，确认标的的损失。经统计，现场有 211 户确认了损失，损失面积达 1502.3 亩，14 户对于卫星数据存疑。

7. 无人机辅助查勘

针对对遥感数据有异议的 14 户农户的地块，该公司利用旋翼无人机辅助查勘，补充拍摄地块小麦以确认是否遭受损失及损失情况。旋翼无人机航拍后，对于有损失的地块，应用 e 农险测亩仪进行面积计算，测得有争议的 14 户土地面积 151.4 亩，测量面积与卫星遥感数据基本偏差不大。

8. 最终损失确认

确定受损亩数后，由当地的农业专家根据驻马店常兴乡李楼村的损失情况，抽取 5 户地块，每个地块按对角线方式选 3~5 个点，每点取 1 m² 进行测产，最终确定的损失率为 58.7%，每亩赔款 157.43 元，最终赔付 260342.02 元。

（三）案例三：运用天空地一体化技术助力农险快速定损

1. 灾害概况

受 2018 年第 16 号台风"贝碧嘉"前期持续低压影响，广东省信宜市普降大到暴雨，局地特大暴雨，全市平均降雨量 107.1 mm。信宜地区 5 个乡镇受灾严重，当地农业生产遭受重创。

2. 应急响应

灾害发生后，某保险公司广东分公司立即启动大灾应急预案，同合作测绘单位组建事故联合应急小组，携带多种型号航空遥感设备及地面测量平台，抽调精兵强将组成若干地面查勘小组与航空遥感小组，在道路不畅的条件下，驱车 300 多公里于当天深夜抵达受灾现场。

3. 创新技术实战应用

（1）三维倾斜摄影技术应用及效果

受洪水内涝影响，查勘车辆和人员根本无法进入核心受灾区域，传统的地面现场查勘最早也要在洪水退去后才能开展。在获得空域许可条件下，航空遥感小组使用抗风能力强的旋翼无人机（见图 6-6），携带 5 镜头智能云台设备，对洪水淹没区域进行高精度全景倾斜摄影，建立受灾区域的三维立体影像图，结合灾前影像对山体滑坡区域和农田受损区域进行快速位置标定及受灾面积确定，仅用两个小时即完成 78 万平方米的山体滑坡及地区的三维立体倾斜摄影，并完成灾区 2000 余亩农田受损影像处理与定损工作（见图 6-7）。此次利用航空遥感第一时间获取了灾情数据，使得定损效能大幅提高。

图 6-6　多旋翼无人机

图 6-7　多旋翼无人机航拍图

（2）远程高速无人机定损应用及效果

某镇沿河两岸水稻山损毁严重，足本次灾害的重灾区。经评估山谷地形，对比灾前水田分布数据，利用高速无人机（如图 6-8）系统对全区域进行航摄覆盖，30 分钟即完成核心受灾区域 10 平方公里航拍，1 小时即完成受灾区域 0.15m 高清影像拼图处理，提取受损耕地面积近 4000 亩，实现即刻飞行、即时出具灾害影像结果并完成农田受灾面积的提取，现场全流程快速完成按图定损工作（如图 6-9）。高速无人机一个飞行架次可完成 15 平方公里作业，在气象条件良好的情况下，1 天可覆盖 100 平方千米作业区域，当地农业局专家也对影像定损结果表示认可。

图 6-8　固定翼无人机

图 6-9　受灾地块灾前灾后对比图

（3）远程理赔系统应用及效果

本次灾害发生后，地面查勘人员使用移动端的远程理赔系统，利用系统自带高清影像底图和地块测量工具，在手机上圈画即可测定损失面积。针对沿河区域受灾严重、水稻被大面积冲毁的情况，远程理赔系统高度集成和整合水田图层与边界图层，只需一键点选水田图层，无须查勘人员手工测量，即可自动锁定水田地块并输出受灾数据。通过一个坐标点实现受灾全区域锁定测量，并将测量结果实时回传至非现场后台。

与普通卫星地图测量工具相比，远程理赔系统整合了承保保单和标的位置信息，集成了超高分辨率影像地图、优于 1 米影像地图及普通电子导航地图三套地图，以及全省耕地边界信息，实现"三图合一、边界清晰"。远程理赔系统极大地提升了保险服务效能，利用新技术将普通查勘人员打造成科技尖兵，实现一部手机在手，洞悉辖内每一块耕地。该系统可极速输出损失面积结果，通过比对水田存量和报损数据，即可优先识别报损水分并有针对性地确定查勘重点。本次地面查勘小组配合航测小组，对于无人机不适航的区域进行实地查勘，将有温度的理赔服务第一时间传递给受灾农户，农户可直接在手机端进行定损结果签字确认。保险公司利用 5 天左右即完成此次灾害受灾农田的查勘工作，查勘人员工作量、工作轨迹和按图理赔工作全部实现可视化和系统化管理，以往查勘方式工作效率提高数倍，且理赔定损更加科学规范、有理有据。

第二节　物联网技术在农业保险中的应用

一、开发背景

我国虽然是农业大国，但农业生产方式落后，生产力水平低下，科技含量不高。近年来，由于农田环境污染等新问题出现，粮食安全已受到威胁。目前提倡的现代农业精细化生产与物联网技术结合有着巨大的市场需求空间，人们希望借助物联网技术，加快转变农业发展方式，推进农业科技进步和创新，提高土地产出率、资源利用率和劳动生产率。

物联网在农业中的作用就是把动物或者植物、农业的装备及农业设施通过技术连成网，使每一个动物、植物都实现精准管理，达到最佳的产量，最大限度地降低成本，控制对水、土及气的消耗和污染。在农业保险里，利用物联网设备，可以达到确认承保标的、实时监测风险、快速理赔的目的，这也是物联网同农业保险结合产生的魅力。

二、主要功能

在指数保险方面，气象指数保险自动理赔功能结合物联网技术，实现了气象指数保险"一触即发"的快捷理赔。通过在承保系统录单时植入气象指数监测模块，将第三方气象数据与业务系统对接，对气象数据进行实时监控。业务起保后，当气象指标满足条款约定的理赔标准时，系统将自动启动报案，并按设定的理赔规则自动计算赔款（省去客户报案、理算人员理算赔款环节），理赔人员只需核实气象数据和理赔金额，在农险专员与客户确定赔款金额后，便可结案快速支付赔款。

在传统种植险方面，利用物联网传感器监测土壤墒情数据和气象数据，为防灾减损提供了准确的评估数据。在传统养殖险方面，利用物联网脚环（不可拆解）和实时采集传感器，实现鸡等禽类日常活动监测。激活脚环，即时通过系统接口将数据传送给保险公司，传感器持续未监控超过一定时间认定标的死亡，自动触发理赔报案。客户或理赔查勘人员获得死亡标的，扫描物联网脚环后赔款实时到账。利用海洋物联网设备，实时监测海洋盐度、氧饱和度、鱼群数量等指标，控制深海网。箱养鱼承保风险。设置监测指标异常阈值，一旦异常触发应急预案，减少鱼病扩散范围，将理赔损失降至最小。

三、技术路线

农业保险中物联网技术应用主要有三个步骤（见图 6-10）。首先，利用物联网设备采集数据，确认投保标的。其次，通过物联网设备持续进行数据和视频监控，及时发现理赔诱因风险，同客户互动进行防灾减损操作，最大化降低损失程度。最后，设置自动理赔规则，自动或自助触发案件理赔，完成客户赔付。

图 6-10　物联网运用到农业保险理赔的技术路线

四、效果与不足

（一）效果

（1）气象指数保险。自动化理赔已在降雨指标自动理赔方面取得突破，当前已向监控指标具体化、产品多样化、区域扩大化等方面纵深发展，并借助物联网新技术再造了承保、理赔服务流程，有效降低了运营成本。另一方面，借助物联网设备技术创新，同产品创新实现融合，开发出多款针对不同农产品的气象指数型保险产品。

（2）种植险方面。已有部分公司在局部地区试点投入物联网设备进行实时监测，探索防灾减损新模式。

（3）养殖险方面。安徽山鸡、海南网箱养鱼已经在物联网农业保险方面进行了探索，实现了数据实时对接，新的承保、理赔模式得以实践。

（二）不足

一方面，国家级权威气象站只到县级，有时无法反映局部极端气象灾害，对气象指数保险数据的权威性带来一定的挑战。

另一方面，我国农业物联网仍处于发展阶段，存在设备成本高和使用程度低的问题，对借助物联网设备将农业保险向纵深推广产生一定影响。

五、案例展示——上海某保险公司杨梅指数保险自动理赔

慈溪市是著名的杨梅之乡，杨梅栽培面积约 10 万亩。杨梅种植业作为当地农业的支柱产业，是山区农民的主要收入来源，然而采摘期持续降雨会造成杨梅产量和品质下降，给农户带来经济损失。为此，该公司为解决杨梅损失难定损的问题，开发了杨梅降雨气象指数保险，为农户种植杨梅提供风险保障。同时，为进一步提升理赔时效，提升农户保险服务体验，2017 年，对慈溪杨梅保险进行气象指数保险自动理赔的流程再造纳入了总公司"e 农险 3.0"应用开发项目，并在当年落地应用。

2017 年，慈溪市杨梅降雨气象指数保险共承保横河镇、匡堰镇、桥头镇等杨梅主产区农户 383 户，承保总面积为 11720 亩，合计总保额达到 2344 万元，总保费 234.4 万元。

保险期间，参保农户全部出险，合计总赔款金额为 257.7 万元，简单赔付率 109.76%。因公司启用 e 农险 3.0 气象指数保险自动理赔应用，大部分农民在保险期间结束后第一天就获得赔款，集体投农民在赔款金额公示后获得赔款，理赔工作在保期结束后一周左右全部完成。

在宁波杨梅降雨指数保险自动理赔试点成功后，该公司将气象指数保险自动理赔大力推广。大闸蟹气温指数保险、露地蔬菜气象指数保险、池塘水产养殖气象指数保险、葡萄气象指数保险及茶叶温度指数保险陆续在苏州和浙江上线。指数保险自动理赔极大地提高了理赔效率，让客户体验到高效的理赔，也在行业树立了良好的口碑。

第三节　移动"互联网+"技术在农业保险中的运用

一、开发背景

"互联网+"概念最早由腾讯公司首席执行官马化腾在 2013 年 11 月提出。"互联网+"是一个传统行业，其实是代表了一种能力，或者是一种外在的资源，是对这个行业的一种提升。在 2015 年的"两会"上，马化腾再次系统阐述了对互联网与传统产业关系的看法，建议以"互联网+"为驱动，鼓励产业升级，推动我国经济和社会的持续发展与转型升级。

2015 年 3 月，李克强总理在《政府工作报告》中提出要制定"互联网+"行动计划，正式把"互联网+"纳入国家发展战略。从此，"互联网+"这一概念如日中天，广为人知。

在移动互联网和农业保险双双高速发展的背景下，二者势必会走到一起，自然形成"移动互联网+农业保险"这一概念。"移动互联网+农业保险"能为保险公司解决两方面的问题：一是利用手机等终端设备和定制 App 充当运营工具，实现移动作业；二是同互联网农业科技公司接口对接，实现移动销售和总对总保险业务交易。

二、主要功能介绍

在移动终端工具方面，以移动终端设备为依托，安装 App，利用移动互联技术，实现移动端操作与后端核心业务管理系统及相应的统计分析实时对接，有效提升营运效率。经过多年研发，互联网基本覆盖种养林险种，其中理赔方面的功能有地理信息获取及影像资料采集。在互联网农险交易方面，实现移动端销售工具，后台总对总接口交易。

三、技术路线

利用移动互联网技术，将传统的承保和理赔运营环节由线下从到现场到后台信息录入转变为直接现场的移动操作，实时对接业务流程，实现运行管理的移动工具化，大幅提高运营效率。

四、效果与不足

（一）效果

1. 提高理赔时效

运用自助理赔系统，提高了查勘的及时性，从而显著提高了查勘效率（见图 6-11）。

养殖险移动查勘系统有助于实现日案日清、日结日付的目标，缩短理赔结案周期，提升公司养殖险客服质量和水平。而采用客户自助查勘技术可直接将现场查勘定损情况逐案反馈至公司核心业务系统中，完成查勘定损操作，进而可以及时进行理算、核赔及结案等处理工作。

2. 避免违规行为

该系统全程由多个系统记录轨迹，可有效避免现场查勘可能存在的违规行为，增强公司的管控能力。通过系统记录，各级农险管理人员可以对现场查勘数据进行核查，并对客户自助理赔技能等进行指导，有效防止道德风险的发生。

图 6-11　试点养殖场

3. 降低查勘成本

一方面，降低了车辆出勤使用成本。另一方面，降低了查勘人力成本，通过使用客户自助理赔系统，公司人员出勤量减少，处理效率提高，从而有效降低了人力成本。

（二）不足

移动查勘系统也存在不足。部分农村地区网络信号差，使用效果大打折扣，同时保险公司需开发离线版系统来支持信号不好的地区，增加了保险公司 IT 研发投入。

五、案例展示

（一）案例一：养殖险"闪赔"开创养殖业保险理赔新速度

2017 年某公司在河南等地推出"e 农险"养殖业保险闪赔服务模式，使用新技术成功再造理赔业务流程。查勘理赔人员在生猪养殖保险查勘现场，使用"e 农险"移动终端，通过"一拍、一输、三确认"完成全部作业流程。针对简单赔案抵达现场 15 分钟以内赔款支付到账，一般赔案确保 6 个小时内到账，创造了养殖业保险理赔行业新速度，得到广大生猪保险投保户的广泛赞誉和政府的高度肯定。人民网、河南日报等官方媒体纷纷关注报道。

该服务模式的具体操作流程包括：接到农户电话报案，公司与动检部门、无害化处理人员联合作业。按照畜牧部门无害化处理的有关要求，农户把病死猪拉出养殖场外，查勘人员与动物检疫执法人员双方共同进入查勘现场进行作业。保险公司、动物检疫、无害化联合作业，从死因鉴定到无害化处理，从尸重的称量到农户确认，实现一条龙现场服务。

（1）接到农户电话报案，保险公司与政府畜牧部门联合作业，查勘车、无害化处理车联合作业，共同进入查勘现场。

（2）首先由政府的动物检疫部门确认死亡原因，并拍照记录耳标号、重量及整猪死亡照片，登记相关信息。

（3）动检确认死因后，公司根据动物检疫人员的结果现场判断是否属于保险责任，对于不属于保险责任的案件，现场告知农户，并由动物检疫与保险公司一同做好解释工作。对于属于保险责任的案件，进行闪赔查勘，对于死亡标的耳标进行确认，确认标的，在"e农险e键理赔"进行实时操作，并将相关信息和照片直接上传核心系统。

（4）通过"e农险"，实现承保、理赔信息互联互通，农户的银行信息和标的信息直接导入对应案件，对于确认过的标的直接进行称重定损，确认损失，在"e农险e键理赔"进行实时操作，并将相关信息和数据直接上传核心系统。

（5）查勘定损完成后，由农户对定损金额进行现场确认。

（6）由畜牧部门监督，将死亡整猪运上政府无害化处理车，拉回正规的无害化处理厂进行统一化制处理。

（7）待所有死亡整猪进入无害化处理车，关闭车门后，畜牧部门对无害化处理确认。

（8）无害化处理确认后，公司对农户理赔做最终确认，农户确认银行信息及金额后，并由农户在"e农险"设备上进行电子签名。

（9）案件处理完成后，查勘员在"e农险"上提交案件至政府死亡确认和无害化处理确认。

（10）动检部门登录政府授权账号，进行死因确认电子操作，确认后提交无害化处理确认。

（11）畜牧部门登录政府授权账号，进行无害化处理确认电子操作，确认后提交，案件进行支付。

（12）案件进入公司支付系统进行支付。

（13）农户当场确认收款信息。

（14）无害化处理车装载死亡整猪进入无害化处理厂，进行统一无害化处理。

"e农险闪赔"从理赔工作人员抵达现场到被保险农户收到赔款15分钟内完成。该公司破除传统操作模式，开启"互联网＋"场景化即时服务新模式——"闪赔""一拍一输三确认"，为投保农户带来极致体验，开创农业保险行业先河。

2016年济源闪赔实施之前，已决案件6368件，报案支付时效20.54天；2017年闪赔实施后，截至2017年8月23日，已决案件4412件，案均报案支付周期10天，同比缩短案件理赔时效10.54天。其中，采用闪赔模式的案件810件，案件占比18.36%，案均报案支付周期3.78天，缩短案件理赔时效16.76天。针对养殖大户实时到账案件202件，案均报案支付周期0.039天。

（二）案例二：农业保险"V"平台

1. 系统简介

农业保险"V"平台是某保险公司基于微信平台开发的集承保验标和理赔查勘于一体的农业保险移动业务处理工具。该工具致力于不断提升农业保险业务操作的时效性与便捷性，保证承保理赔档案的完整性和真实性。该工具的应用有效提高了农业保险服务质量水平与合规风险管控水平，并获得当地政府颁发的金融创新一等奖。

2. 系统亮点

农险"V"平台聚焦实务流程，研究推出了十大功能。

（1）智慧派发：报案后，由系统自动识别派发查勘任务。工作任务由人工派发转变为自动派发，流转时间压缩至平均 4 分钟。

（2）线上测绘：工作人员到投保人田间地头现场在线测绘承保面积，有效破解确定投保标的四至位置及面积的难题（见图 6-12）。

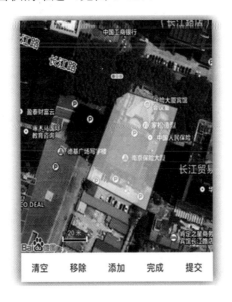

图 6-12　线上测绘图

（3）智控模块：工作人员根据目录及固定模块提示上传资料，有效解决材料上传不全或不符合要求的问题。

（4）照片水印：所有资料均需现场拍摄、现场上传，并根据网络生成地点、时间、工号，有效防范照片混用、串用的合规风险。

（5）证卡识别：应用光学字符识别技术（OCR），通过手机拍摄自动读取投保人身份证及银行卡信息，解决手工登记导致的信息缺位、错位的问题（见图 6-13）。

图 6-13　证卡识别界面

（6）影像对接：移动终端直接对接 PC 端生产系统，实现在线实时传输。

（7）电子签名：投保人、验标/查勘人员、兽医人员手机端电子签名，实现部分承保理赔工作无纸化（见图 6-14）。

图 6-14　电子签名示例

（8）自动跟踪：对于超时处理验标及查勘任务的，系统自动向工作人员及管理者推送超时提醒。

（9）人脸识别：通过人脸识别登录系统，确保实际验标、查勘人员与终端存储的人员信息一致，有效防范移动终端混用、代验标及代查勘风险。

（10）合规讲堂：定期向前端操作人员推送合规案例，提升合规意识。

3. 应用效果

该系统自 2017 年启用以来，农业保险业务操作应用率不断提升，前端使用反馈良好，通过系统处理了大量的验标、查勘任务。系统应用进一步规范了承保验标、理赔查勘操作，有力助推农险承保、理赔档案真实性及完整性建设。

4. 未来展望

（1）授权下自助：对于特定主体、特定标的、特定场所等情形，经授权允许投保人自助验标/查勘。

（2）大数据分析：评估解决前端工作人员及授权用户应用能力及效率问题。

（3）新技术嫁接：探索与遥感测产等技术嫁接。

（三）案例二："智农通"，互联网＋农险

2017 年某财险公司推出了生猪目标价格互联网保险产品，该产品通过线下验标确保标的数量准确，依托大北农农信互联手机端的"智农通"作为投保入口，完成核保及出单工作，真正实现了符合中国实际情况的互联网农业保险，开辟了农险创新的新路径，为探索中国农业保险新模式做出了巨大的贡献。

（四）案例四：某农险公司自助理赔

该公司自助理赔系统是基于互联网、4G 移动网络技术和 GPS 定位技术开发的产品。在养殖业客户的被保标的发生事故后，客户自己通过使用智能手机与公司后台人员实现互联互通，后台人员取得事故现场的视频、照片、GPS 定位等现场信息，并将取证信息存档同步上传到公司核心业务系统，从而全面、准确、客观地同步反映事故现场情况（见图 6-15）。

从应用情况看，养殖险移动查勘系统实现了提高理赔时效、避免违规行为和降低查勘成本的目标。同时，该系统也获得了客户好评，为公司客户服务能力的提高打下坚实基础。

（五）案例五：某保险公司和农信互联价格保险

在生猪养殖方面，"猪周期"一直困扰着众多养殖者。在不断改善养殖管理技术、降低养殖死亡率的同时，却难以避免市场价格波动风险。作为致力于服务"三农"的农险公司和农信互联创新模式，应积极探索互联网时代的价格风险解决方案。

图 6-15 系统操作界面

第四节 生物识别技术在农业保险中的应用

一、开发背景

生物识别主要依靠两方面技术：一是电子耳标植入生物体内，达到标识生物的目的；二是利用影像人工智能技术，建立生物标的库，实现生物识别目的。生物识别技术的"人工智能+"模式极有可能复制"互联网+"模式，改变农业保险和农业生产方式，推动更高层次的生产力发展，改变人们生活的方方面面。

二、主要功能介绍

应用能繁母猪专用耳标和专用档案管理系统，引进脱氧核糖核酸（DNA）指纹技术和射频识别（RFID）电子标签，用于养殖险全流程风险管理。通过生物识别技术，实现生物活体存档死体检测的数字化目标；达成养殖险精准承保、精准理赔的业务管理目标（见图 6-16）。

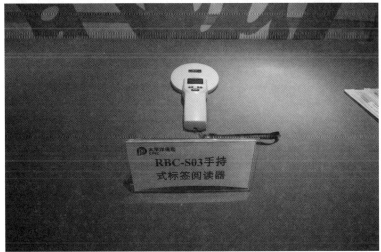

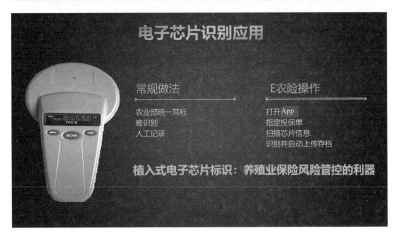

图 6-16　电子芯片识别

1. 技术路线

生物识别平台技术利用采集工具，借助影像人工智能技术，首先通过目标框检测、关键点检测校正、图像增强、深度特征输出、数据库比对识别，完成整个生物识别过程。

2. 效果

①平台支持生物特征识别的物种：猪、奶牛、肉牛、牦牛、高价值观赏热带鱼。②数量清点：通过监控视频清点猪养殖数量，借助无人机清点野生牦牛数量、测算观赏热带鱼群数量。③智能称重：目前支持死猪单只和批量测体长、体重。

三、实际运用中的问题

一方面，电子耳标成本高，推广前景不理想。

另一方面，生物识别平台，需采集大量影像资料进行人工智能训练，当前数据获取较难。识别准确率有待进一步提高。

四、案例展示——养殖业保险 DNA 指纹图谱技术

（一）项目背景

DNA 指纹图谱技术在司法刑侦领域应用已经几十年，可靠度高且在公众中认可度强。某保险公司将此技术移植到能繁母猪养殖保险领域，通过比对承保时和理赔时采集的能繁母猪样品的 DNA 指纹图谱，确定理赔时的能繁母猪是否属于承保标的，从而有效管控能繁母猪保险的道德风险。

（二）项目优势

（1）DNA 指纹技术为公众熟知，权威性强，容易被接受。

（2）承保理赔操作简单，仅需取得标的体毛样本。

（3）检测结果可信度高，DNA 指纹图谱验证结果可直接作为赔付依据。

（三）操作流程

（1）承保：提取投保能繁母猪体毛样本若干，装入塑封袋，填写并记录养殖场和耳标信息，封存样品，送检，进行指纹图谱分析。

（2）理赔：提取出险猪只体毛（如图 6-17），装入塑封袋，填写并记录养殖场和耳标信息，封存样品，送检，进行指纹图谱分析。

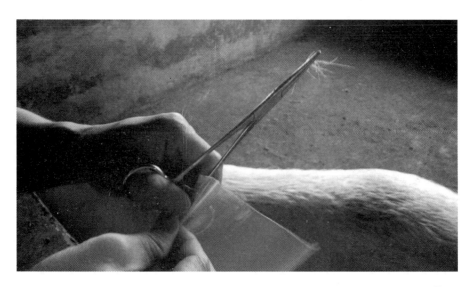

图 6-17 提取能繁母猪体毛样本

（3）出具检测报告。比对承保和理赔提取样品的 DNA 指纹图谱（如图 6-18），由权威机构出具检测报告，确定是否属于保险责任赔偿范围。

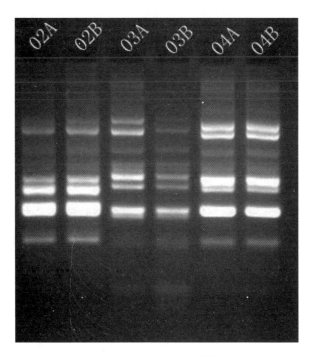

图 6-18 DNA 指纹图谱检测图

（四）应用效果

该技术试点运行后，政府、科研院所及保险公司等机构联合组建的专家评审组对试点应用的技术方法和检测结果进行了评定,认为检测方法成熟,结果稳定可靠。

第五节　无人机技术在农业保险中的应用

一、开发背景

我国对农田灾害的勘查长期以来采用的传统人工手段"查勘到户",效率低、成本高,从而导致整个农业生产的承保直至理赔过程不精确、不专业。发生较大灾情时,保险公司都是全员出动理赔。受灾面积由于受视觉局限,没有精确、可靠的数据支撑,无法做到准确、公平、及时提供定损理赔方案,勘察费用高。

目前国内已经采用无人机技术进行农险理赔工作,虽然还面临一些技术问题,但也取得了初步的成绩。政府、被保险人对利用无人机航拍影像作为理赔依据的最终结果给予了肯定。无人机作为快速响应的低空航拍资料获取平台,可以在很短的时间内到达现场开展航飞工作。航片拼接后自动提取农作物区域,分色块显示,再基于航拍信息处理系统,参考承保地块信息,对航拍结果进行地物识别和分类,获取受灾区域的总受灾面积、空间分布和大致的损失程度。

二、无人机农险查勘的优点

(一)精度高

无人机拍摄分辨率可达到 15cm,完全符合理赔所需精度。在目前的技术条件下,从总体损失评估来看,无人机航拍影像辅助人工查勘的定损方式在查勘理赔精度方面要超过传统的人工查勘理赔方式。传统的查勘方式覆盖面有限,不可能达到 100%,且受查勘人员自身视角的限制,基本为点状数据和信息,而无人机航拍影像的使用增加了面状信息。

(二)成本低

无人机作业一亩地的成本仅为 0.5~0.8 元,相比每亩受灾的赔付金额来讲是非常少的,极大地降低了保险的勘察费用,相当于给保险公司带来了利润。

(三)定损有依据

基于航拍影像的处理成果数据和图片,能够从宏观上了解灾害的总体损失情况及空间分布，客观、科学地向政府汇报灾害损失情况，说服力强，也能有效防止因政府缺乏有效、准确信息而造成灾情被人为夸大的情况，从而解决双方对灾情认识的不统一问题。

根据无人机航拍图片反映的灾害损失情况，科学合理地配置勘察力量，及时奔赴受损地区实地进行抽样查勘定损，目的明确，安排合理，节省查勘时间和人力、物力，有效提高理赔效率，降低理赔成本，优化人力资源配置，也有利于缓解目前农险理赔力量缺乏、大灾定损忙不过来的情况。

三、主要功能

首先通过无人机获取灾害区域情况，采集影像资料。固定翼无人机可采集受损区域资料，将地图叠加进入 GIS 系统，实现无人机查勘的数字化（如图 6-19）。

无人机内置 GPS 功能，可准确抵达受灾区域，及时留存查勘照片，灵活、准确地完成查勘任务。近年来，无人机已成为灾后保险理赔数据采集的一种重要手段。

图 6-19 无人机查勘

四、效果与不足

（一）效果

通过无人机查勘，可以达成以下三个方面效果：一是进行灾情总体评估。从宏观上了解灾害的总体损失情况及空间分布，解决被保险人报损不准、甚至严重夸大的问题，以有效地防范报损中存在的道德风险。二是指挥调度查勘理赔力量。根据航拍图片反映的灾害损失情况，可根据灾情严重程度，按照严重受灾地区、中等受灾地区和轻度受灾地区分类，科学合理地配置查勘定损力量，及时奔赴受损地区，实地进行抽样查勘定损，目的明确，安排合理，节省查勘时间和人力、物力，可提高理赔效率，降低运营成本。三是作为与政府部门沟通协调的有力依据。基于航拍影像的处理结果数据和图片，客观、科学地向政府汇报灾害损失情况，说服力强，防止因政府缺乏有效、准确信息而造成灾情被人为夸大的情况，有力地解决双方对灾情认识的不统一问题。

无人机作为农险运营管理体系中的外围辅助设备，在实际应用推广中，主要用于大面积投保标的的承保验标和理赔查勘，能够加快查勘、定损和理赔速度，尽快让受灾农户恢复生产。

（二）不足

由于无人机价格昂贵，增加了保险公司的运营成本。无人机使用存在一定的技术门槛，需要前期进行大量的培训和训练才能胜任实际工作。无人机作为遥感信息的来源相对于遥感卫星存在精度高的优势，但同时飞行时间短、运营成本高也是它的最大弊端。

五、案例展示——河南无人机查勘案例

2018 年 2 月下旬至 3 月上旬，持续的低温使河南省漯河市阴阳赵镇大面积小麦遭受不同程度的冻灾。总部位于上海的某综合性保险公司接到农户报案后，为尽快掌握农户受灾情况，准确核定标的损失，该公司漯河中支公司与总公司和分公司沟通后，决定启用"e 农险"无人机进行实地查勘（见图 6-20）。

图 6-20　河南无人机小麦冻灾查勘现场

此次使用的 KC1600 是一款小型电动固定翼无人机，采用双电机驱动设计、GPS 卫星导航、飞控软件控制飞行。翼展 1.64 米，长 1 米，起飞重量 3.5 千克，采用弹射起飞、倒开伞伞降回收的方式起降。该机操作迅捷简便，起降条件要求低，只需在电脑上设置好航线、相机参数和比例尺，就能自动按照航线飞行。智能化航线设置，可以直接匡算面积、航程。搭载索尼 2400 万像素的微单相机，一次作业可以飞行 45 分钟左右，作业区域一次为 5~7 平方公里，可配带多块高性能电池，全天可循环连续作业。

此次"e 农险"无人机共计飞行两架次，飞行时长 180 分钟，完成阴阳赵镇 15000 亩麦田的查勘工作，是过去需要 3 个工作组 3 周时间才能完成的查勘量。这是河南省农业保险行业在理赔查勘过程中首次使用无人机，有效缓解了农业保险查勘定损过程中人力投入大、理赔查勘慢的困难，解决了投保标的确定难、道德风险高等突出问题。对于保证查勘定损的时效性和准确性，提高该公司服务"三农"的能力，促进该公司农业保险服务质量的提升具有重要意义。

该公司"e 农险"无人机是基于保障农户利益、降低农险服务成本等需求，利用无人机新技术应用打造的全新保险服务领域，也是农险新技术应用的重要手段之一。下一步，该公司将在承保过程中使用无人飞机技术，有效缓解以往农业保险标的查验难的突出问题，加快农业保险承保工作进程，为开展查勘定损等工作积累经验和原始数据。"e 农险"无人机新技术在查勘和风险管控的应用，提高了理赔效率，能够充分发挥农业保险支农惠农的本质功能。

第六节 农业保险创新技术展望

技术创新是解决我国农业保险经营痛点和经营难点的重要路径。我国农业保险目前正处于第二个黄金发展期，为解决农业保险发展的新问题、满足新需求，新技术应用层出不穷。未来人们将在产品定价、区块链、客户服务、风险防控等领域加大技术研发。

1. 大数据应用于产品定价

使用产品定价大数据平台，基于地域、客户及气象维度进行产品定价，实现核保、核赔参数智能控制。打造基于标的库、客户库及气象风险库的大数据产品定价平台。

2. 区块链应用于业务流程

区块链作为新兴技术，在解决信息不对称问题方面具有得天独厚的技术优势。近期该技术已从概念阶段逐步转向应用阶段。目前多个行业出现了成功案例。将区块链与农业保险结合之后，将会极大地简化农业保险流程。区块链的智能合约技术，可使农业保险赔付更加智能化。以前如果发生大的农业自然灾害，相应的理赔周期会比较长。将智能合约用到区块链之后，一旦检测到农业灾害，就会自动启动赔付流程，这样赔付效率更高。在区块链智能合约方面持续技术投入，未来将保险公司、政府、期货公司、农业经营服务部门、遥感公司等整合到区块链中交易，达到承保、理赔的智能合约，有效降低运营成本。未来可以探索利用生物识别、区块链等技术，将养殖保险、农业金融、食品溯源贯穿起来，试点构建基于区块链的养殖保险服务平台。

3. 遥感数据服务于新型农业经营主体客户服务

智慧农业平台是为政府、大型农场及新型农业主体量身打造的客户增值服务平台。探寻农险客户增值服务新方向，基于遥感卫星持续监测，打开"天眼"俯瞰农场，开发资产盘点、长势监测、收获管理等核心功能，实现从种到收的智慧农业管理。

4. 农业风险大数据和人工智能应用于风险防控

暴风系统：风险地图、指标预警和防暴系统三个方面有效控制农业风险。风险地图：主要风险展示，关键灾害发生灾前、灾中及灾后全流程提示及跟踪反馈。指标预警：业务关键指标异动预警，指导承保理赔管理人员实时掌握异常业务、异常地区情况，及时采取应对措施。防暴系统：集合图像识别、大数据分析等技术实施农险"三反控制"（即反欺诈、反舞弊和反洗钱）。

【本章术语】

智慧农业：集新兴的互联网、移动互联网、云计算和物联网技术为一体，依托部署在农业生产现场的各种传感节点（环境温湿度、土壤水分、二氧化碳、图像等）和无线通信网络实现农业生产环境的智能感知、智能预警、智能决策、智能分析、专家在线指导，为农业生产提供精准化种植、可视化管理及智能化决策。

区块链：一种按照时间顺序将数据区块以顺序相连的方式组合成的一种链式数据结构，并以密码学方式保证不可篡改和不可伪造的分布式账本。

生物识别技术：计算机与光学、声学、生物传感器和生物统计学原理等高科技手段密切结合，利用人体固有的生理特性（如指纹、虹膜等）和行为特征（如笔迹、声音、步态等）来进行个人身份的鉴定。

猪周期：一种经济现象，指"价高伤民，价贱伤农"的周期性猪肉价格变化怪圈。"猪周期"的循环轨迹一般是：肉价上涨—母猪存栏量大增—生猪供应增加—肉价下跌—大量淘汰母猪—生猪供应减少—肉价上涨。

物联网：通过射频识别（RFID）（RFID+互联网）、红外感应器、全球定位系统、激光扫描器、气体感应器等信息传感设备，按约定的协议，把任何物品与互联网连接起来，进行信息交换和通信，以实现智能化识别、定位、跟踪、监控和管理的一种网络。

NDVI 指数：即植被覆盖指数，应用于检测植被生长状态、植被覆盖度和消除部分辐射误差等。

【课后思考题】

1. 什么是 3S 地理信息技术？主要功能有哪些？

2. 在传统种养险和新型农业保险中，如何运用物联网技术？

3. 生物识别技术的主要功能有哪些？实际运用中有哪些不足？

4. 无人机查勘的优点有哪些？

5. 什么是区块链技术？其未来将如何影响农业保险理赔？

附　录

附录1　《农业保险条例》（2016年修订版）

第一章　总　则

第一条　为了规范农业保险活动，保护农业保险活动当事人的合法权益，提高农业生产抗风险能力，促进农业保险事业健康发展，根据《中华人民共和国保险法》《中华人民共和国农业法》等法律，制定本条例。

第二条　本条例所称农业保险，是指保险机构根据农业保险合同，对被保险人在种植业、林业、畜牧业和渔业生产中因保险标的遭受约定的自然灾害、意外事故、疫病、疾病等保险事故所造成的财产损失，承担赔偿保险金责任的保险活动。

本条例所称保险机构，是指保险公司以及依法设立的农业互助保险等保险组织。

第三条　国家支持发展多种形式的农业保险，健全政策性农业保险制度。

农业保险实行政府引导、市场运作、自主自愿和协同推进的原则。

省、自治区、直辖市人民政府可以确定适合本地区实际的农业保险经营模式。

任何单位和个人不得利用行政权力、职务或者职业便利以及其他方式强迫、限制农民或者农业生产经营组织参加农业保险。

第四条　国务院保险监督管理机构对农业保险业务实施监督管理。国务院财政、农业、林业、发展改革、税务、民政等有关部门按照各自的职责，负责农业保险推进、管理的相关工作。

财政、保险监督管理、国土资源、农业、林业、气象等有关部门、机构应当建立农业保险相关信息的共享机制。

第五条　县级以上地方人民政府统一领导、组织、协调本行政区域的农业保险工作，建立健全推进农业保险发展的工作机制。县级以上地方人民政府有关部门按照本级人民政府规定的职责，负责本行政区域农业保险推进、管理的相关工作。

第六条　国务院有关部门、机构和地方各级人民政府及其有关部门应当采取多种形式，加强对农业保险的宣传，提高农民和农业生产经营组织的保险意识，组织引导农民和农业生产经营组织积极参加农业保险。

第七条　农民或者农业生产经营组织投保的农业保险标的属于财政给予保险费补

贴范围的，由财政部门按照规定给予保险费补贴，具体办法由国务院财政部门商国务院农业、林业主管部门和保险监督管理机构制定。

国家鼓励地方人民政府采取由地方财政给予保险费补贴等措施，支持发展农业保险。

第八条　国家建立财政支持的农业保险大灾风险分散机制，具体办法由国务院财政部门会同国务院有关部门制定。

国家鼓励地方人民政府建立地方财政支持的农业保险大灾风险分散机制。

第九条　保险机构经营农业保险业务依法享受税收优惠。

国家支持保险机构建立适应农业保险业务发展需要的基层服务体系。

国家鼓励金融机构对投保农业保险的农民和农业生产经营组织加大信贷支持力度。

第二章　农业保险合同

第十条　农业保险可以由农民、农业生产经营组织自行投保，也可以由农业生产经营组织、村民委员会等单位组织农民投保。

由农业生产经营组织、村民委员会等单位组织农民投保的，保险机构应当在订立农业保险合同时，制定投保清单，详细列明被保险人的投保信息，并由被保险人签字确认。保险机构应当将承保情况予以公示。

第十一条　在农业保险合同有效期内，合同当事人不得因保险标的的危险程度发生变化增加保险费或者解除农业保险合同。

第十二条　保险机构接到发生保险事故的通知后，应当及时进行现场查勘，会同被保险人核定保险标的的受损情况。由农业生产经营组织、村民委员会等单位组织农民投保的，保险机构应当将查勘定损结果予以公示。

保险机构按照农业保险合同约定，可以采取抽样方式或者其他方式核定保险标的的损失程度。采用抽样方式核定损失程度的，应当符合有关部门规定的抽样技术规范。

第十三条　法律、行政法规对受损的农业保险标的的处理有规定的，理赔时应当取得受损保险标的已依法处理的证据或者证明材料。

保险机构不得主张对受损的保险标的的残余价值的权利，农业保险合同另有约定的除外。

第十四条　保险机构应当在与被保险人达成赔偿协议后 10 日内，将应赔偿的保险金支付给被保险人。农业保险合同对赔偿保险金的期限有约定的，保险机构应当按照约定履行赔偿保险金义务。

第十五条　保险机构应当按照农业保险合同约定，根据核定的保险标的的损失程度足额支付应赔偿的保险金。

任何单位和个人不得非法干预保险机构履行赔偿保险金的义务，不得限制被保险人取得保险金的权利。

农业生产经营组织、村民委员会等单位组织农民投保的，理赔清单应当由被保险人签字确认，保险机构应当将理赔结果予以公示。

第十六条　本条例对农业保险合同未作规定的，参照适用《中华人民共和国保险法》中保险合同的有关规定。

第三章　经营规则

第十七条　保险机构经营农业保险业务，应当符合下列条件：

（一）有完善的基层服务网络；

（二）有专门的农业保险经营部门并配备相应的专业人员；

（三）有完善的农业保险内控制度；

（四）有稳健的农业再保险和大灾风险安排以及风险应对预案；

（五）偿付能力符合国务院保险监督管理机构的规定；

（六）国务院保险监督管理机构规定的其他条件。

除保险机构外，任何单位和个人不得经营农业保险业务。

第十八条　保险机构经营农业保险业务，实行自主经营、自负盈亏。

保险机构经营农业保险业务，应当与其他保险业务分开管理，单独核算损益。

第十九条　保险机构应当公平、合理地拟订农业保险条款和保险费率。属于财政给予保险费补贴的险种的保险条款和保险费率，保险机构应当在充分听取省、自治区、直辖市人民政府财政、农业、林业部门和农民代表意见的基础上拟订。

农业保险条款和保险费率应当依法报保险监督管理机构审批或者备案。

第二十条　保险机构经营农业保险业务的准备金评估和偿付能力报告的编制，应当符合国务院保险监督管理机构的规定。

农业保险业务的财务管理和会计核算需要采取特殊原则和方法的，由国务院财政部门制定具体办法。

第二十一条　保险机构可以委托基层农业技术推广等机构协助办理农业保险业务。保险机构应当与被委托协助办理农业保险业务的机构签订书面合同，明确双方权利义务，约定费用支付，并对协助办理农业保险业务的机构进行业务指导。

第二十二条　保险机构应当按照国务院保险监督管理机构的规定妥善保存农业保险查勘定损的原始资料。

禁止任何单位和个人涂改、伪造、隐匿或者违反规定销毁查勘定损的原始资料。

第二十三条　保险费补贴的取得和使用，应当遵守依照本条例第七条制定的具体办法的规定。

禁止以下列方式或者其他任何方式骗取农业保险的保险费补贴：

（一）虚构或者虚增保险标的或者以同一保险标的进行多次投保；

（二）以虚假理赔、虚列费用、虚假退保或者截留、挪用保险金、挪用经营费用等方式冲销投保人应缴的保险费或者财政给予的保险费补贴；

第二十四条　禁止任何单位和个人挪用、截留、侵占保险机构应当赔偿被保险人的保险金。

第二十五条　本条例对农业保险经营规则未作规定的，适用《中华人民共和国保险法》中保险经营规则及监督管理的有关规定。

第四章　法律责任

第二十六条　保险机构不符合本条例第十七条第一款规定条件经营农业保险业务的，由保险监督管理机构责令限期改正，停止接受新业务；逾期不改正或者造成严重后果的，处10万元以上50万元以下的罚款，可以责令停业整顿或者吊销经营保险业务许可证。

保险机构以外的其他组织或者个人非法经营农业保险业务的，由保险监督管理机构予以取缔，没收违法所得，并处违法所得1倍以上5倍以下的罚款；没有违法所得或者违法所得不足20万元的，处20万元以上100万元以下的罚款。

第二十七条　保险机构经营农业保险业务，有下列行为之一的，由保险监督管理机构责令改正，处10万元以上50万元以下的罚款；情节严重的，可以限制其业务范围、责令停止接受新业务：

（一）编制或者提供虚假的报告、报表、文件、资料；

（二）拒绝或者妨碍依法监督检查；

（三）未按照规定使用经批准或者备案的农业保险条款、保险费率。

第二十八条　保险机构经营农业保险业务，违反本条例规定，有下列行为之一的，由保险监督管理机构责令改正，处5万元以上30万元以下的罚款；情节严重的，可以限制其业务范围、责令停止接受新业务：

（一）未按照规定将农业保险业务与其他保险业务分开管理，单独核算损益；

（二）利用开展农业保险业务为其他机构或者个人牟取不正当利益；

（三）未按照规定申请批准农业保险条款、保险费率。

保险机构经营农业保险业务，未按照规定报送农业保险条款、保险费率备案的，由保险监督管理机构责令限期改正；逾期不改正的，处1万元以上10万元以下的罚款。

第二十九条　保险机构违反本条例规定，保险监督管理机构除依照本条例的规定给予处罚外，对其直接负责的主管人员和其他直接责任人员给予警告，并处1万元以上10万元以下的罚款；情节严重的，对取得任职资格或者从业资格的人员撤销其相应资格。

第三十条　违反本条例第二十三条规定，骗取保险费补贴的，由财政部门依照《财政违法行为处罚处分条例》的有关规定予以处理；构成犯罪的，依法追究刑事责任。

违反本条例第二十四条规定，挪用、截留、侵占保险金的，由有关部门依法处理；构成犯罪的，依法追究刑事责任。

第三十一条　保险机构违反本条例规定的法律责任，本条例未作规定的，适用《中华人民共和国保险法》的有关规定。

第五章 附 则

第三十二条 保险机构经营有政策支持的涉农保险，参照适用本条例有关规定。

涉农保险是指农业保险以外、为农民在农业生产生活中提供保险保障的保险，包括农房、农机具、渔船等财产保险，涉及农民的生命和身体等方面的短期意外伤害保险。

第三十三条 本条例自 2013 年 3 月 1 日起施行。

附录 2 《农业保险承保理赔管理暂行办法》

第一章 总 则

第一条 为规范农业保险承保理赔业务管理，切实维护参保农户利益，防范农业保险经营风险，保障农业保险持续健康发展，根据《中华人民共和国保险法》《农业保险条例》等相关法律法规，制定本办法。

第二条 本办法适用于种植业保险和养殖业保险业务。价格保险和指数保险等创新型业务以及森林保险业务另行规定。

第二章 承保管理

第一节 投 保

第三条 保险公司应严格履行明确说明义务，在投保单、保险单上作出足以引起投保人注意的提示，并向投保人说明投保险种的保险责任、责任免除、合同双方权利义务、理赔标准和方式等条款重要内容。由农业生产经营组织或村民委员会组织农户投保的，可组织投保人、被保险人集中召开宣传说明会，现场发放投保险种的保险条款，讲解保险条款中的重点内容。

第四条 保险公司和组织投保的单位应确保农户的知情权和自主权，不得欺骗误导农户投保，不得以不正当手段强迫农户投保或限制农户投保。

保险公司及其工作人员不得向投保人、被保险人承诺给予保险合同约定以外的保险费回扣或者其他利益。

第五条 保险公司应准确完整记录投保信息。投保信息应至少包括：

（一）客户信息。投保人和被保险人姓名或者组织名称、身份证号码或组织机构代码、联系方式、居住地址。

（二）保险标的信息。保险标的数量、地块或村组位置（种植业）、养殖地点和标识信息（养殖业）。

（三）其他信息。投保险种、保费金额、保险费率、自缴保费、保险金额、保险期间。

上述信息应在业务系统中设置为必录项，确保投保信息规范、完整、准确。

第二节　承　保

第六条　保险公司应根据保险标的风险状况和分布情况，采用全检或者抽查的方式查验标的，核查保险标的位置、数量、权属和风险状况。条件允许的，保险公司应从当地农业、国土资源、财政等部门或相关机构取得保险标的有关信息，以核对承保信息的真实性。

承保种植业保险，应查验被保险人土地承包经营权证书或土地承包经营租赁合同。被保险人确实无法提供的，应由相关主管部门出具证明材料。承保养殖业保险，应查验保险标的存栏数量、防灾防疫、标识佩戴等情况。被保险人为规模养殖场的，应查验经营许可资料。

保险公司应对标的查验情况进行拍摄，影像应能反映查验人员、查验日期、承保标的特征和规模，确保影像资料清晰、完整、未经任何修改，并上传至业务系统作为核保的必要内容。

第七条　农业生产经营组织或村民委员会组织农户投保的，应制作分户投保清单，详细列明被保险人及保险标的信息。投保清单在农业生产经营组织或者村民委员会核对并盖章确认后，保险公司应以适当方式在村级或农业生产经营组织公共区域进行不少于 3 天的公示。如农户提出异议，应在调查确认后据实调整。确认无误后，应将投保分户清单录入业务系统。

第三节　核　保

第八条　保险公司应在业务系统中注明投保人身份，严格审核保险标的权属，不得将对保险标的不具有保险利益的组织或个人确认为被保险人。

保险公司应确认由投保人或被保险人本人在承保业务单证（包括分户投保清单）上签字或盖章。特殊情形可以由投保人或被保险人直系亲属代为办理，同时注明其与被保险人的关系。

第九条　保险公司应加强核保管理，合理设置核保权限，由省级分公司或总公司集中核保。对投保清单、保险标的权属及数量、实地验标、承保公示等关键要素进行严格审核，不符合规定要求和缺少相关内容的，不得核保通过。

第十条　保险公司应加强批改管理，对于重要承保信息的批改，应由省级分公司或总公司审批。

第四节 收费出单

第十一条 保险公司应在确认收到农户自缴保费后，方可出具保险单。保险单或保险凭证应发放到户。

第十二条 对享受国家财政补贴的险种，保险公司应按规定及时向有关部门提供承保信息，以便协调结算财政补贴资金。

第三章 理赔管理

第十三条 保险公司应以保障投保农户合法权益为出发点，贯彻"主动、迅速、科学、合理"的原则，重合同、守信用，做好理赔工作。

第一节 报 案

第十四条 保险公司应加强接报案管理，保持报案渠道畅通。农业保险报案应由省级分公司或总公司集中受理，报案信息应及时准确录入业务系统。对于省级以下分支机构或经办人员直接收到农户报案的，保险公司应引导或协助农户报案。对于超出报案时限的案件，应在业务系统中录入延迟报案的具体原因。

接到报案后，应及时生成报案号记录和分派查勘任务，并即时通知报案人后续工作安排。

第二节 查勘定损

第十五条 保险公司应在接到报案后 24 小时内进行现场查勘，因不可抗力或重大灾害等原因难以及时到达的，应及时与报案人联系并说明原因。

发生大面积种植业灾害，保险公司可依照相关农业技术规范抽取样本测定保险标的损失程度。鼓励保险公司委托农业技术等专业第三方机构协助制定查勘规范。

发生养殖业事故，保险公司应对死亡标的拍摄，并将其标识录入业务系统，保险公司业务系统应具备标识唯一性的审核、校验功能，出险标的耳号标识应在业务系统内自动注销。保险公司应配合相关主管部门督促养殖户依照国家规定对病死标的进行无害化处理，并将无害化处理作为理赔的前提条件，不能确认无害化处理的，不予赔偿。

第十六条 保险公司应对损失情况进行拍摄，查勘影像应能体现查勘人员、拍摄位置、拍摄日期、被保险人或其代理人、受损标的特征、规模或损失程度，确保影像资料清晰、完整、未经任何修改，并上传业务系统作为核赔的必要档案。

第十七条 查勘结束后，保险公司应及时缮制查勘报告。查勘报告要注明查勘时间和地点，并对标的受损情况、事故原因以及是否属于保险责任等方面提出明确意见。查勘报告应根据现场查勘的原始记录缮制，原始记录应由查勘人员和被保险人签字确认，不得遗失、补记和做任何修改。

第十八条　保险公司应及时核定损失。种植业保险发生保险事故造成绝收的，应在接到报案后 20 日内完成损失核定；发生保险事故造成部分损失的，应在农作物收获后 20 日内完成损失核定。养殖业保险应在接到报案后 3 日内完成损失核定。发生重大灾害、大范围疫情以及其他特殊情形除外。

对于损失核定需要较长时间的，保险公司应做好解释说明工作。

第十九条　保险公司应根据定损标准和规范科学定损，并做到定损结果确定到户。省级分公司或总公司应对原始定损结果进行抽查。

第二十条　保险公司应加强案件拒赔管理。对于不属于保险责任的，应在核定之日起 3 日内向被保险人发出拒赔通知书，并做好解释说明工作。查勘照片、查勘报告和拒赔通知书等理赔材料应上传业务系统管理。

第三节　立　案

第二十一条　保险公司应在确认保险责任后，及时立案。报案后超过 10 日尚未立案的，业务系统应强制自动立案。保险公司应逐案进行立案估损，并根据查勘定损情况及时调整估损金额。

第四节　理赔公示

第二十二条　农业生产经营组织、村民委员会等组织农户投保种植业保险的，保险公司应将查勘定损结果、理赔结果在村级或农业生产经营组织公共区域进行不少于 3 天的公示。保险公司应根据公示反馈结果制作分户理赔清单，列明被保险人姓名、身份证号、银行账号和赔款金额，由被保险人或其直系亲属签字确认。农户提出异议的，保险公司应进行调查核实后据实调整，并将结果反馈。

第五节　核　赔

第二十三条　保险公司应加强核赔管理，合理设置核赔权限。原则上，权限应集中至省级分公司或总公司。

第二十四条　保险公司应对查勘报告、损失清单、查勘影像、公示材料等关键要素进行严格审核，重点核实赔案的真实性和定损结果的合理性。

第六节　赔款支付

第二十五条　属于保险责任的，保险公司应在与被保险人达成赔偿协议后 10 日内支付赔款。农业保险合同对赔偿保险金的期限有约定的，保险公司应当按照约定履行赔偿保险金义务。

第二十六条　农业保险赔款原则上应通过转账方式支付到被保险人银行账户，并留存有效支付凭证。财务支付的收款人名称应与被保险人一致。

第四章　协办业务管理

第二十七条　保险公司应加强自身能力建设，自主经营，自设网点。在基层服务网点不健全的区域，可以委托基层财政、农业等机构协助办理农业保险业务。

第二十八条　保险公司委托基层财政、农业等机构协助办理农业保险业务的，应按照公平、自主自愿的原则，与协办机构签订书面合同，明确双方权利义务，并由协办机构指派相关人员具体办理农业保险业务。保险公司应将每年确定的协办机构和人员名单报所在地区保险监管部门备案。

第二十九条　保险公司应定期对协办人员开展培训，包括国家政策、监管要求、经办流程、人员责任等。

第三十条　协办业务双方应按照公平、公正、按劳取酬的原则，合理确定工作费用，并建立工作费用激励约束机制。保险公司应加强工作费用管理，确保工作费用仅用于协助办理农业保险业务，不得挪作他用。工作费用应通过转账方式支付。

除工作费用外，保险公司不得给予或承诺给予协办机构、协办人员合同约定以外的回扣或其他利益。

第三十一条　保险公司应加强对协办业务的管理，确保其规范运作。要制定协办业务管理办法，加强对协办业务的指导和管理。应当将协办业务的合规性列为公司内部审计的重点，发现问题及时处理、纠正。

各地保监局应结合本地实际情况，确定保险公司可以委托第三方机构协办的业务种类、业务比例及对协办业务的抽查比例等。

第五章　内控管理

第三十二条　保险公司应建立客户回访制度。被保险人为规模经营主体的，应实现全部回访，其他被保险人应抽取一定比例回访。承保环节重点回访核实保险标的权属和数量、自缴保费、告知义务履行以及承保公示等情况。理赔环节重点回访核实受灾品种、损失情况、查勘定损过程、赔款支付、理赔公示等情况。保险公司应详细记录回访时间、地点、对象和回访结果等内容，并留存回访录音或走访记录等资料备查。

第三十三条　保险公司应建立投诉处理制度。农户投诉农业保险相关事项的，保险公司应及时受理、认真调查，在规定时限内做出答复。

第三十四条　保险公司应建立农业保险分级审核制度，根据承保、理赔涉及的数量和金额合理确定审核权限，留存审核手续，落实各层级、各环节的管理责任。

第三十五条　保险公司应建立农业保险内部稽核制度，根据《农业保险条例》、有关监管规定以及公司内控制度，定期对分支机构农业保险业务进行核查，并将核查结果及时报告保险监管部门。

第三十六条　保险公司应建立档案管理制度。承保档案应包括投保单、保险单、实地查验影像、公示影像、保费发票或收据等资料。理赔档案应包括出险通知书或索赔申请书、查勘报告、查勘影像、公示影像、赔款支付证明等资料。公示影像资料应能够反映拍摄日期、地点和公示内容。上述资料应及时归档、集中管理、妥善保管。

第三十七条　保险公司应加强防灾防损工作，根据农业灾害特点，因地制宜地开展预警、防灾、减损等工作，提高农业抵御风险的能力。

第三十八条　保险公司应加强信息管理系统建设，实现农业保险全流程系统管理，承保、理赔、再保险和财务系统应无缝对接。信息管理系统应能够实时监控承保理赔情况，具备数据管理和统计分析功能。

第三十九条　保险公司应加强服务能力建设，建立分支机构服务能力标准，完善基层服务网络，提高业务人员素质，确保服务能力和业务规模相匹配。

第六章　附　则

第四十条　保险公司应根据本办法制定公司农业保险承保理赔业务管理实施细则，并报保监会备案。

第四十一条　农业互助保险组织参照执行。

第四十二条　本办法未作规定的，适用《保险法》《农业保险条例》中的经营规则和监督管理的有关规定。

第四十三条　本办法自 2015 年 4 月 1 日起施行，实施期限为三年。《关于加强农业保险承保管理工作的通知》（保监产险〔2011〕455 号）和《关于加强农业保险理赔管理工作的通知》（保监发〔2012〕6 号）同时废止。

附录 3　《农业保险服务通则》

1 范围

本标准规定了农业保险服务的基本要求、内控管理、承保服务、理赔服务、查询服务、增值服务、咨询投诉等方面的质量要求。

本标准适用于种植业、养殖业保险业务。

本标准不适用于林业保险、价格保险和指数保险等创新型保险业务。

2 术语和定义

下列术语和定义适用于本文件。

2.1

农业保险 Agricultural Insurance

保险机构根据农业保险合同，对被保险人在种植业、林业、畜牧业和渔业生产中因保险标的遭受约定的自然灾害、意外事故、疫病、疾病等保险事故所造成的财产损失，承担赔偿保险金责任的保险活动。

3 基本原则

3.1 诚实信用

按照保险合同开展经营活动，认真履行各项义务，不欺骗、不隐瞒，切实做到公平、公正。

3.2 规范运作

遵守国家法律法规和行业规定，依法合规开展农业保险业务经营。

3.3 优质高效

以"农户至上"为工作基本出发点，提高服务意识，强化服务手段，为广大农户提供优质高效保险服务。

3.4 创新发展

结合各地农业保险发展实际，积极开展产品创新、技术创新，不断提高农业保险服务水平。

4 基础服务能力

4.1 机构设置

经营农业保险业务的保险机构应有专门的农业保险经营部门和完善的基层服务网络，在县级区域应设立分支机构，在乡镇一级宜设立与农业保险业务规模相适应的服务点，逐步建立适应农业保险业务发展需要的基层服务体系。

4.2 队伍建设

县级分支机构应配备能够满足农业保险业务管理和服务要求的专职人员。

4.3 基础设施

4.3.1 业务系统应具备数据管理和统计分析功能，可实时监控承保理赔情况并实现与再保险和财务系统无缝对接。

4.3.2 车辆及办公设备等硬件设施应能够满足农业保险业务需要。

4.4 产品开发

保险机构应具备农业保险产品开发能力和精算技术，及时向监管部门报备符合市场需求的农业保险产品。业务开办中应执行报备的农业保险条款和费率。

4.5 技术创新

保险机构应具备较强的科技创新能力和新技术应用能力，充分运用现代科技手段提高农业保险服务水平。

5 内控管理

5.1 管理制度

保险机构应建立完善的农业保险业务管理、客户回访、投诉处理、分级审核、内部稽核、信息管理、档案管理等内控管理制度。

5.2 大灾风险管理

保险机构应建立重大灾害预警机制，及时处置农业保险突发灾害事件，建立与业务规模及偿付能力相匹配的大灾风险分散机制，做好再保险制度安排。

5.3 协办机构

保险机构应与协助办理农业保险业务的机构签订书面合同，定期对协办机构人员开展培训。

5.4 业务自查

保险机构应结合业务开展情况，定期开展自查，及时发现并解决工作中存在的问题。

6 承保服务

6.1 宣传与告知

6.1.1 宣传发动

保险机构应通过发放宣传册、集中宣讲等多种形式，积极主动开展农业保险宣传工作。

6.1.2 告知义务

6.1.2.1 保险机构应履行说明义务，在投保单、保险单上做出足以引起投保人注意的提示，并向投保人说明投保险种的保险责任、责任免除、合同双方权利义务、理赔标准和方式等重要条款内容。

6.1.2.2 由农业生产经营组织或村民委员会组织农户投保的，可组织投保人、被保险人集中召开宣传说明会，现场发放投保险种的保险条款，讲解保险条款中的重点内容。

6.1.3 禁止行为

6.1.3.1 保险机构和投保组织者应确保农户知情权和自主权，不应欺骗误导农户投保，不应以不正当手段强迫农户投保或限制农户投保。

6.1.3.2 保险机构及其工作人员不应向投保人、被保险人承诺给予保险合同约定以外的保险费回扣或者其他利益，不应以任何方式进行误导性宣传。

6.2 承保要求

6.2.1 承保方式

6.2.1.1 农业生产经营组织或村民委员会组织农户投保的，应制作分户投保清单；农业大户、龙头企业及经济合作组织等作为被保险人投保的，可予以单独承保。

6.2.1.2 鼓励应用科技手段，创新承保方式，简化承保手续，提高保险标的信息准确性。

6.2.2 信息采集

保险机构应准确完整采集投保信息。投保信息包括但不限于以下内容：

6.2.2.1 客户信息。投保人和被保险人姓名或者组织名称、身份证号码或统一社会信用代码（组织机构代码）、银行账号、联系方式、居住地址。

6.2.2.2 保险标的信息。保险标的数量、地块或村组位置（种植业）、养殖地点和标识信息（养殖业）。

6.2.2.3 其他信息。投保险种、保费金额、保险费率、自缴保费、保险金额、保险期间。

上述信息应在业务系统中设置为必录项，确保投保信息规范、完整、准确。

6.2.3 标的查验

6.2.3.1 保险机构应根据保险标的风险状况和分布情况，采用全检或者抽查的方式对保险标的进行实地查验，核查保险标的位置、数量、权属和风险状况。条件允许的，应从当地农业、国土资源、财政等部门或相关机构取得保险标的有关信息，以核对承保信息的真实性。

6.2.3.2 对查验中发现的虚假投保，以及不符合投保条件的保险标的，应不予承保。已经承保的，应作退保处理。

6.2.4 承保公示

6.2.4.1 分户投保清单应详细列明被保险人及保险标的信息，经农业生产经营组织或者村民委员会核对并盖章确认后，以适当方式在村级或农业生产经营组织公共区域进行不少于 3 天的公示。

6.2.4.2 保险机构应将公示情况通过拍照、录像等方式留存，公示影像资料应能够反映拍摄日期、地点和公示内容，并上传业务系统。如农户提出异议，应在调查确认后据实调整。确认无误后，应将分户投保清单录入业务系统。

6.2.5 信息确认

承保业务单证（包括分户投保清单）应由投保人或被保险人本人签字或盖章。特殊情形可以由投保人或被保险人直系亲属，或投保组织者代为办理。由投保人或被保险人直系亲属代为办理的，应同时注明其与被保险人的关系；由投保组织者代为办理的，应提供被保险人的授权委托书。

6.3 核保要求

6.3.1 身份核实

6.3.1.1 保险机构应在业务系统中注明投保人身份，审核保险标的权属，不应将对保险标的不具有保险利益的组织或个人确认为被保险人。

6.3.1.2 保险机构应审核投保人、被保险人本人或其直系亲属在承保业务单证（包括分户投保清单）上的签字或盖章项目。

6.3.2 核保管理

保险机构省级分公司或总公司应对投保清单、保险标的权属及数量、实地验标、承保公示等关键要素进行集中核保，严格审核。不符合规定要求和缺少相关内容的，不得核保通过。

6.3.3 批改管理

保险机构应加强批改管理，对于重要承保信息批改的，应由省级分公司或总公司审批。

6.4 收费出单

6.4.1 保险机构应在确认收到农户自缴保费后，通过业务系统打印并向每个被保险人发放保险单或保险凭证。

6.4.2 保险机构应在保单或保险凭证上打印或印刷报案电话及全国统一客服热线。

6.4.3 鼓励保险机构采取电子凭证等信息技术，创新保险单或保险凭证发放方式。

6.5 承保回访

6.5.1 保险机构应采取电话或入户等方式，对被保险人进行回访。被保险人为规模经营主体的，应实现全部回访，其他被保险人应抽取一定比例回访。

6.5.2 保险机构应重点回访核实保险标的权属和数量、自缴保费、告知义务履行以及承保公示等情况。

6.5.3 保险机构应详细记录回访时间、地点、对象和回访结果等内容，并留存回访录音或走访记录等资料备查。

7 理赔服务

7.1 报案受理

7.1.1 保险机构的报案渠道应保持畅通，24 小时接受农户报案。

7.1.2 保险机构应在省级分公司或总公司组织专人集中受理接报案工作，对于省级以下分支机构或经办人员接到农户报案的，应引导或协助农户报案。

7.1.3 保险机构接到报案后，应将报案人提供的报案信息及时准确录入业务系统，生成报案号记录和分派查勘任务，并即时通知报案人后续工作安排。

7.2 查勘定损

7.2.1 查勘时限

7.2.1.1 保险机构应在接到报案后 24 小时内进行现场查勘，因不可抗力或重大灾害等原因难以及时到达现场的，应及时与报案人或被保险人取得联系并说明原因。

7.2.1.2 保险机构应及时核定事故损失，时限要求如下：

  a）种植业保险发生保险事故造成绝收的，应在接到报案后 20 日内完成损失核定；事故造成部分损失的，应在农作物收货后 20 日内完成损失核定。

  b）养殖业保险应在接到报案后 3 日内完成损失核定。

  c）发生重大灾害、大范围疫情以及其他特殊情形的，不受上述时限要求限制。

7.2.1.3 对于损失核定需要较长时间的，保险机构应做好解释说明工作。

7.2.2 查勘定损要求

7.2.2.1 保险机构查勘定损应达到以下要求：

  a）种植业保险查勘原则上应到行政村。对于大面积灾害，可依照农业部门技术规范或参考农业专家意见，采取抽样方式核定保险标的损失程度。

  b）养殖业保险查勘定损应到现场，特殊情况除外。保险机构可在有效控制风险的前提下使用高科技手段实现远程查勘。

  c）保险机构应根据定损标准，规范科学定损，做到定损结果确定到户。省级分公司或总公司应对原始定损结果进行抽查。

7.2.2.2 鼓励保险机构积极采用卫星遥感等先进技术开展查勘定损工作。

7.2.2.3 保险机构应积极配合相关主管部门，督促养殖户依照相关规定对病死标的进行无害化处理，并将无害化处理结果作为理赔的前提条件。不能确认无害化处理的，不予赔偿。

7.2.3 查勘手续

7.2.3.1 保险机构应采集能够体现查勘过程和损失情况的资料和数据。资料数据可通过记录、录音、录像、拍照、航拍、遥感等方式采集，并妥善保管。

7.2.3.2 查勘影像应能体现如下内容：

  a）查勘人员、被保险人或其代理人。

  b）受损标的特征、规模或损失程度。

  c）拍摄位置、拍摄日期。

  查勘影像资料应清晰、完整、未经任何修改，并上传业务系统。

7.2.3.3 编制查勘报告应注明查勘时间和地点，并对标的受损情况、事故原因以及是否属于保险责任等方面提出明确意见。

7.2.3.4 查勘报告应根据现场查勘的原始记录缮制，原始记录应由查勘人员和参与查勘的被保险人签字确认，不应遗失、补记和做任何修改。

7.2.4 索赔告知

  保险机构应根据案情特点，及时一次性告知被保险人索赔程序、索赔材料清单，并提供相关索赔单证。

7.2.5 拒赔处理

  对于不属于保险责任的，保险机构应在核定之日起3日内向被保险人发出拒赔通知书，并做好解释说明工作。并应将查勘照片、查勘报告和拒赔通知书等理赔材料上传业务系统管理。

7.3 立案

7.3.1 保险机构确认保险责任后，应及时在业务系统中进行立案处理，业务系统应设置报案超过10日尚未立案则强制自动立案功能。

7.3.2 保险机构应逐案进行立案估损，并根据查勘定损情况及时调整估损金额。

7.4 理算

7.4.1 保险机构应在查勘定损结束且索赔资料收齐后，及时根据保险合同约定和查勘定损结果，准确计算保险赔款。

7.4.2 对于损失金额高、社会影响大，保险责任已经明确，且被保险人提出申请的，保险机构应在保险金额范围内，按照能够确定的损失，预付部分赔款。

7.5 理赔公示

7.5.1 农业生产经营组织、村民委员会等组织农户投保种植业保险的，应将查勘定损结果、理赔结果在村级或农业生产经营组织公共区域进行不少于 3 天的公示。

7.5.2 查勘定损结果和理赔结果公示内容应包括被保险人姓名、标的名称、损失数量、赔款金额等重要信息。

7.5.3 保险机构应将公示情况通过拍照、录像等方式留存，公示影像资料应能够反映拍摄日期、地点和公示内容，并上传业务系统。

7.5.4 公示期间，如有被保险人反馈不同意见，保险机构应进行核实并将核实结果告知被保险人。经核查情况属实的，应及时对理算结果进行相应调整。

7.5.5 农业生产经营组织、村民委员会等组织农户投保的业务，一次事故涉及多户损失的，保险机构应出具分户理赔清单，列明被保险人姓名、身份证号、银行账号和赔款金额，由被保险人或其直系亲属，或投保组织者签字确认。由被保险人直系亲属签字确认的，应同时注明其与被保险人的关系；由投保组织者签字确认的，应提供被保险人的授权委托书。

7.6 核赔

7.6.1 保险机构应明确农业保险业务核赔人员职责与权限，核赔权限原则上应设置在省级分公司或总公司。

7.6.2 核赔人员应通过查阅报案记录、索赔申请、事故证明、查勘报告、损失清单、查勘影像、公示材料等资料，核实出险时间、出险地点、出险原因、受损标的名称、损失数量、损失程度等要素，核定赔案真实性、保险责任认定准确性、查勘定损过程规范性、定损结果合理性、赔款计算准确性、赔案单证完整性、付款对象准确性，并签署核赔意见。

7.7 赔款支付

7.7.1 支付时限

保险机构应按照以下时限要求进行支付：

a）在与被保险人达成赔偿协议后 10 日内支付赔款。

b）对于农业生产经营组织或村民委员会组织农户投保的，在取得被保险人或其直系亲属签字认可的分户理赔清单后，10 日内支付赔款。

c）农业保险合同对赔偿保险金的期限有约定的，按照约定履行赔偿保险金义务。

7.7.2 支付方式

保险机构应通过零现金转账直赔方式将农业保险赔款支付到被保险人银行账户中，并留存有效支付凭证或银行支付有效证明。特殊情况下采取现场兑现方式的，应由省级分公司及以上部门批准。

7.8 理赔回访

7.8.1 支付赔款后，保险机构应对被保险人进行回访。被保险人为规模经营主体的，应实现全部回访；其他被保险人应抽取一定比例回访。

7.8.2 重点回访核实受灾品种、损失情况、查勘定损过程、赔款支付、理赔公示等情况。

7.8.3 保险机构应详细记录回访时间、地点、对象和回访结果等内容，并留存回访录音或走访记录等资料备查。

8 查询服务

8.1 保险机构应逐步通过互联网或手机软件等方式向参保农户提供承保、理赔信息自主查询服务。

8.2 保险机构应逐步在门户网站醒目位置设置公开信息查询栏目，根据产品特点设置不同查询内容和查询界面，向参保农户提供保险产品名称、保单号码、投保人、被保险人、保险费、自缴保费、保险金额、保险期间、投保数量、灾害类型、受灾时间、损失数量、损失程度、赔偿金额等信息。

8.3 保险机构提供公开查询服务时，应加强信息安全管理，保护投保人和被保险人的隐私。

9 增值服务

9.1 保险机构应配合全国农业保险信息管理平台建设，或逐步建立公司农业保险信息资讯平台，通过手机短信、互联网等多种渠道，为参保农民提供国家惠农政策、农业生产技术、农产品价格、农产品供销信息、生产资料采购、气象预警、灾害防御等信息。

9.2 鼓励保险机构配合相关部门开展农业防灾减损工作，探索有效防灾减损手段，开展种植业人工影响天气、农田基础建设、养殖业疫病防治等防灾减损项目，切实提高服务能力。

10 咨询投诉

10.1 保险机构应向社会公布咨询投诉服务电话，为农户提供多种畅通的咨询投诉服务渠道。

10.2 保险机构应指定专人负责接待和处理信访投诉，建立信访投诉登记簿。对信访投诉内容、事实情况、处理结果、办结时间等要做好详细记录。

10.3 保险机构直接受理的农户咨询投诉，应在 7 个工作日内与农户本人取得联系并告知初步处理意见；需要进一步核实与处理的咨询投诉，应在受理后 30 个工作日内给予明确答复；保险监管等部门、行业协会转办的投诉件，应在规定时效内向投诉人做出答复。

10.4 保险机构应配合保险监管等部门、地方政府，开展投诉案件调查处理工作。

附录 4　《中央财政农业保险保险费补贴管理办法》

第一章　总　则

第一条　为促进农业保险持续健康发展，完善农村金融服务体系，国家支持在全国范围内建立农业保险制度。为加强中央财政农业保险保险费补贴资金管理，更好服务"三农"，根据《预算法》《农业保险条例》《金融企业财务规则》等规定，制定本办法。

第二条　本办法所称中央财政农业保险保险费补贴，是指财政部对省级政府引导有关农业保险经营机构（以下简称经办机构）开展的符合条件的农业保险业务，按照保险费的一定比例，为投保农户、农业生产经营组织等提供补贴。

本办法所称经办机构，是指保险公司以及依法设立并开展农业保险业务的农业互助保险等保险组织。本办法所称农业生产经营组织，是指农民专业合作社、农业企业以及其他农业生产经营组织。

第三条　农业保险保险费补贴工作实行政府引导、市场运作、自主自愿、协同推进的原则。

（一）政府引导。财政部门通过保险费补贴等政策支持，鼓励和引导农户、农业生产经营组织投保农业保险，推动农业保险市场化发展，增强农业抗风险能力。

（二）市场运作。财政投入要与农业保险发展的市场规律相适应，以经办机构的商业化经营为依托，充分发挥市场机制作用，逐步构建市场化的农业生产风险保障体系。

（三）自主自愿。农户、农业生产经营组织、经办机构、地方财政部门等各方的参与都要坚持自主自愿，在符合国家规定的基础上，申请中央财政农业保险保险费补贴。

（四）协同推进。保险费补贴政策要与其他农村金融和支农惠农政策有机结合，财政、农业、林业、保险监管等有关单位积极协同配合，共同做好农业保险工作。

第二章　补贴政策

第四条　财政部提供保险费补贴的农业保险（以下简称补贴险种）标的为关系国计民生和粮食、生态安全的主要大宗农产品，以及根据党中央、国务院有关文件精神确定的其他农产品。

鼓励各省、自治区、直辖市、计划单列市（以下简称各地）结合本地实际和财力状况，对符合农业产业政策、适应当地"三农"发展需求的农业保险给予一定的保险费补贴等政策支持。

第五条　中央财政补贴险种标的主要包括：

（一）种植业。玉米、水稻、小麦、棉花、马铃薯、油料作物、糖料作物。

（二）养殖业。能繁母猪、奶牛、育肥猪。

（三）森林。已基本完成林权制度改革、产权明晰、生产和管理正常的公益林和商品林。

（四）其他品种。青稞、牦牛、藏系羊（以下简称藏区品种）、天然橡胶，以及财政部根据党中央、国务院要求确定的其他品种。

第六条　对于上述补贴险种，全国各地均可自主自愿开展，经财政部确认符合条件的地区（以下简称补贴地区），财政部将按规定给予保险费补贴支持。

第七条　在地方自愿开展并符合条件的基础上，财政部按照以下规定提供保险费补贴：

（一）种植业。在省级财政至少补贴 25%的基础上，中央财政对中西部地区补贴 40%、对东部地区补贴 35%；对纳入补贴范围的新疆生产建设兵团、中央直属垦区、中国储备粮管理总公司、中国农业发展集团有限公司等（以下统称中央单位），中央财政补贴 65%。

（二）养殖业。在省级及省级以下财政（以下简称地方财政）至少补贴 30%的基础上，中央财政对中西部地区补贴 50%、对东部地区补贴 40%；对中央单位，中央财政补贴 80%。

（三）森林。公益林在地方财政至少补贴 40%的基础上，中央财政补贴 50%；对大兴安岭林业集团公司，中央财政补贴 90%。商品林在省级财政至少补贴 25%的基础上，中央财政补贴 30%；对大兴安岭林业集团公司，中央财政补贴 55%。

（四）藏区品种、天然橡胶。在省级财政至少补贴 25%的基础上，中央财政补贴 40%；对中央单位，中央财政补贴 65%。

第八条　在上述补贴政策基础上，中央财政对产粮大县三大粮食作物保险进一步加大支持力度。

对省级财政给予产粮大县三大粮食作物农业保险保险费补贴比例高于 25%的部分，中央财政承担高出部分的 50%。其中，对农户负担保险费比例低于 20%的部分，需先从省级财政补贴比例高于 25%的部分中扣除，剩余部分中央财政承担 50%。在此基础上，如省级财政进一步提高保险费补贴比例，并相应降低产粮大县的县级财政保险费负担，中央财政还将承担产粮大县县级补贴降低部分的 50%。

当县级财政补贴比例降至 0 时，中央财政对中西部地区的补贴比例，低于 42.5%（含 42.5%）的，按 42.5%确定；在 42.5%～45%（含 45%）之间的，按上限 45%确定；在 45%～47.5%（含 47.5%）之间的，按上限 47.5%确定。对中央单位符合产粮大县条件的下属单位，中央财政对三大粮食作物农业保险保险费补贴比例由 65% 提高至 72.5%。

本办法所称三大粮食作物是指稻谷、小麦和玉米。本办法所称产粮大县是指根据财政部产粮（油）大县奖励办法确定的产粮大县。

第九条　鼓励省级财政部门结合实际，对不同险种、不同区域实施差异化的农业保险保险费补贴政策，加大对重要农产品、规模经营主体、产粮大县、贫困地区及贫困户的支持力度。

第三章　保险方案

第十条　经办机构应当公平、合理地拟订农业保险条款和费率。属于财政给予保险费补贴险种的保险条款和保险费率，经办机构应当在充分听取各地人民政府财政、农业、林业部门和农民代表意见的基础上拟订。

第十一条　补贴险种的保险责任应涵盖当地主要的自然灾害、重大病虫害和意外事故等；有条件的地方可稳步探索以价格、产量、气象的变动等作为保险责任，由此产生的保险费，可由地方财政部门给予一定比例补贴。

第十二条　补贴险种的保险金额，以保障农户及农业生产组织灾后恢复生产为主要目标，主要包括：

（一）种植业保险。原则上为保险标的生长期内所发生的直接物化成本（以最近一期价格等相关主管部门发布或认可的数据为准，下同），包括种子、化肥、农药、灌溉、机耕和地膜等成本。

（二）养殖业保险。原则上为保险标的的生理价值，包括购买价格和饲养成本。

（三）森林保险。原则上为林木损失后的再植成本，包括灾害木清理、整地、种苗处理与施肥、挖坑、栽植、抚育管理到树木成活所需的一次性总费用。

鼓励各地和经办机构根据本地农户的支付能力，适当调整保险金额。对于超出直接物化成本的保障部分，应当通过适当方式予以明确，由此产生的保险费，有条件的地方可以结合实际，提供一定的补贴，或由投保人承担。

第十三条　地方财政部门应会同有关部门逐步建立当地农业保险费率调整机制，合理确定费率水平。连续 3 年出现以下情形的，原则上应当适当降低保险费率，省级财政部门应当依法予以监督：

（一）经办机构农业保险的整体承保利润率超过其财产险业务平均承保利润率的；

（二）专业农业保险经办机构的整体承保利润率超过财产险行业平均承保利润率的；

（三）前两款中经办机构财产险业务或财产险行业的平均承保利润率为负的，按照近 3 年相关平均承保利润率的均值计算。

本办法所称承保利润率为 1－综合成本率。

第十四条　经办机构应当合理设置补贴险种赔付条件，维护投保农户合法权益。补贴险种不得设置绝对免赔，科学合理地设置相对免赔。

第十五条　经办机构可以通过"无赔款优待"等方式，对本保险期限内无赔款的投保农户，在下一保险期限内给予一定保险费减免优惠。

农户、农业生产经营组织、地方财政、中央财政等按照相关规定，以农业保险实际保险费和各方保险费分担比例为准，计算各方应承担的保险费金额。

第十六条　补贴险种的保险条款应当通俗易懂、表述清晰，保单上应当明确载明农户、农业生产经营组织、地方财政、中央财政等各方承担的保险费比例和金额。

第四章　保障措施

第十七条　农业保险技术性强、参与面广，各地应高度重视，结合本地财政状况、农户承受能力等，制定切实可行的保险费补贴方案，积极稳妥推动相关工作开展。

鼓励各地和经办机构采取有效措施，加强防灾减损工作，防范逆向选择与道德风险。鼓励各地根据有关规定，对经办机构的展业、承保、查勘、定损、理赔、防灾防损等农业保险工作给予支持。

第十八条　各地和经办机构应当因地制宜确定具体投保模式，坚持尊重农户意愿与提高组织程度相结合，积极发挥农业生产经营组织、乡镇林业工作机构、村民委员会等组织服务功能，采取多种形式组织农户投保。

由农业生产经营组织、乡镇林业工作机构、村民委员会等单位组织农户投保的，经办机构应当在订立补贴险种合同时，制订投保清单，详细列明投保农户的投保信息，并由投保农户或其授权的直系亲属签字确认。

第十九条　各地和经办机构应当结合实际，研究制定查勘定损工作标准，对定损办法、理赔起点、赔偿处理等具体问题予以规范，切实维护投保农户合法权益。

第二十条　经办机构应当在与被保险人达成赔偿协议后 10 日内，将应赔偿的保险金支付给被保险人。农业保险合同对赔偿保险金的期限有约定的，经办机构应当按照约定履行赔偿保险金义务。

经办机构原则上应当通过财政补贴"一卡通"、银行转账等非现金方式，直接将保险赔款支付给农户。如果农户没有财政补贴"一卡通"和银行账户，经办机构应当采取适当方式确保将赔偿保险金直接赔付到户。

第二十一条　经办机构应当在确认收到农户、农业生产经营组织自缴保险费后，方可出具保险单，保险单或保险凭证应发放到户。经办机构应按规定在显著位置，或通过互联网、短信、微信等方式，将惠农政策、承保情况、理赔结果、服务标准和监管要求进行公示，做到公开透明。

第二十二条　财政部门应当认真做好保险费补贴资金的筹集、拨付、管理、结算等各项工作，与农业、林业、保险监管、水利、气象、宣传等部门，协同配合，共同把农业保险保险费补贴工作落到实处。

第五章　预算管理

第二十三条　农业保险保险费补贴资金实行专项管理、分账核算。财政部承担的保险费补贴资金，列入年度中央财政预算。省级财政部门承担的保险费补贴资金，由省级财政预算安排，省级以下财政部门承担的保险费补贴资金，由省级财政部门负责监督落实。

第二十四条　农业保险保险费补贴资金实行专款专用、据实结算。保险费补贴资金当年出现结余的，抵减下年度预算；如下年度不再为补贴地区，中央财政结余部分全额返还财政部。

第二十五条　省级财政部门及有关中央单位应于每年 3 月底之前，编制当年保险费补贴资金申请报告，并报送财政部，抄送财政监察专员办事处（以下简称专员办）。同时，对上年度中央财政农业保险保险费补贴资金进行结算，编制结算报告，并送对口专员办审核。当年资金申请和上年度资金结算报告内容主要包括：

（一）保险方案。包括补贴险种的经办机构、经营模式、保险品种、保险费率、保险金额、保险责任、补贴区域、投保面积、单位保险费、总保险费等相关内容。

（二）补贴方案。包括农户自缴保险费比例及金额、各级财政补贴比例及金额、资金拨付与结算等相关情况。

（三）保障措施。包括主要工作计划、组织领导、监督管理、承保、查勘、定损、理赔、防灾防损等相关措施。

（四）直接物化成本数据。价格等相关主管部门发布的最近一期农业生产直接物化成本数据（直接费用）。保险金额超过直接物化成本的，应当进行说明，并测算地方各级财政应承担的补贴金额。

（五）产粮大县情况。对申请产粮大县政策支持的，省级财政部门及有关中央单位应单独报告产粮大县三大粮食作物投保情况，包括产粮大县名单、产粮大县三大粮食作物种植面积、投保面积、保险金额、2015 年以来各级财政补贴比例等。

（六）相关表格。省级财政部门及有关中央单位应填报上年度中央财政农业保险保险费补贴资金结算表（附件 1、附件 3），当年中央财政农业保险保险费补贴资金测算表（附件 2、附件 4）以及《农业保险保险费补贴资金到位承诺函》，专员办对上年度资金结算情况进行审核后，填报中央财政农业保险保险费补贴资金专员办确认结算表（附件 1、附件 3）。

（七）其他材料。财政部要求、地方财政部门认为应当报送或有必要进行说明的材料。

第二十六条　地方财政部门及有关中央单位对报送材料的真实性负责，在此基础上专员办履行审核职责。专员办重点审核上年度中央财政补贴资金是否按规定用途使用、相关险种是否属于中央财政补贴范围、中央财政补贴资金是否层层分解下达等。专员办可根据各地实际情况以及国家有关政策规定，适当扩大审核范围。

原则上，专员办应当在收到结算材料后 1 个月内，出具审核意见送财政部，并抄送相关财政部门或中央单位。省级财政部门及有关中央单位应当在收到专员办审核意见后 10 日内向财政部报送补贴资金结算材料，并附专员办审核意见。

第二十七条　省级财政部门及有关中央单位应加强和完善预算编制工作，根据补贴险种的投保面积、投保数量、保险金额、保险费率和保险费补贴比例等，测算下一年度各级财政应当承担的保险费补贴资金，并于每年 10 月 10 日前上报财政部，并抄送对口专员办。

第二十八条 对未按上述规定时间报送专项资金申请材料的地区，财政部和专员办不予受理，视同该年度该地区（单位）不申请中央财政农业保险保险费补贴。

第二十九条 对于省级财政部门和中央单位上报的保险费补贴预算申请，符合本办法规定条件的，财政部将给予保险费补贴支持。

第三十条 财政部在收到省级财政部门、中央单位按照本办法第二十五条规定报送的材料以及专员办审核意见，结合预算收支和已预拨保险费补贴资金等情况，清算上年度并拨付当年剩余保险费补贴资金。

对以前年度中央财政补贴资金结余较多的地区，省级财政部门（中央单位）应当进行说明。对连续两年结余资金较多且无特殊原因的地方（中央单位），财政部将根据预算管理相关规定，结合当年中央财政收支状况、地方（中央单位）实际执行情况等，收回中央财政补贴结余资金，并酌情扣减该地区（单位）当年预拨资金。

第三十一条 省级财政部门在收到中央财政补贴资金后，原则上应在 1 个月内对保险费补贴进行分解下达。地方财政部门应当根据农业保险承保进度及签单情况，及时向经办机构拨付保险费补贴资金，不得拖欠。

第三十二条 省级财政部门应随时掌握补贴资金的实际使用情况，及时安排资金支付保险费补贴，确保农业保险保单依法按时生效。对中央财政应承担的补贴资金缺口，省级财政部门可在次年向财政部报送资金结算申请时一并提出。

第三十三条 保险费补贴资金支付按照国库集中支付制度有关规定执行。

上级财政部门通过国库资金调度将保险费补贴资金逐级拨付下级财政部门。保险费补贴资金不再通过中央专项资金财政零余额账户和中央专项资金特设专户支付。

有关中央单位的保险费补贴资金，按照相关预算管理体制拨付。

第六章 机构管理

第三十四条 省级财政部门或相关负责部门应当根据相关规定，建立健全补贴险种经办机构评选、考核等相关制度，按照公平、公正、公开和优胜劣汰的原则，通过招标等方式确定符合条件的经办机构，提高保险服务水平与质量。招标时要考虑保持一定期限内县域经办机构的稳定，引导经办机构加大投入，提高服务水平。

第三十五条 补贴险种经办机构应当满足以下条件：

（一）经营资质。符合保险监督管理部门规定的农业保险业务经营条件，具有经保险监管部门备案或审批的保险产品。

（二）专业能力。具备专门的农业保险技术人才、内设机构及业务管理经验，能够做好条款设计、费率厘定、承保展业、查勘定损、赔偿处理等相关工作。

（三）机构网络。在拟开展补贴险种业务的县级区域具有分支机构，在农村基层具有服务站点，能够深入农村基层提供服务。

（四）风险管控。具备与其业务相适应的资本实力、完善的内控制度、稳健的风险应对方案和再保险安排。

（五）信息管理。信息系统完善，能够实现农业保险与其他保险业务分开管理，单独核算损益，满足信息统计报送需求。

（六）国家及各地规定的其他条件。

第三十六条 经办机构要增强社会责任感，兼顾社会效益与经济效益，把社会效益放在首位，不断提高农业保险服务水平与质量：

（一）增强社会责任感，服务"三农"全局，统筹社会效益与经济效益，积极稳妥做好农业保险工作；

（二）加强农业保险产品与服务创新，合理拟定保险方案，改善承保工作，满足日益增长的"三农"保险需求；

（三）发挥网络、人才、管理、服务等专业优势，迅速及时做好灾后查勘、定损、理赔工作；

（四）加强宣传公示，促进农户了解保险费补贴政策、保险条款及工作进展等情况；

（五）强化风险管控，预防为主、防赔结合，协助做好防灾防损工作，通过再保险等有效分散风险；

（六）其他工作。

第三十七条 经办机构应当按照《财政部关于印发〈农业保险大灾风险准备金管理办法〉的通知》（财金〔2013〕129号）的规定，及时、足额计提农业保险大灾风险准备金，逐年滚存，逐步建立应对农业大灾风险的长效机制。

第三十八条 除农户委托外，地方财政部门不得引入中介机构，为农户与经办机构办理中央财政补贴险种合同签订等有关事宜。中央财政补贴险种的保险费，不得用于向中介机构支付手续费或佣金。

第七章 监督检查

第三十九条 省级财政部门应当按照中央对地方专项转移支付绩效评价有关规定，建立和完善农业保险保险费补贴绩效评价制度，并探索将其与完善农业保险政策、评选保险经办机构等有机结合。

农业保险保险费补贴主要绩效评价指标原则上应当涵盖政府部门（预算单位）、经办机构、综合效益等。各单位可结合实际，对相关指标赋予一定的权重或分值，或增加适应本地实际的其他指标，合理确定农业保险保险费补贴绩效评价结果。

各省级财政部门应于每年8月底之前将上年度农业保险保险费补贴绩效评价结果报财政部，同时抄送对口专员办。

第四十条 财政部将按照"双随机、一公开"等要求，定期或不定期对农业保险保险费补贴工作进行监督检查，对农业保险保险费补贴资金使用情况和效果进行评价，作为研究完善政策的参考依据。

地方各级财政部门应当建立健全预算执行动态监控机制，加强对农业保险保险费补贴资金动态监控，定期自查本地区农业保险保险费补贴工作，财政部驻各地财政监察专员办事处应当定期或不定期抽查，有关情况及时报告财政部。

第四十一条　禁止以下列方式骗取农业保险保险费补贴：

（一）虚构或者虚增保险标的，或者以同一保险标的进行多次投保；

（二）通过虚假理赔、虚列费用、虚假退保或者截留、代领或挪用赔款、挪用经营费用等方式，冲销投保农户缴纳保险费或者财政补贴资金；

（三）其他骗取农业保险保险费补贴资金的方式。

第四十二条　对于地方财政部门、经办机构以任何方式骗取保险费补贴资金的，财政部及专员办将责令其改正并追回相应保险费补贴资金，视情况暂停其中央财政农业保险保险费补贴资格等，专员办可向财政部提出暂停补贴资金的建议。

各级财政、专员办及其工作人员在农业保险保险费补贴专项资金审核工作中，存在报送虚假材料、违反规定分配资金、向不符合条件的单位分配资金或者擅自超出规定的范围或者标准分配或使用专项资金，以及滥用职权、玩忽职守、徇私舞弊等违法违纪行为的，按照《预算法》《公务员法》《行政监察法》《财政违法行为处罚处分条例》等国家有关规定追究相应责任；涉嫌犯罪的，移送司法机关处理。

第八章　附　则

第四十三条　各地和经办机构应当根据本办法规定，及时制定和完善相关实施细则。

第四十四条　本办法自 2017 年 1 月 1 日起施行。《财政部关于印发〈中央财政种植业保险保险费补贴管理办法〉的通知》（财金〔2008〕26 号）、《财政部关于印发〈中央财政养殖业保险保险费补贴管理办法〉的通知》（财金〔2008〕27 号）、《财政部关于中央财政森林保险保险费补贴试点工作有关事项的通知》（财金〔2009〕25 号）同时废止，其他有关规定与本办法不符的，以本办法为准。

附录 5　《森林病虫害防治条例》

（1989 年 11 月 17 日国务院第 50 次劳务宪法通过　1989 年 12 月 18 日中华人民共和国国务院令第 46 号令公布　自公布之日起施行）

第一章　总　则

第一条　为有效防治森林病虫害，保护森林资源，促进林业发展，维护自然生态平衡，根据《中华人民共和国森林法》有关规定，制定本条例。

第二条　本条例所称森林病虫害防治，是指对森林、林木、林木种苗及木材、竹材的病害和虫害的预防和除治。

第三条　森林病虫害防治实行"预防为主，综合治理"的方针。

第四条　森林病虫害防治实行"谁经营，谁防治"的责任制度。

地方各级人民政府应当制定措施和制度，加强对森林病虫害防治工作的领导。

第五条　国务院林业主管部门主管全国森林病虫害防治工作。

县级以上地方各级人民政府林业主管部门主管本行政区域内的森林病虫害防治工作，其所属的森林病虫害防治机构负责森林病虫害防治的具体组织工作。

区、乡林业工作站负责组织本区、乡的森林病虫害防治工作。

第六条　国家鼓励和支持森林病虫害防治科学研究，推广和应用先进技术，提高科学防治水平。

第二章　森林病虫害的预防

第七条　森林经营单位和个人在森林的经营活动中应当遵守下列规定：

（一）植树造林应当适地适树，提倡营造混交林，合理搭配树种，依照国家规定选用林木良种；造林设计方案必须有森林病虫害防治措施；

（二）禁止使用带有危险性病虫害的林木种苗进行育苗或者造林；

（三）对幼龄林和中龄林应当及时进行抚育管理，清除已经感染病虫害的林木；

（四）有计划地实行封山育林，改变纯林生态环境；

（五）及时清理火烧迹地，伐除受害严重的过火林木；

（六）采伐后的林木应当及时运出伐区并清理现场。

第八条　各级人民政府林业主管部门应当有计划地组织建立无检疫对象的林木种苗基地。各级森林病虫害防治机构应当依法对林木种苗和木材、竹材进行产地和调运检疫；发现新传入的危险性病虫害，应当及时采取严密封锁、扑灭措施，不得将危险性病虫害传出。

各口岸动植物检疫机构，应当按照国家有关进出境动植物检疫的法律规定，加强进境林木种苗和木材、竹材的检疫工作，防止境外森林病虫害传入。

第九条　各级人民政府林业主管部门应当组织和监督森林经营单位和个人，采取有效措施，保护好林内各种有益生物，并有计划地进行繁殖和培养，发挥生物防治作用。

第十条　国务院林业主管部门和省、自治区、直辖市人民政府林业主管部门的森林病虫害防治机构，应当综合分析各地测报数据，定期分别发布全国和本行政区域的森林病虫害中、长期趋势预报，并提出防治方案。

县、市、自治州人民政府林业主管部门或者其所属的森林病虫害防治机构，应当综合分析基层单位测报数据，发布当地森林病虫害短、中期预报，并提出防治方案。

全民所有的森林和林木，由国营林业局、国营林场或者其他经营单位组织森林病虫害情况调查。

集体和个人所有的森林和林木，由区、乡林业工作站或者县森林病虫害防治机构组织森林病虫害情况调查。

各调查单位应当按照规定向上   级林业主管部门或者其森林病虫害防治机构报告森林病虫害的调查情况。

第十一条 国务院林业主管部门负责制定主要森林病虫害的测报对象及测报办法；省、自治区、直辖市人民政府林业主管部门可以根据本行政区域的情况作出补充规定，并报国务院林业主管部门备案。

国务院林业主管部门和省、自治区、直辖市人民政府林业主管部门的森林病虫害防治机构可以在不同地区根据实际需要建立中心测报点，对测报对象进行调查与监测。

第十二条 地方各级人民政府林业主管部门应当对经常发生森林病虫害的地区，实施以营林措施为主，生物、化学和物理防治相结合的综合治理措施，逐步改变森林生态环境，提高森林抗御自然灾害的能力。

第十三条 各级人民政府林业主管部门可以根据森林病虫害防治的实际需要，建设下列设施：

（一）药剂、器械及其储备仓库；

（二）临时简易机场；

（三）测报试验室、检疫检验室、检疫隔离试种苗圃；

（四）林木种苗及木材熏蒸除害设施。

第三章 森林病虫害的除治

第十四条 发现严重森林病虫害的单位和个人，应当及时向当地人民政府或者林业主管部门报告。

当地人民政府或者林业主管部门接到报告后，应当及时组织除治，同时报告所在省、自治区、直辖市人民政府林业主管部门。

发生大面积暴发性或者危险性森林病虫害时，省、自治区、直辖市人民政府林业主管部门应当及时报告国务院林业主管部门。

第十五条 发生暴发性或者危险性的森林病虫害时，当地人民政府应当根据实际需要，组织有关部门建立森林病虫害防治临时指挥机构，负责制定紧急除治措施，协调解决工作中的重大问题。

第十六条 县级以上地方人民政府或者其林业主管部门应当制定除治森林病虫害的实施计划，并组织好交界地区的联防联治，对除治情况定期检查。

第十七条 施药必须遵守有关规定，防止环境污染，保证人畜安全，减少杀伤有益生物。

使用航空器施药时，当地人民政府林业主管部门应当事先进行调查设计，做好地面准备工作；林业、民航、气象部门应当密切配合，保证作业质量。

第十八条　发生严重森林病虫害时，所需的防治药剂、器械、油料等，商业、供销、物资、石油化工等部门应当优先供应，铁路、交通、民航部门应当优先承运，民航部门应当优先安排航空器施药。

第十九条　森林病虫害防治费用，全民所有的森林和林木，依照国家有关规定，分别从育林基金、木竹销售收入、多种经营收入和事业费中解决；集体和个人所有的森林和林木，由经营者负担，地方各级人民政府可以给予适当扶持。

对暂时没有经济收入的森林、林木和长期没有经济收入的防护林、水源林、特种用途林的森林经营单位和个人，其所需的森林病虫害防治费用由地方各级人民政府给予适当扶持。

发生大面积暴发性或者危险性病虫害，森林经营单位或者个人确实无力负担全部防治费用的，各级人民政府应当给予补助。

第二十条　国家在重点林区逐步实行森林病虫害保险制度，具体办法由中国人民保险公司会同国务院林业主管部门制定。

第四章　奖励和惩罚

第二十一条　有下列成绩之一的单位和个人，由人民政府或者林业主管部门给予奖励：

（一）严格执行森林病虫害防治法规，预防和除治措施得力，在本地区或者经营区域内，连续五年没有发生森林病虫害的；

（二）预报病情、虫情及时准确，并提出防治森林病虫害的合理化建议，被有关部门采纳，获得显著效益的；

（三）在森林病虫害防治科学研究中取得成果或者在应用推广科研成果中获得重大效益的；

（四）在林业基层单位连续从事森林病虫害防治工作满十年，工作成绩较好的；

（五）在森林病虫害防治工作中有其他显著成绩的。

第二十二条　有下列行为之一的，责令限期除治、赔偿损失，可以并处一百元至二千元的罚款：

（一）用带有危险性病虫害的林木种苗进行育苗或者造林的；

（二）发生森林病虫害不除治或者除治不力，造成森林病虫害蔓延成灾的；

（三）隐瞒或者虚报森林病虫害情况，造成森林病虫害蔓延成灾的。

第二十三条　违反植物检疫法规调运林木种苗或者木材的，除依照植物检疫法规处罚外，并可处五十元至二千元的罚款。

第二十四条　有本条例第二十二条、第二十三条规定行为的责任人员或者在森林病虫害防治工作中有失职行为的国家工作人员，由其所在单位或者上级机关给予行政处分；构成犯罪的，由司法机关依法追究刑事责任。

第二十五条　被责令限期除治森林病虫害者不除治的，林业主管部门或者其授权的单位可以代为除治，由被责令限期除治者承担全部防治费用。

代为除治森林病虫害的工作，不因被责令限期除治者申请复议或者起诉而停止执行。

第二十六条 本条例规定的行政处罚，由县级以上人民政府林业主管部门或其授权的单位决定。

当事人对行政处罚决定不服的，可以在接到处罚通知之日起十五日内向作出处罚决定机关的上一级机关申请复议；对复议决定不服的，可以在接到复议决定书之日起十五日内向人民法院起诉。当事人也可以在接到处罚通知之日起十五日内直接向人民法院起诉。期满不申请复议或者不起诉又不履行处罚决定的，由作出处罚决定的机关申请人民法院强制执行。

第五章　附　则

第二十七条 本条例由国务院林业主管部门负责解释。

第二十八条 省、自治区、直辖市人民政府可以根据本条例结合本地实际情况，制定实施办法。

第二十九条 城市园林管理部门管理的森林和林木，其病虫害防治工作由城市园林管理部门参照本条例执行。

第三十条 本条例自发布之日起施行。

附录6　《森林防火条例》

（1988年1月16日国务院发布　2008年11月19日国务院第36次常务会议修订通过）

第一章　总　则

第一条 为了有效预防和扑救森林火灾，保障人民生命财产安全，保护森林资源，维护生态安全，根据《中华人民共和国森林法》，制定本条例。

第二条 本条例适用于中华人民共和国境内森林火灾的预防和扑救。但是，城市市区的除外。

第三条 森林防火工作实行预防为主、积极消灭的方针。

第四条 国家森林防火指挥机构负责组织、协调和指导全国的森林防火工作。

国务院林业主管部门负责全国森林防火的监督和管理工作，承担国家森林防火指挥机构的日常工作。

国务院其他有关部门按照职责分工，负责有关的森林防火工作。

第五条 森林防火工作实行地方各级人民政府行政首长负责制。

县级以上地方人民政府根据实际需要设立的森林防火指挥机构，负责组织、协调和指导本行政区域的森林防火工作。

县级以上地方人民政府林业主管部门负责本行政区域森林防火的监督和管理工作，承担本级人民政府森林防火指挥机构的日常工作。

县级以上地方人民政府其他有关部门按照职责分工，负责有关的森林防火工作。

第六条 森林、林木、林地的经营单位和个人，在其经营范围内承担森林防火责任。

第七条 森林防火工作涉及两个以上行政区域的，有关地方人民政府应当建立森林防火联防机制，确定联防区域，建立联防制度，实行信息共享，并加强监督检查。

第八条 县级以上人民政府应当将森林防火基础设施建设纳入国民经济和社会发展规划，将森林防火经费纳入本级财政预算。

第九条 国家支持森林防火科学研究，推广和应用先进的科学技术，提高森林防火科技水平。

第十条 各级人民政府、有关部门应当组织经常性的森林防火宣传活动，普及森林防火知识，做好森林火灾预防工作。

第十一条 国家鼓励通过保险形式转移森林火灾风险，提高林业防灾减灾能力和灾后自我救助能力。

第十二条 对在森林防火工作中作出突出成绩的单位和个人，按照国家有关规定，给予表彰和奖励。

对在扑救重大、特别重大森林火灾中表现突出的单位和个人，可以由森林防火指挥机构当场给予表彰和奖励。

第二章 森林火灾的预防

第十三条 省、自治区、直辖市人民政府林业主管部门应当按照国务院林业主管部门制定的森林火险区划等级标准，以县为单位确定本行政区域的森林火险区划等级，向社会公布，并报国务院林业主管部门备案。

第十四条 国务院林业主管部门应当根据全国森林火险区划等级和实际工作需要，编制全国森林防火规划，报国务院或者国务院授权的部门批准后组织实施。

县级以上地方人民政府林业主管部门根据全国森林防火规划，结合本地实际，编制本行政区域的森林防火规划，报本级人民政府批准后组织实施。

第十五条 国务院有关部门和县级以上地方人民政府应当按照森林防火规划，加强森林防火基础设施建设，储备必要的森林防火物资，根据实际需要整合、完善森林防火指挥信息系统。

国务院和省、自治区、直辖市人民政府根据森林防火实际需要，充分利用卫星遥感技术和现有军用、民用航空基础设施，建立相关单位参与的航空护林协作机制，完善航空护林基础设施，并保障航空护林所需经费。

第十六条 国务院林业主管部门应当按照有关规定编制国家重大、特别重大森林火灾应急预案，报国务院批准。

县级以上地方人民政府林业主管部门应当按照有关规定编制森林火灾应急预案，报本级人民政府批准，并报上一级人民政府林业主管部门备案。

县级人民政府应当组织乡（镇）人民政府根据森林火灾应急预案制定森林火灾应急处置办法；村民委员会应当按照森林火灾应急预案和森林火灾应急处置办法的规定，协助做好森林火灾应急处置工作。

县级以上人民政府及其有关部门应当组织开展必要的森林火灾应急预案的演练。

第十七条 森林火灾应急预案应当包括下列内容：

（一）森林火灾应急组织指挥机构及其职责；

（二）森林火灾的预警、监测、信息报告和处理；

（三）森林火灾的应急响应机制和措施；

（四）资金、物资和技术等保障措施；

（五）灾后处置。

第十八条 在林区依法开办工矿企业、设立旅游区或者新建开发区的，其森林防火设施应当与该建设项目同步规划、同步设计、同步施工、同步验收；在林区成片造林的，应当同时配套建设森林防火设施。

第十九条 铁路的经营单位应当负责本单位所属林地的防火工作，并配合县级以上地方人民政府做好铁路沿线森林火灾危险地段的防火工作。

电力、电信线路和石油天然气管道的森林防火责任单位，应当在森林火灾危险地段开设防火隔离带，并组织人员进行巡护。

第二十条 森林、林木、林地的经营单位和个人应当按照林业主管部门的规定，建立森林防火责任制，划定森林防火责任区，确定森林防火责任人，并配备森林防火设施和设备。

第二十一条 地方各级人民政府和国有林业企业、事业单位应当根据实际需要，成立森林火灾专业扑救队伍；县级以上地方人民政府应当指导森林经营单位和林区的居民委员会、村民委员会、企业、事业单位建立森林火灾群众扑救队伍。专业的和群众的火灾扑救队伍应当定期进行培训和演练。

第二十二条 森林、林木、林地的经营单位配备的兼职或者专职护林员负责巡护森林，管理野外用火，及时报告火情，协助有关机关调查森林火灾案件。

第二十三条 县级以上地方人民政府应当根据本行政区域内森林资源分布状况和森林火灾发生规律，划定森林防火区，规定森林防火期，并向社会公布。

森林防火期内，各级人民政府森林防火指挥机构和森林、林木、林地的经营单位和个人，应当根据森林火险预报，采取相应的预防和应急准备措施。

第二十四条 县级以上人民政府森林防火指挥机构，应当组织有关部门对森林防火区内有关单位的森林防火组织建设、森林防火责任制落实、森林防火设施建设等情况进行检查；对检查中发现的森林火灾隐患，县级以上地方人民政府林业主管部门应当及时向有关单位下达森林火灾隐患整改通知书，责令限期整改，消除隐患。

被检查单位应当积极配合，不得阻挠、妨碍检查活动。

第二十五条　森林防火期内，禁止在森林防火区野外用火。因防治病虫鼠害、冻害等特殊情况确需野外用火的，应当经县级人民政府批准，并按照要求采取防火措施，严防失火；需要进入森林防火区进行实弹演习、爆破等活动的，应当经省、自治区、直辖市人民政府林业主管部门批准，并采取必要的防火措施；中国人民解放军和中国人民武装警察部队因处置突发事件和执行其他紧急任务需要进入森林防火区的，应当经其上级主管部门批准，并采取必要的防火措施。

第二十六条　森林防火期内，森林、林木、林地的经营单位应当设置森林防火警示宣传标志，并对进入其经营范围的人员进行森林防火安全宣传。

森林防火期内，进入森林防火区的各种机动车辆应当按照规定安装防火装置，配备灭火器材。

第二十七条　森林防火期内，经省、自治区、直辖市人民政府批准，林业主管部门、国务院确定的重点国有林区的管理机构可以设立临时性的森林防火检查站，对进入森林防火区的车辆和人员进行森林防火检查。

第二十八条　森林防火期内，预报有高温、干旱、大风等高火险天气的，县级以上地方人民政府应当划定森林高火险区，规定森林高火险期。必要时，县级以上地方人民政府可以根据需要发布命令，严禁一切野外用火；对可能引起森林火灾的居民生活用火应当严格管理。

第二十九条　森林高火险期内，进入森林高火险区的，应当经县级以上地方人民政府批准，严格按照批准的时间、地点、范围活动，并接受县级以上地方人民政府林业主管部门的监督管理。

第三十条　县级以上人民政府林业主管部门和气象主管机构应当根据森林防火需要，建设森林火险监测和预报台站，建立联合会商机制，及时制作发布森林火险预警预报信息。

气象主管机构应当无偿提供森林火险天气预报服务。广播、电视、报纸、互联网等媒体应当及时播发或者刊登森林火险大气预报。

第三章　森林火灾的扑救

第三十一条　县级以上地方人民政府应当公布森林火警电话，建立森林防火值班制度。

任何单位和个人发现森林火灾，应当立即报告。接到报告的当地人民政府或者森林防火指挥机构应当立即派人赶赴现场，调查核实，采取相应的扑救措施，并按照有关规定逐级报上级人民政府和森林防火指挥机构。

第三十二条　发生下列森林火灾，省、自治区、直辖市人民政府森林防火指挥机构应当立即报告国家森林防火指挥机构，由国家森林防火指挥机构按照规定报告国务院，并及时通报国务院有关部门：

（一）国界附近的森林火灾；

（二）重大、特别重大森林火灾；

（三）造成 3 人以上死亡或者 10 人以上重伤的森林火灾；

（四）威胁居民区或者重要设施的森林火灾；

（五）24 小时尚未扑灭明火的森林火灾；

（六）未开发原始林区的森林火灾；

（七）省、自治区、直辖市交界地区危险性大的森林火灾；

（八）需要国家支援扑救的森林火灾。

本条第一款所称"以上"包括本数。

第三十三条　发生森林火灾，县级以上地方人民政府森林防火指挥机构应当按照规定立即启动森林火灾应急预案；发生重大、特别重大森林火灾，国家森林防火指挥机构应当立即启动重大、特别重大森林火灾应急预案。

森林火灾应急预案启动后，有关森林防火指挥机构应当在核实火灾准确位置、范围以及风力、风向、火势的基础上，根据火灾现场天气、地理条件，合理确定扑救方案，划分扑救地段，确定扑救责任人，并指定负责人及时到达森林火灾现场具体指挥森林火灾的扑救。

第三十四条　森林防火指挥机构应当按照森林火灾应急预案，统一组织和指挥森林火灾的扑救。

扑救森林火灾，应当坚持以人为本、科学扑救，及时疏散、撤离受火灾威胁的群众，并做好火灾扑救人员的安全防护，尽最大可能避免人员伤亡。

第三十五条　扑救森林火灾应当以专业火灾扑救队伍为主要力量；组织群众扑救队伍扑救森林火灾的，不得动员残疾人、孕妇和未成年人以及其他不适宜参加森林火灾扑救的人员参加。

第三十六条　武装警察森林部队负责执行国家赋予的森林防火任务。武装警察森林部队执行森林火灾扑救任务，应当接受火灾发生地县级以上地方人民政府森林防火指挥机构的统一指挥；执行跨省、自治区、直辖市森林火灾扑救任务的，应当接受国家森林防火指挥机构的统一指挥。

中国人民解放军执行森林火灾扑救任务的，依照《军队参加抢险救灾条例》的有关规定执行。

第三十七条　发生森林火灾，有关部门应当按照森林火灾应急预案和森林防火指挥机构的统一指挥，做好扑救森林火灾的有关工作。

气象主管机构应当及时提供火灾地区天气预报和相关信息，并根据天气条件适时开展人工增雨作业。

交通运输主管部门应当优先组织运送森林火灾扑救人员和扑救物资。

通信主管部门应当组织提供应急通信保障。

民政部门应当及时设置避难场所和救灾物资供应点，紧急转移并妥善安置灾民，开展受灾群众救助工作。

公安机关应当维护治安秩序，加强治安管理。

商务、卫生等主管部门应当做好物资供应、医疗救护和卫生防疫等工作。

第三十八条　因扑救森林火灾的需要，县级以上人民政府森林防火指挥机构可以决定采取开设防火隔离带、清除障碍物、应急取水、局部交通管制等应急措施。

因扑救森林火灾需要征用物资、设备、交通运输工具的，由县级以上人民政府决定。扑火工作结束后，应当及时返还被征用的物资、设备和交通工具，并依照有关法律规定给予补偿。

第三十九条　森林火灾扑灭后，火灾扑救队伍应当对火灾现场进行全面检查，清理余火，并留有足够人员看守火场，经当地人民政府森林防火指挥机构检查验收合格，方可撤出看守人员。

第四章　灾后处置

第四十条　按照受害森林面积和伤亡人数，森林火灾分为一般森林火灾、较大森林火灾、重大森林火灾和特别重大森林火灾：

（一）一般森林火灾：受害森林面积在 1 公顷以下或者其他林地起火的，或者死亡 1 人以上 3 人以下的，或者重伤 1 人以上 10 人以下的；

（二）较大森林火灾：受害森林面积在 1 公顷以上 100 公顷以下的，或者死亡 3 人以上 10 人以下的，或者重伤 10 人以上 50 人以下的；

（三）重大森林火灾：受害森林面积在 100 公顷以上 1000 公顷以下的，或者死亡 10 人以上 30 人以下的，或者重伤 50 人以上 100 人以下的；

（四）特别重大森林火灾：受害森林面积在 1000 公顷以上的，或者死亡 30 人以上的，或者重伤 100 人以上的。

本条第一款所称"以上"包括本数，"以下"不包括本数。

第四十一条　县级以上人民政府林业主管部门应当会同有关部门及时对森林火灾发生原因、肇事者、受害森林面积和蓄积、人员伤亡、其他经济损失等情况进行调查和评估，向当地人民政府提出调查报告；当地人民政府应当根据调查报告，确定森林火灾责任单位和责任人，并依法处理。

森林火灾损失评估标准，由国务院林业主管部门会同有关部门制定。

第四十二条　县级以上地方人民政府林业主管部门应当按照有关要求对森林火灾情况进行统计，报上级人民政府林业主管部门和本级人民政府统计机构，并及时通报本级人民政府有关部门。

森林火灾统计报告表由国务院林业主管部门制定，报国家统计局备案。

第四十三条　森林火灾信息由县级以上人民政府森林防火指挥机构或者林业主管部门向社会发布。重大、特别重大森林火灾信息由国务院林业主管部门发布。

第四十四条　对因扑救森林火灾负伤、致残或者死亡的人员，按照国家有关规定给予医疗、抚恤。

第四十五条 参加森林火灾扑救的人员的误工补贴和生活补助以及扑救森林火灾所发生的其他费用，按照省、自治区、直辖市人民政府规定的标准，由火灾肇事单位或者个人支付；起火原因不清的，由起火单位支付；火灾肇事单位、个人或者起火单位确实无力支付的部分，由当地人民政府支付。误工补贴和生活补助以及扑救森林火灾所发生的其他费用，可以由当地人民政府先行支付。

第四十六条 森林火灾发生后，森林、林木、林地的经营单位和个人应当及时采取更新造林措施，恢复火烧迹地森林植被。

第五章 法律责任

第四十七条 违反本条例规定，县级以上地方人民政府及其森林防火指挥机构、县级以上人民政府林业主管部门或者其他有关部门及其工作人员，有下列行为之一的，由其上级行政机关或者监察机关责令改正；情节严重的，对直接负责的主管人员和其他直接责任人员依法给予处分；构成犯罪的，依法追究刑事责任：

（一）未按照有关规定编制森林火灾应急预案的；

（二）发现森林火灾隐患未及时下达森林火灾隐患整改通知书的；

（三）对不符合森林防火要求的野外用火或者实弹演习、爆破等活动予以批准的；

（四）瞒报、谎报或者故意拖延报告森林火灾的；

（五）未及时采取森林火灾扑救措施的；

（六）不依法履行职责的其他行为。

第四十八条 违反本条例规定，森林、林木、林地的经营单位或者个人未履行森林防火责任的，由县级以上地方人民政府林业主管部门责令改正，对个人处 500 元以上 5000 元以下罚款，对单位处 1 万元以上 5 万元以下罚款。

第四十九条 违反本条例规定，森林防火区内的有关单位或者个人拒绝接受森林防火检查或者接到森林火灾隐患整改通知书逾期不消除火灾隐患的，由县级以上地方人民政府林业主管部门责令改正，给予警告，对个人并处 200 元以上 2000 元以下罚款，对单位并处 5000 元以上 1 万元以下罚款。

第五十条 违反本条例规定，森林防火期内未经批准擅自在森林防火区内野外用火的，由县级以上地方人民政府林业主管部门责令停止违法行为，给予警告，对个人并处 200 元以上 3000 元以下罚款，对单位并处 1 万元以上 5 万元以下罚款。

第五十一条 违反本条例规定，森林防火期内未经批准在森林防火区内进行实弹演习、爆破等活动的，由县级以上地方人民政府林业主管部门责令停止违法行为，给予警告，并处 5 万元以上 10 万元以下罚款。

第五十二条 违反本条例规定，有下列行为之一的，由县级以上地方人民政府林业主管部门责令改正，给予警告，对个人并处 200 元以上 2000 元以下罚款，对单位并处 2000 元以上 5000 元以下罚款：

（一）森林防火期内，森林、林木、林地的经营单位未设置森林防火警示宣传标志的；

（二）森林防火期内，进入森林防火区的机动车辆未安装森林防火装置的；

（三）森林高火险期内，未经批准擅自进入森林高火险区活动的。

第五十三条　违反本条例规定，造成森林火灾，构成犯罪的，依法追究刑事责任；尚不构成犯罪的，除依照本条例第四十八条、第四十九条、第五十条、第五十一条、第五十二条的规定追究法律责任外，县级以上地方人民政府林业主管部门可以责令责任人补种树木。

第六章　附　则

第五十四条　森林消防专用车辆应当按照规定喷涂标志图案，安装警报器、标志灯具。

第五十五条　在中华人民共和国边境地区发生的森林火灾，按照中华人民共和国政府与有关国家政府签订的有关协定开展扑救工作；没有协定的，由中华人民共和国政府和有关国家政府协商办理。

第五十六条　本条例自 2009 年 1 月 1 日起施行。

附录 7　《中华人民共和国动物防疫法》

（1997 年 7 月 3 日第八届全国人民代表大会常务委员会第二十六次会议通过，2007 年 8 月 30 日第十届全国人民代表大会常务委员会第二十九次会议修订）

第一章　总　则

第一条　为了加强对动物防疫活动的管理，预防、控制和扑灭动物疫病，促进养殖业发展，保护人体健康，维护公共卫生安全，制定本法。

第二条　本法适用于在中华人民共和国领域内的动物防疫及其监督管理活动。

进出境动物、动物产品的检疫，适用《中华人民共和国进出境动植物检疫法》。

第三条　本法所称动物，是指家畜家禽和人工饲养、合法捕获的其他动物。

本法所称动物产品，是指动物的肉、生皮、原毛、绒、脏器、脂、血液、精液、卵、胚胎、骨、蹄、头、角、筋以及可能传播动物疫病的奶、蛋等。

本法所称动物疫病，是指动物传染病、寄生虫病。

本法所称动物防疫，是指动物疫病的预防、控制、扑灭和动物、动物产品的检疫。

第四条　根据动物疫病对养殖业生产和人体健康的危害程度，本法规定管理的动物疫病分为下列三类：

（一）一类疫病，是指对人与动物危害严重，需要采取紧急、严厉的强制预防、控制、扑灭等措施的；

（二）二类疫病，是指可能造成重大经济损失，需要采取严格控制、扑灭等措施，防止扩散的；

（三）三类疫病，是指常见多发、可能造成重大经济损失，需要控制和净化的。

前款一、二、三类动物疫病具体病种名录由国务院兽医主管部门制定并公布。

第五条 国家对动物疫病实行预防为主的方针。

第六条 县级以上人民政府应当加强对动物防疫工作的统一领导，加强基层动物防疫队伍建设，建立健全动物防疫体系，制定并组织实施动物疫病防治规划。

乡级人民政府、城市街道办事处应当组织群众协助做好本管辖区域内的动物疫病预防与控制工作。

第七条 国务院兽医主管部门主管全国的动物防疫工作。

县级以上地方人民政府兽医主管部门主管本行政区域内的动物防疫工作。

县级以上人民政府其他部门在各自的职责范围内做好动物防疫工作。

军队和武装警察部队动物卫生监督职能部门分别负责军队和武装警察部队现役动物及饲养自用动物的防疫工作。

第八条 县级以上地方人民政府设立的动物卫生监督机构依照本法规定，负责动物、动物产品的检疫工作和其他有关动物防疫的监督管理执法工作。

第九条 县级以上人民政府按照国务院的规定，根据统筹规划、合理布局、综合设置的原则建立动物疫病预防控制机构，承担动物疫病的监测、检测、诊断、流行病学调查、疫情报告以及其他预防、控制等技术工作。

第十条 国家支持和鼓励开展动物疫病的科学研究以及国际合作与交流，推广先进适用的科学研究成果，普及动物防疫科学知识，提高动物疫病防治的科学技术水平。

第十一条 对在动物防疫工作、动物防疫科学研究中做出成绩和贡献的单位和个人，各级人民政府及有关部门给予奖励。

第二章 动物疫病的预防

第十二条 国务院兽医主管部门对动物疫病状况进行风险评估，根据评估结果制定相应的动物疫病预防、控制措施。

国务院兽医主管部门根据国内外动物疫情和保护养殖业生产及人体健康的需要，及时制定并公布动物疫病预防、控制技术规范。

第十三条 国家对严重危害养殖业生产和人体健康的动物疫病实施强制免疫。国务院兽医主管部门确定强制免疫的动物疫病病种和区域，并会同国务院有关部门制定国家动物疫病强制免疫计划。

省、自治区、直辖市人民政府兽医主管部门根据国家动物疫病强制免疫计划，制订本行政区域的强制免疫计划；并可以根据本行政区域内动物疫病流行情况增加实施强制免疫的动物疫病病种和区域，报本级人民政府批准后执行，并报国务院兽医主管部门备案。

第十四条 县级以上地方人民政府兽医主管部门组织实施动物疫病强制免疫计划。乡级人民政府、城市街道办事处应当组织本管辖区域内饲养动物的单位和个人做好强制免疫工作。

饲养动物的单位和个人应当依法履行动物疫病强制免疫义务，按照兽医主管部门的要求做好强制免疫工作。

经强制免疫的动物，应当按照国务院兽医主管部门的规定建立免疫档案，加施畜禽标识，实施可追溯管理。

第十五条　县级以上人民政府应当建立健全动物疫情监测网络，加强动物疫情监测。

国务院兽医主管部门应当制定国家动物疫病监测计划。省、自治区、直辖市人民政府兽医主管部门应当根据国家动物疫病监测计划，制定本行政区域的动物疫病监测计划。

动物疫病预防控制机构应当按照国务院兽医主管部门的规定，对动物疫病的发生、流行等情况进行监测；从事动物饲养、屠宰、经营、隔离、运输以及动物产品生产、经营、加工、贮藏等活动的单位和个人不得拒绝或者阻碍。

第十六条　国务院兽医主管部门和省、自治区、直辖市人民政府兽医主管部门应当根据对动物疫病发生、流行趋势的预测，及时发出动物疫情预警。地方各级人民政府接到动物疫情预警后，应当采取相应的预防、控制措施。

第十七条　从事动物饲养、屠宰、经营、隔离、运输以及动物产品生产、经营、加工、贮藏等活动的单位和个人，应当依照本法和国务院兽医主管部门的规定，做好免疫、消毒等动物疫病预防工作。

第十八条　种用、乳用动物和宠物应当符合国务院兽医主管部门规定的健康标准。

种用、乳用动物应当接受动物疫病预防控制机构的定期检测；检测不合格的，应当按照国务院兽医主管部门的规定予以处理。

第十九条　动物饲养场（养殖小区）和隔离场所，动物屠宰加工场所，以及动物和动物产品无害化处理场所，应当符合下列动物防疫条件：

（一）场所的位置与居民生活区、生活饮用水源地、学校、医院等公共场所的距离符合国务院兽医主管部门规定的标准；

（二）生产区封闭隔离，工程设计和工艺流程符合动物防疫要求；

（三）有相应的污水、污物、病死动物、染疫动物产品的无害化处理设施设备和清洗消毒设施设备；

（四）有为其服务的动物防疫技术人员；

（五）有完善的动物防疫制度；

（六）具备国务院兽医主管部门规定的其他动物防疫条件。

第二十条　兴办动物饲养场（养殖小区）和隔离场所，动物屠宰加工场所，以及动物和动物产品无害化处理场所，应当向县级以上地方人民政府兽医主管部门提出申请，并附具相关材料。受理申请的兽医主管部门应当依照本法和《中华人民共和国行政许可法》的规定进行审查。经审查合格的，发给动物防疫条件合格证；不合格的，应当通知申请人并说明理由。需要办理工商登记的，申请人凭动物防疫条件合格证向工商行政管理部门申请办理登记注册手续。

动物防疫条件合格证应当载明申请人的名称、场（厂）址等事项。

经营动物、动物产品的集贸市场应当具备国务院兽医主管部门规定的动物防疫条件，并接受动物卫生监督机构的监督检查。

第二十一条 动物、动物产品的运载工具、垫料、包装物、容器等应当符合国务院兽医主管部门规定的动物防疫要求。

染疫动物及其排泄物、染疫动物产品，病死或者死因不明的动物尸体，运载工具中的动物排泄物以及垫料、包装物、容器等污染物，应当按照国务院兽医主管部门的规定处理，不得随意处置。

第二十二条 采集、保存、运输动物病料或者病原微生物以及从事病原微生物研究、教学、检测、诊断等活动，应当遵守国家有关病原微生物实验室管理的规定。

第二十三条 患有人畜共患传染病的人员不得直接从事动物诊疗以及易感染动物的饲养、屠宰、经营、隔离、运输等活动。

人畜共患传染病名录由国务院兽医主管部门会同国务院卫生主管部门制定并公布。

第二十四条 国家对动物疫病实行区域化管理，逐步建立无规定动物疫病区。无规定动物疫病区应当符合国务院兽医主管部门规定的标准，经国务院兽医主管部门验收合格予以公布。

本法所称无规定动物疫病区，是指具有天然屏障或者采取人工措施，在一定期限内没有发生规定的一种或者几种动物疫病，并经验收合格的区域。

第二十五条 禁止屠宰、经营、运输下列动物和生产、经营、加工、贮藏、运输下列动物产品：

（一）封锁疫区内与所发生动物疫病有关的；

（二）疫区内易感染的；

（三）依法应当检疫而未经检疫或者检疫不合格的；

（四）染疫或者疑似染疫的；

（五）病死或者死因不明的；

（六）其他不符合国务院兽医主管部门有关动物防疫规定的。

第三章 动物疫情的报告、通报和公布

第二十六条 从事动物疫情监测、检验检疫、疫病研究与诊疗以及动物饲养、屠宰、经营、隔离、运输等活动的单位和个人，发现动物染疫或者疑似染疫的，应当立即向当地兽医主管部门、动物卫生监督机构或者动物疫病预防控制机构报告，并采取隔离等控制措施，防止动物疫情扩散。其他单位和个人发现动物染疫或者疑似染疫的，应当及时报告。

接到动物疫情报告的单位，应当及时采取必要的控制处理措施，并按照国家规定的程序上报。

第二十七条 动物疫情由县级以上人民政府兽医主管部门认定；其中重大动物疫

情由省、自治区、直辖市人民政府兽医主管部门认定，必要时报国务院兽医主管部门认定。

第二十八条　国务院兽医主管部门应当及时向国务院有关部门和军队有关部门以及省、自治区、直辖市人民政府兽医主管部门通报重大动物疫情的发生和处理情况；发生人畜共患传染病的，县级以上人民政府兽医主管部门与同级卫生主管部门应当及时相互通报。

国务院兽医主管部门应当依照我国缔结或者参加的条约、协定，及时向有关国际组织或者贸易方通报重大动物疫情的发生和处理情况。

第二十九条　国务院兽医主管部门负责向社会及时公布全国动物疫情，也可以根据需要授权省、自治区、直辖市人民政府兽医主管部门公布本行政区域内的动物疫情。其他单位和个人不得发布动物疫情。

第三十条　任何单位和个人不得瞒报、谎报、迟报、漏报动物疫情，不得授意他人瞒报、谎报、迟报动物疫情，不得阻碍他人报告动物疫情。

第四章　动物疫病的控制和扑灭

第三十一条　发生一类动物疫病时，应当采取下列控制和扑灭措施：

（一）当地县级以上地方人民政府兽医主管部门应当立即派人到现场，划定疫点、疫区、受威胁区，调查疫源，及时报请本级人民政府对疫区实行封锁。疫区范围涉及两个以上行政区域的，由有关行政区域共同的上一级人民政府对疫区实行封锁，或者由各有关行政区域的上一级人民政府共同对疫区实行封锁。必要时，上级人民政府可以责成下级人民政府对疫区实行封锁。

（二）县级以上地方人民政府应当立即组织有关部门和单位采取封锁、隔离、扑杀、销毁、消毒、无害化处理、紧急免疫接种等强制性措施，迅速扑灭疫病。

（三）在封锁期间，禁止染疫、疑似染疫和易感染的动物、动物产品流出疫区，禁止非疫区的易感染动物进入疫区，并根据扑灭动物疫病的需要对出入疫区的人员、运输工具及有关物品采取消毒和其他限制性措施。

第三十二条　发生二类动物疫病时，应当采取下列控制和扑灭措施：

（一）当地县级以上地方人民政府兽医主管部门应当划定疫点、疫区、受威胁区。

（二）县级以上地方人民政府根据需要组织有关部门和单位采取隔离、扑杀、销毁、消毒、无害化处理、紧急免疫接种、限制易感染的动物和动物产品及有关物品出入等控制、扑灭措施。

第三十三条　疫点、疫区、受威胁区的撤销和疫区封锁的解除，按照国务院兽医主管部门规定的标准和程序评估后，由原决定机关决定并宣布。

第三十四条　发生三类动物疫病时，当地县级、乡级人民政府应当按照国务院兽医主管部门的规定组织防治和净化。

第三十五条　二、三类动物疫病呈暴发性流行时，按照一类动物疫病处理。

第三十六条　为控制、扑灭动物疫病，动物卫生监督机构应当派人在当地依法设立的现有检查站执行监督检查任务；必要时，经省、自治区、直辖市人民政府批准，可以设立临时性的动物卫生监督检查站，执行监督检查任务。

第三十七条　发生人畜共患传染病时，卫生主管部门应当组织对疫区易感染的人群进行监测，并采取相应的预防、控制措施。

第三十八条　疫区内有关单位和个人，应当遵守县级以上人民政府及其兽医主管部门依法作出的有关控制、扑灭动物疫病的规定。

任何单位和个人不得藏匿、转移、盗掘已被依法隔离、封存、处理的动物和动物产品。

第三十九条　发生动物疫情时，航空、铁路、公路、水路等运输部门应当优先组织运送控制、扑灭疫病的人员和有关物资。

第四十条　一、二、三类动物疫病突然发生，迅速传播，给养殖业生产安全造成严重威胁、危害，以及可能对公众身体健康与生命安全造成危害，构成重大动物疫情的，依照法律和国务院的规定采取应急处理措施。

第五章　动物和动物产品的检疫

第四十一条　动物卫生监督机构依照本法和国务院兽医主管部门的规定对动物、动物产品实施检疫。

动物卫生监督机构的官方兽医具体实施动物、动物产品检疫。官方兽医应当具备规定的资格条件，取得国务院兽医主管部门颁发的资格证书，具体办法由国务院兽医主管部门会同国务院人事行政部门制定。

本法所称官方兽医，是指具备规定的资格条件并经兽医主管部门任命的，负责出具检疫等证明的国家兽医工作人员。

第四十二条　屠宰、出售或者运输动物以及出售或者运输动物产品前，货主应当按照国务院兽医主管部门的规定向当地动物卫生监督机构申报检疫。

动物卫生监督机构接到检疫申报后，应当及时指派官方兽医对动物、动物产品实施现场检疫；检疫合格的，出具检疫证明、加施检疫标志。实施现场检疫的官方兽医应当在检疫证明、检疫标志上签字或者盖章，并对检疫结论负责。

第四十三条　屠宰、经营、运输以及参加展览、演出和比赛的动物，应当附有检疫证明；经营和运输的动物产品，应当附有检疫证明、检疫标志。

对前款规定的动物、动物产品，动物卫生监督机构可以查验检疫证明、检疫标志，进行监督抽查，但不得重复检疫收费。

第四十四条　经铁路、公路、水路、航空运输动物和动物产品的，托运人托运时应当提供检疫证明；没有检疫证明的，承运人不得承运。

运载工具在装载前和卸载后应当及时清洗、消毒。

第四十五条　输入到无规定动物疫病区的动物、动物产品，货主应当按照国务院兽医主管部门的规定向无规定动物疫病区所在地动物卫生监督机构申报检疫，经检疫合格的，方可进入；检疫所需费用纳入无规定动物疫病区所在地地方人民政府财政预算。

　　第四十六条　跨省、自治区、直辖市引进乳用动物、种用动物及其精液、胚胎、种蛋的，应当向输入地省、自治区、直辖市动物卫生监督机构申请办理审批手续，并依照本法第四十二条的规定取得检疫证明。

　　跨省、自治区、直辖市引进的乳用动物、种用动物到达输入地后，货主应当按照国务院兽医主管部门的规定对引进的乳用动物、种用动物进行隔离观察。

　　第四十七条　人工捕获的可能传播动物疫病的野生动物，应当报经捕获地动物卫生监督机构检疫，经检疫合格的，方可饲养、经营和运输。

　　第四十八条　经检疫不合格的动物、动物产品，货主应当在动物卫生监督机构监督下按照国务院兽医主管部门的规定处理，处理费用由货主承担。

　　第四十九条　依法进行检疫需要收取费用的，其项目和标准由国务院财政部门、物价主管部门规定。

<h3 style="text-align:center">第六章　动物诊疗</h3>

　　第五十条　从事动物诊疗活动的机构，应当具备下列条件：

　　（一）有与动物诊疗活动相适应并符合动物防疫条件的场所；

　　（二）有与动物诊疗活动相适应的执业兽医；

　　（三）有与动物诊疗活动相适应的兽医器械和设备；

　　（四）有完善的管理制度。

　　第五十一条　设立从事动物诊疗活动的机构，应当向县级以上地方人民政府兽医主管部门申请动物诊疗许可证。受理申请的兽医主管部门应当依照本法和《中华人民共和国行政许可法》的规定进行审查。经审查合格的，发给动物诊疗许可证；不合格的，应当通知申请人并说明理由。申请人凭动物诊疗许可证向工商行政管理部门申请办理登记注册手续，取得营业执照后，方可从事动物诊疗活动。

　　第五十二条　动物诊疗许可证应当载明诊疗机构名称、诊疗活动范围、从业地点和法定代表人（负责人）等事项。

　　动物诊疗许可证载明事项变更的，应当申请变更或者换发动物诊疗许可证，并依法办理工商变更登记手续。

　　第五十三条　动物诊疗机构应当按照国务院兽医主管部门的规定，做好诊疗活动中的卫生安全防护、消毒、隔离和诊疗废弃物处置等工作。

　　第五十四条　国家实行执业兽医资格考试制度。具有兽医相关专业大学专科以上学历的，可以申请参加执业兽医资格考试；考试合格的，由国务院兽医主管部门颁发执业兽医资格证书；从事动物诊疗的，还应当向当地县级人民政府兽医主管部门申请注册。执业兽医资格考试和注册办法由国务院兽医主管部门商国务院人事行政部门制定。

　　本法所称执业兽医，是指从事动物诊疗和动物保健等经营活动的兽医。

　　第五十五条　经注册的执业兽医，方可从事动物诊疗、开具兽药处方等活动。但是，本法第五十七条对乡村兽医服务人员另有规定的，从其规定。

执业兽医、乡村兽医服务人员应当按照当地人民政府或者兽医主管部门的要求，参加预防、控制和扑灭动物疫病的活动。

第五十六条 从事动物诊疗活动，应当遵守有关动物诊疗的操作技术规范，使用符合国家规定的兽药和兽医器械。

第五十七条 乡村兽医服务人员可以在乡村从事动物诊疗服务活动，具体管理办法由国务院兽医主管部门制定。

第七章 监督管理

第五十八条 动物卫生监督机构依照本法规定，对动物饲养、屠宰、经营、隔离、运输以及动物产品生产、经营、加工、贮藏、运输等活动中的动物防疫实施监督管理。

第五十九条 动物卫生监督机构执行监督检查任务，可以采取下列措施，有关单位和个人不得拒绝或者阻碍：

（一）对动物、动物产品按照规定采样、留验、抽检；

（二）对染疫或者疑似染疫的动物、动物产品及相关物品进行隔离、查封、扣押和处理；

（三）对依法应当检疫而未经检疫的动物实施补检；

（四）对依法应当检疫而未经检疫的动物产品，具备补检条件的实施补检，不具备补检条件的予以没收销毁；

（五）查验检疫证明、检疫标志和畜禽标识；

（六）进入有关场所调查取证，查阅、复制与动物防疫有关的资料。

动物卫生监督机构根据动物疫病预防、控制需要，经当地县级以上地方人民政府批准，可以在车站、港口、机场等相关场所派驻官方兽医。

第六十条 官方兽医执行动物防疫监督检查任务，应当出示行政执法证件，佩戴统一标志。

动物卫生监督机构及其工作人员不得从事与动物防疫有关的经营性活动，进行监督检查不得收取任何费用。

第六十一条 禁止转让、伪造或者变造检疫证明、检疫标志或者畜禽标识。

检疫证明、检疫标志的管理办法，由国务院兽医主管部门制定。

第八章 保障措施

第六十二条 县级以上人民政府应当将动物防疫纳入本级国民经济和社会发展规划及年度计划。

第六十三条 县级人民政府和乡级人民政府应当采取有效措施，加强村级防疫员队伍建设。

县级人民政府兽医主管部门可以根据动物防疫工作需要，向乡、镇或者特定区域派驻兽医机构。

第六十四条 县级以上人民政府按照本级政府职责，将动物疫病预防、控制、扑灭、检疫和监督管理所需经费纳入本级财政预算。

第六十五条　县级以上人民政府应当储备动物疫情应急处理工作所需的防疫物资。

第六十六条　对在动物疫病预防和控制、扑灭过程中强制扑杀的动物、销毁的动物产品和相关物品，县级以上人民政府应当给予补偿。具体补偿标准和办法由国务院财政部门会同有关部门制定。

因依法实施强制免疫造成动物应激死亡的，给予补偿。具体补偿标准和办法由国务院财政部门会同有关部门制定。

第六十七条　对从事动物疫病预防、检疫、监督检查、现场处理疫情以及在工作中接触动物疫病病原体的人员，有关单位应当按照国家规定采取有效的卫生防护措施和医疗保健措施。

第九章　法律责任

第六十八条　地方各级人民政府及其工作人员未依照本法规定履行职责的，对直接负责的主管人员和其他直接责任人员依法给予处分。

第六十九条　县级以上人民政府兽医主管部门及其工作人员违反本法规定，有下列行为之一的，由本级人民政府责令改正，通报批评；对直接负责的主管人员和其他直接责任人员依法给予处分：

（一）未及时采取预防、控制、扑灭等措施的；

（二）对不符合条件的颁发动物防疫条件合格证、动物诊疗许可证，或者对符合条件的拒不颁发动物防疫条件合格证、动物诊疗许可证的；

（三）其他未依照本法规定履行职责的行为。

第七十条　动物卫生监督机构及其工作人员违反本法规定，有下列行为之一的，由本级人民政府或者兽医主管部门责令改正，通报批评；对直接负责的主管人员和其他直接责任人员依法给予处分：

（一）对未经现场检疫或者检疫不合格的动物、动物产品出具检疫证明、加施检疫标志，或者对检疫合格的动物、动物产品拒不出具检疫证明、加施检疫标志的；

（二）对附有检疫证明、检疫标志的动物、动物产品重复检疫的；

（三）从事与动物防疫有关的经营性活动，或者在国务院财政部门、物价主管部门规定外加收费用、重复收费的；

（四）其他未依照本法规定履行职责的行为。

第七十一条　动物疫病预防控制机构及其工作人员违反本法规定，有下列行为之一的，由本级人民政府或者兽医主管部门责令改正，通报批评；对直接负责的主管人员和其他直接责任人员依法给予处分：

（一）未履行动物疫病监测、检测职责或者伪造监测、检测结果的；

（二）发生动物疫情时未及时进行诊断、调查的；

（三）其他未依照本法规定履行职责的行为。

第七十二条　地方各级人民政府、有关部门及其工作人员瞒报、谎报、迟报、漏报或者授意他人瞒报、谎报、迟报动物疫情，或者阻碍他人报告动物疫情的，由上级人民政府或者有关部门责令改正，通报批评；对直接负责的主管人员和其他直接责任人员依法给予处分。

第七十三条 违反本法规定，有下列行为之一的，由动物卫生监督机构责令改正，给予警告；拒不改正的，由动物卫生监督机构代作处理，所需处理费用由违法行为人承担，可以处一千元以下罚款：

（一）对饲养的动物不按照动物疫病强制免疫计划进行免疫接种的；

（二）种用、乳用动物未经检测或者经检测不合格而不按照规定处理的；

（三）动物、动物产品的运载工具在装载前和卸载后没有及时清洗、消毒的。

第七十四条 违反本法规定，对经强制免疫的动物未按照国务院兽医主管部门规定建立免疫档案、加施畜禽标识的，依照《中华人民共和国畜牧法》的有关规定处罚。

第七十五条 违反本法规定，不按照国务院兽医主管部门规定处置染疫动物及其排泄物，染疫动物产品，病死或者死因不明的动物尸体，运载工具中的动物排泄物以及垫料、包装物、容器等污染物以及其他经检疫不合格的动物、动物产品的，由动物卫生监督机构责令无害化处理，所需处理费用由违法行为人承担，可以处三千元以下罚款。

第七十六条 违反本法第二十五条规定，屠宰、经营、运输动物或者生产、经营、加工、贮藏、运输动物产品的，由动物卫生监督机构责令改正、采取补救措施，没收违法所得和动物、动物产品，并处同类检疫合格动物、动物产品货值金额一倍以上五倍以下罚款；其中依法应当检疫而未检疫的，依照本法第七十八条的规定处罚。

第七十七条 违反本法规定，有下列行为之一的，由动物卫生监督机构责令改正，处一千元以上一万元以下罚款；情节严重的，处一万元以上十万元以下罚款：

（一）兴办动物饲养场（养殖小区）和隔离场所，动物屠宰加工场所，以及动物和动物产品无害化处理场所，未取得动物防疫条件合格证的；

（二）未办理审批手续，跨省、自治区、直辖市引进乳用动物、种用动物及其精液、胚胎、种蛋的；

（三）未经检疫，向无规定动物疫病区输入动物、动物产品的。

第七十八条 违反本法规定，屠宰、经营、运输的动物未附有检疫证明，经营和运输的动物产品未附有检疫证明、检疫标志的，由动物卫生监督机构责令改正，处同类检疫合格动物、动物产品货值金额百分之十以上百分之五十以下罚款；对货主以外的承运人处运输费用一倍以上三倍以下罚款。

违反本法规定，参加展览、演出和比赛的动物未附有检疫证明的，由动物卫生监督机构责令改正，处一千元以上三千元以下罚款。

第七十九条 违反本法规定，转让、伪造或者变造检疫证明、检疫标志或者畜禽标识的，由动物卫生监督机构没收违法所得，收缴检疫证明、检疫标志或者畜禽标识，并处三千元以上三万元以下罚款。

第八十条 违反本法规定，有下列行为之一的，由动物卫生监督机构责令改正，处一千元以上一万元以下罚款：

（一）不遵守县级以上人民政府及其兽医主管部门依法作出的有关控制、扑灭动物疫病规定的；

（二）藏匿、转移、盗掘已被依法隔离、封存、处理的动物和动物产品的；

（三）发布动物疫情的。

第八十一条 违反本法规定，未取得动物诊疗许可证从事动物诊疗活动的，由动物卫生监督机构责令停止诊疗活动，没收违法所得；违法所得在三万元以上的，并处违法所得一倍以上三倍以下罚款；没有违法所得或者违法所得不足三万元的，并处三千元以上三万元以下罚款。

动物诊疗机构违反本法规定，造成动物疫病扩散的，由动物卫生监督机构责令改正，处一万元以上五万元以下罚款；情节严重的，由发证机关吊销动物诊疗许可证。

第八十二条 违反本法规定，未经兽医执业注册从事动物诊疗活动的，由动物卫生监督机构责令停止动物诊疗活动，没收违法所得，并处一千元以上一万元以下罚款。

执业兽医有下列行为之一的，由动物卫生监督机构给予警告，责令暂停六个月以上一年以下动物诊疗活动；情节严重的，由发证机关吊销注册证书：

（一）违反有关动物诊疗的操作技术规范，造成或者可能造成动物疫病传播、流行的；

（二）使用不符合国家规定的兽药和兽医器械的；

（三）不按照当地人民政府或者兽医主管部门要求参加动物疫病预防、控制和扑灭活动的。

第八十三条 违反本法规定，从事动物疫病研究与诊疗和动物饲养、屠宰、经营、隔离、运输，以及动物产品生产、经营、加工、贮藏等活动的单位和个人，有下列行为之一的，由动物卫生监督机构责令改正；拒不改正的，对违法行为单位处一千元以上一万元以下罚款，对违法行为个人可以处五百元以下罚款：

（一）不履行动物疫情报告义务的；

（二）不如实提供与动物防疫活动有关资料的；

（三）拒绝动物卫生监督机构进行监督检查的；

（四）拒绝动物疫病预防控制机构进行动物疫病监测、检测的。

第八十四条 违反本法规定，构成犯罪的，依法追究刑事责任。

违反本法规定，导致动物疫病传播、流行等，给他人人身、财产造成损害的，依法承担民事责任。

第十章 附 则

第八十五条 本法自 2008 年 1 月 1 日起施行。

附录 8　《动物疫病防控财政支持政策实施指导意见》

为贯彻落实《农业部、财政部关于调整完善动物疫病防控支持政策的通知》（农医发〔2016〕35 号）精神，进一步加强动物疫病防治工作，提高资金使用效率，现提出如下指导意见。

一、总体要求

通过政策实施，加强政府引导，充分发挥市场机制作用，进一步优化动物防疫资源配置，促进动物防疫工作深入开展，有效降低动物疫病发生风险，提升兽医卫生水平。

在政策落实中，坚持四个原则。一是强化责任意识。落实好生产经营者的主体责任和省级部门的监管责任，确保政策有效落实。二是严格规范操作。加强过程监管和绩效考核，强化信息公开，防范廉政风险。三是注重市场化导向。积极探索政府购买服务实现形式，引导社会力量参与基层动物防疫工作。四是创新管理方式。加快推进养殖场户自主选购疫苗、财政直补政策实施。

二、主要内容

动物疫病防控财政支持政策主要包括强制免疫补助、强制扑杀补助、养殖环节无害化处理补助三项内容。国家建立强制免疫和强制扑杀补助病种动态调整机制。根据动物疫病防控需要，农业部、财政部依法适时将国家优先防治的重要动物疫病、影响重大的新发传染病和人畜共患病纳入国家强制免疫和强制扑杀财政补助范围。在风险评估基础上，综合考虑中央财政支持能力，对已达到净化消灭标准的、控制较好的或以地方和养殖场户投入为主可取得良好防治成效的动物疫病，适时停止中央财政强制免疫补助。各省（区、市）可根据动物疫病防控需要增加强制免疫和强制扑杀补助病种。

（一）强制免疫补助

主要用于开展口蹄疫、高致病性禽流感、小反刍兽疫、布病、包虫病等动物疫病强制免疫疫苗（驱虫药物）采购、储存、注射（投喂）及免疫效果监测评价、人员防护等相关防控工作，以及对实施和购买动物防疫服务等予以补助。

1. 补助畜禽种类

口蹄疫：猪、牛、羊、骆驼和鹿等偶蹄动物。

高致病性禽流感：鸡、鸭、鹅、鸽子、鹌鹑等家禽。

小反刍兽疫：羊。

布病、包虫病：牛、羊等。

2. 补助范围

口蹄疫、高致病性禽流感、小反刍兽疫：全国（按要求申请不免疫的除外）。

布病：布病一类地区，目前包括北京、天津、河北、山西、内蒙古、辽宁（含大连）、吉林、黑龙江、山东（含青岛）、河南、陕西、甘肃、青海、宁夏、新疆和新疆生产建设兵团。

包虫病：包虫病疫区，目前包括内蒙古、四川、西藏、甘肃、青海、宁夏、新疆和新疆生产建设兵团。

3. 经费拨付与使用

中央财政补助经费根据国家统计局最新公布的畜禽饲养量、单体畜禽补助标准和补助系数等因素测算，切块下达各省级财政包干使用。各省（区、市）应根据疫苗实际招标价格、需求数量、政府购买服务数量及动物防疫工作等需求，结合中央财政补助经费，据实安排省级财政补助经费。

强制免疫疫苗集中招标采购继续由省级兽医主管部门会同财政部门组织。为促进畜禽养殖经营者落实强制免疫主体责任，允许对符合条件的养殖场户实行强制免疫"先打后补"的补助方式。开展"先打后补"的养殖场户可自行选择国家批准使用的相关动物疫病疫苗，地方财政部门根据兽医部门提供的养殖场户实际免疫数量和免疫效果安排补助经费。各省（区、市）应积极开展强制免疫"先打后补"试点并逐步推开，具体实施办法根据本辖区实际情况制定。

（二）强制扑杀补助

国家在预防、控制和扑灭动物疫病过程中，对被强制扑杀动物的所有者给予补偿。目前纳入强制扑杀中央财政补助范围的疫病种类包括口蹄疫、高致病性禽流感、H7N9流感、小反刍兽疫、布病、结核病、包虫病、马鼻疽和马传贫。强制扑杀补助经费由中央财政和地方财政共同承担。

1. 补助畜禽种类

口蹄疫：猪、牛、羊等。

高致病性禽流感、H7N9流感：鸡、鸭、鹅、鸽子、鹌鹑等家禽。

小反刍兽疫：羊。

布病、结核病和包虫病：牛、羊等。

马鼻疽、马传贫：马等。

2. 补助经费测算

强制扑杀中央财政补助经费根据实际扑杀畜禽数量、补助测算标准和中央财政补助比例测算。

扑杀补助平均测算标准为禽15元/羽、猪800元/头、奶牛6000元/头、肉牛3000元/头、羊500元/只、马12000元/匹，其他畜禽补助测算标准参照执行。各省（区、市）可根据畜禽大小、品种等因素细化补助测算标准。

中央财政对东、中、西部地区的补助比例分别为40%、60%、80%，对新疆生产建设兵团和中央直属垦区的补助比例为100%。

东部地区包括北京、上海、江苏、浙江、福建、山东、广东、宁波、厦门、青岛、深圳；中部地区包括天津、河北、山西、辽宁、吉林、黑龙江、安徽、江西、河南、湖北（不含恩施州）、湖南（不含湘西州）、海南、大连；西部地区包括内蒙古、广西、重庆、四川、贵州、云南、西藏、陕西、甘肃、青海、宁夏、新疆、湖北恩施州、湖南湘西州。

3. 补助经费申请

每年 3 月 15 日前，各省（区、市）兽医主管部门会同财政部门向农业部、财政部报送上一年度 3 月 1 日至当年 2 月 28 日（29 日）期间中央财政强制扑杀实施情况，应详细说明强制扑杀畜禽的品种、数量、时间、地点以及各级财政补助经费的测算。

（三）养殖环节无害化处理补助

中央财政根据国家统计局公布的生猪饲养量和合理的生猪病死率、实际处理率测算各省（区、市）无害化处理补助经费，包干下达各省级财政部门，主要用于养殖环节病死猪无害化处理支出。各省（区、市）要根据《国务院办公厅关于建立病死畜禽无害化处理机制的意见》（国办发〔2014〕47 号）有关要求做好养殖环节无害化处理工作，并按照"谁处理、补给谁"的原则，对病死畜禽收集、转运、无害化处理等环节的实施者予以补助。

三、保障措施

（一）加强组织领导。按照中央一号文件要求，从 2017 年开始，动物防疫等补助经费采取"大专项+任务清单"的管理方式，各省（区、市）可在项目支持范围内结合本地实际统筹使用中央财政补助资金。省级兽医主管部门、财政部门要切实统一思想，强化组织领导，加强协作配合，完善工作机制，统筹安排资金用于强制免疫、强制扑杀和养殖环节无害化处理工作，确保财政支持政策落到实处。

（二）严格经费监管。省级兽医主管部门、财政部门要根据本意见要求，结合本地实际，制定省级实施方案，明确经费申请和发放程序，细化补助标准。省级实施方案请于 7 月 31 日前报送财政部、农业部备案。要建立健全动物疫病防控补助经费管理制度，督促县级财政、兽医主管部门及时公开强制免疫、强制扑杀、养殖环节无害化处理等补助经费发放情况，广泛接受社会和群众监督。对未履行强制免疫责任的养殖场户不给予强制免疫补助；对因未及时报告疫情或不配合落实强制免疫、检疫、隔离、扑杀等防控措施而造成疫情扩散的养殖场户，不给予强制扑杀补助。

（三）强化宣传培训。省级兽医主管部门、财政部门要加强政策宣传培训，及时通过广播电视、报刊杂志、网络和移动终端等载体，以及进村入户宣讲、发放政策明白纸等形式，做好政策宣传解读工作，使广大养殖场户、养殖合作社、动物防疫组织等充分了解动物疫病防控财政支持政策，促进政策全面落实。

（四）加强绩效考核。财政部、农业部将制定出台资金绩效评价办法，适时组织开展绩效评价和第三方评估，加快建立以结果为导向的激励约束机制。省级财政、兽医主管部门也要科学制定本辖区资金使用绩效评价方案，将政策目标实现情况、任务清单完成情况、资金使用管理情况等纳入指标体系，严格奖惩措施，全面评估、考核政策落实情况。

（五）注重信息调度。省级兽医主管部门要建立项目执行定期调度督导机制，及时掌握项目执行和资金使用情况，并分别于 7 月 31 日和 12 月 31 日前向农业部报送项目阶段性执行情况。要加强日常监督管理，创新督导检查方式，及时妥善处理项目执行中的问题，重大事项要及时向农业部、财政部报告。要做好项目实施总结，全面总结分析项目执行情况、存在问题并提出有关建议，请于每年 1 月 31 日前将上年度项目实施总结报送农业部、财政部。

附录9　《一、二、三类动物疫病病种名录》

一、一类动物疫病（17 种）

口蹄疫、猪水泡病、猪瘟、非洲猪瘟、高致病性猪蓝耳病、非洲马瘟、牛瘟、牛传染性胸膜肺炎、牛海绵状脑病、痒病、蓝舌病、小反刍兽疫、绵羊痘和山羊痘、高致病性禽流感、新城疫、鲤春病毒血症、白斑综合征。

二、二类动物疫病（77 种）

多种动物共患病（9 种）：狂犬病、布鲁氏菌病、炭疽、伪狂犬病、魏氏梭菌病、副结核病、弓形虫病、棘球蚴病、钩端螺旋体病。

牛病（8 种）：牛结核病、牛传染性鼻气管炎、牛恶性卡他热、牛白血病、牛出血性败血病、牛梨形虫病（牛焦虫病）、牛锥虫病、日本血吸虫病。

绵羊和山羊病（2 种）：山羊关节炎脑炎、梅迪-维斯纳病。

猪病（12 种）：猪繁殖与呼吸综合征（经典猪蓝耳病）、猪乙型脑炎、猪细小病毒病、猪丹毒、猪肺疫、猪链球菌病、猪传染性萎缩性鼻炎、猪支原体肺炎、旋毛虫病、猪囊尾蚴病、猪圆环病毒病、副猪嗜血杆菌病。

马病（5 种）：马传染性贫血、马流行性淋巴管炎、马鼻疽、马巴贝斯虫病、伊氏锥虫病。

禽病（18 种）：鸡传染性喉气管炎、鸡传染性支气管炎、传染性法氏囊病、马立克氏病、产蛋下降综合征、禽白血病、禽痘、鸭瘟、鸭病毒性肝炎、鸭浆膜炎、小鹅瘟、禽霍乱、鸡白痢、禽伤寒、鸡败血支原体感染、鸡球虫病、低致病性禽流感、禽网状内皮组织增殖症。

兔病（4 种）：兔病毒性出血病、兔粘液瘤病、野兔热、兔球虫病。

蜜蜂病（2 种）：美洲幼虫腐臭病、欧洲幼虫腐臭病。

鱼类病（11 种）：草鱼出血病、传染性脾肾坏死病、锦鲤疱疹病毒病、刺激隐核虫病、淡水鱼细菌性败血症、病毒性神经坏死病、流行性造血器官坏死病、斑点叉尾鮰病毒病、传染性造血器官坏死病、病毒性出血性败血症、流行性溃疡综合征。

甲壳类病（6 种）：桃拉综合征、黄头病、罗氏沼虾白尾病、对虾杆状病毒病、传染性皮下和造血器官坏死病、传染性肌肉坏死病。

三、三类动物疫病（63 种）

多种动物共患病（8 种）：大肠杆菌病、李氏杆菌病、类鼻疽、放线菌病、肝片吸虫病、丝虫病、附红细胞体病、Q 热。

牛病（5 种）：牛流行热、牛病毒性腹泻/粘膜病、牛生殖器弯曲杆菌病、毛滴虫病、牛皮蝇蛆病。

绵羊和山羊病（6 种）：肺腺瘤病、传染性脓疱、羊肠毒血症、干酪性淋巴结炎、绵羊疥癣，绵羊地方性流产。

马病（5 种）：马流行性感冒、马腺疫、马鼻腔肺炎、溃疡性淋巴管炎、马媾疫。

猪病（4 种）：猪传染性胃肠炎、猪流行性感冒、猪副伤寒、猪密螺旋体痢疾。

禽病（4 种）：鸡病毒性关节炎、禽传染性脑脊髓炎、传染性鼻炎、禽结核病。

蚕、蜂病（7 种）：蚕型多角体病、蚕白僵病、蜂螨病、瓦螨病、亮热厉螨病、蜜蜂孢子虫病、白垩病。

犬猫等动物病（7 种）：水貂阿留申病、水貂病毒性肠炎、犬瘟热、犬细小病毒病、犬传染性肝炎、猫泛白细胞减少症、利什曼病。。

鱼类病（7 种）：鲴类肠败血症、迟缓爱德华氏菌病、小瓜虫病、黏孢子虫病、三代虫病、指环虫病、链球菌病。

甲壳类病（2 种）：河蟹颤抖病、斑节对虾杆状病毒病。

贝类病（6 种）：鲍脓疱病、鲍立克次体病、鲍病毒性死亡病、包纳米虫病、折光马尔太虫病、奥尔森派琴虫病。

两栖与爬行类病（2 种）：鳖腮腺炎病、蛙脑膜炎败血金黄杆菌病。

附录 10 《病害动物和病害动物产品生物安全处理规程》
（中华人民共和国国家标准
GB 16548—2006）

1 范围

本标准规定了病害动物和病害动物产品的销毁、无害化处理的技术要求。

本标准适用于国家规定的染疫动物及其产品、病死毒死或者死因不明的动物尸体、经检验对人体健康有害的动物和病害动物产品、国家规定的其他应该进行生物安全处理的动物和动物产品。

2　术语和定义

下列术语和定义适用于本标准。

2.1　生物安全处理

通过用焚烧、化制、掩埋或其他物理、化学、生物学等方法将病害动物尸体和病害动物产品或附属物进行处理，以彻底消灭其所携带的病原体，达到消除病害因素、保障人畜健康安全的目的。

3　病害动物和病害动物产品的处理

3.1　运送

动送动物尸体和病害动物产品应采用密闭幕式、不渗水的容器，装前卸后必须消毒。

3.2　销毁

3.2.1　适用对象

3.2.1.1　确认为口蹄疫、猪水泡病、猪瘟、非洲猪瘟、非洲马瘟、牛瘟、牛传染性胸膜肺炎、牛海绵状脑病、痒病、绵羊梅迪/维斯那病、蓝舌病、小反刍兽疫、绵羊痘、山羊关节炎脑炎、高致病性禽流感、鸡新城疫、炭疽、鼻疽、狂犬病、羊快疫、羊肠毒血症、肉毒梭菌中毒症、羊猝狙、马传染性贫血病、猪密螺旋体痢疾、猪囊尾蚴、急性猪丹毒、钩端螺旋体病（已黄染肉尸）、布鲁氏菌病、结核病、鸭瘟、兔病毒性出血症、野兔热的染疫动物以及其他严重危害人畜健康的病害动物及其产品。

3.2.1.2　病死、毒死或不明死因动物的尸体。

3.2.1.3　经检验对人畜有毒有害的、需销毁的病害动物和动物产品。

3.2.1.4　从动物体割除下来的病变部分。

3.2.1.5　人工接种病原微生物或进行药物试验的病害动物和病害动物产品。

3.2.1.6　国家规定的其他应该销毁的动物和动物产品。

3.2.2　操作方法

3.2.2.1　焚毁

将病害动物尸体、病害动物产品投入焚化炉或用其他方式烧毁碳化。

3.2.2.2　掩埋

本法不适用于患有炭疽等芽孢杆菌类疫病，以及牛海绵状脑病、痒病原体的染疫动物及产品、组织的处理。具体掩埋要求如下：

a）掩埋地应远离学校、公共场所、居民住宅区、村庄、动物饲养鸡和屠宰场所、饮用水源、河流等地区；

b）掩埋前应对需要掩埋的病害动物尸体和病害动物产品实施焚烧处理；

c）掩埋坑底铺 2 cm 厚生石灰；

d）掩埋后需将掩埋土夯实，病害动物尸体和病害动物产品上层应距地表 1.5cm 以上；

e）焚烧后的病害动物尸体和病害动物产品表面，以及掩埋后的地表环境应使用有效消毒药喷、洒消毒。

3.3 无害化处理

3.3.1 化制

3.3.1.1 适用对象

除 3.2.1 规定的动物疫病以外的其他疫病的染疫动物，以及病变严重、肌肉发生退行性变化的动物的整个尸体或胴体、内脏。

3.3.1.2 操作方法

利用干化、湿化机、将原料分类、分别投入化制。

3.3.2 消毒

3.3.2.1 适用对象

除 3.2.1 规定的动物疫病以外的其他疫病的染疫动物的生皮、原毛以及未经加工的蹄、骨、角、绒。

3.3.2.2 操作方法

3.3.2.2.1 高温处理法

适用于染疫动物蹄、骨和角的处理。

将肉尸作高温处理时剔出的骨、蹄、角放入高压锅内蒸煮至骨脱胶或脱脂时止。

3.3.2.2.2 盐酸食盐溶液消毒法

适用于被病原微生物染或可疑被污染和一般染疫动物的皮毛消毒。

用 2.5%盐酸溶液和 15%食盐水溶液等量混合，将皮张浸渍泡在此溶液中，并使溶液温度保持在 30℃左右，浸泡 40 h，1 m² 的皮张用 10 L 消毒液，浸泡后捞出沥干，放入 2%氢氧化钠溶液中，以中和皮张上的酸，再用水冲洗后晾干。也可按 100 mL 25% 食盐水溶液中加入盐 1 mL 配制消毒液，在室温 15℃条件下浸泡 48 h，皮张与消毒液之比为 1:4。浸泡后捞出沥干，再放入 1%氢氧化钠钠溶液中浸泡，以中和皮张上的酸，再用水冲洗后晾干。

3.3.2.2.3 过氧乙酸消毒法

适用于任何染疫动物的皮毛消毒。

将皮毛放入新鲜配制的 2%过氧乙酸溶液中浸泡 30 min，捞出。用水冲洗后晾干。

3.3.2.2.4 碱盐液浸泡消毒法

适用于被病原微生物污染的皮毛消毒。

将皮毛浸入 5%碱盐液（饱和盐水内加 5%氢氧化钠）中，室温（18℃~25℃）浸泡 24 h，并随时加以搅拌，然后取出挂起，待碱盐液流净，放入 5%盐酸液内浸泡，使皮上的酸碱中和，捞出，用水冲洗后晾干。

3.3.2.2.5 煮沸消毒法

适用于染疫动物鬃毛的处理。

将鬃毛于沸水中煮沸 2 h~2.5 h。

参考文献

[1] 丁少群，冯文丽. 农业保险学[M]. 北京：中国金融出版社，2015.

[2] 庹国柱，李军. 农业保险[M]. 北京：中国人民大学出版社，2005.

[3] 李丹，庹国柱，龙文军. 农业风险与农业保险[M]. 北京：高等教育出版社，2017.

[4] 唐金成. 现代农业保险[M]. 北京：中国人民大学出版社，2013.

[5] 顾相蕊，胡爱兵，文彬. 防御和减轻棉花灾害的关键栽培技术[J]. 江西棉花，2010（4）：68-69.

[6] 陆红艳. 水稻不同测产方式的对比试验[J]. 农家之友，2010（5）：5.

[7] 冯培煜. 谈谈玉米大田测产方法及应用[J]. 农业科技通讯，2010（6）：236-238.

[8] 庹国柱. 农业保险[M]. 北京：中国人民大学出版社，2005：134.

[9] 吴华林，沈焕庭. 我国洪灾发展特点及成灾机制分析[J]. 长江流域资源与环境，1999（4）：7.

[10] 卢代华. 水稻秧苗期遇低温冷害的病害防治措施[J]. 四川农机，2011（3）：13.

[11] 刘文彬. 低温冷害对农作物生长发育的影响[J]. 黑龙江科技信息，2011（19）：199.

[12] 肖自友，蒋建雄，肖国樱，水稻孕穗期耐低温研究进展[J]. 安徽农业科学，2011（13）：35.

[13] 杨建仓. 我国小麦生产发展及其科技支撑研究[D]. 北京：中国农业科学院研究生院，2008：45-51.

[14] 李宝英. 玉米主要病害发生趋势及防治对策[J]. 黑龙江农业科学，2004(6)：48-49.

[15] 逢淑英. 大豆病虫害的防治研究[J]. 乡村科技，2017（24）：55-56.

[16] 孟英，陈岗. 玉米主要病虫害要这样防[J]. 现代化农业，2007（4）：43.

[17] 袁峰. 农业昆虫学[M]. 北京：中国农业出版社，2001：153-291.

[18] 杨海莲. 油菜生长习性及需肥特点[J]. 现代化农业，2018（11）：16.

[19] 王国平. 有机大豆栽培技术[J]. 现代化农业，2016（8）：5.

[20] 叶晓辉. 果树病虫害防治手段与技巧[J]. 现代化农业，2017（6）：7.

[21] 韦巧，杨宝玲，高振江. 我国甘蔗产业化现状浅析[J]. 农机化研究，2015（4）：247.

[22] 许萱，许玉璋. 环境生态因素对棉花生长发育的影响[J]. 江西棉花，1989（2）：7.

[23] 汤建国. 棉花主要害虫的危害烈期及防治策略[J]. 江西棉花，1989（2）：10.

[24] 王刚. 我国烟草病虫害防治研究策略探讨[J]. 中国烟草科学. 2003（4）：37-39.

[25] 吴吉华. 苹果栽培管理技术[J]. 农业服务，2014（3）：77.

[26] 张海军，刘婧. 保险公司农业保险防灾防损工作研究[J]. 乡村科技，2018（9）：32-33.

[27] 庹国柱. 对加强农业保险防灾防损工作的思考[J]. 保险理论与实践，2018（3）：1-12.

[28] 庹国柱. 农业保险经营的风险及其防控[J]. 中国保险，2018（2）：7-13.

[29] 李聪，李丹. 日本种植业保险制度对我国种植业保险发展的启示[J]. 现代经济信息，2011（14）：177-178.

[30] 朱晓玲. 种植业保险存在的问题及建议[J]. 种业导刊，2013（6）：31-32.

[31] 沈伯新. 关于种植业保险的几点思考[J]. 上海保险，1994（12）：31-33.

[32] 沈湘聊. 农业保险系列谈之五——种植业保险标的的特点[J]. 农业科技与信息，1996（7）：45.

[33] 冯培煜，宋瑞连. 玉米杂交制种测产方法及应用[J]. 种子，2017（3）：132-133.

[34] 王秋萍. 苹果等5种果树测产方法[J]. 果树实用技术与信息，2014（12）：37-38.

[35] 郑克国. 中国种植业保险实现模式探索[J]. 保险研究，2008（4）：34-37.

[36] 杨朝晖，张明艳. 杂交水稻制种田的测产方法[J]. 杂交水稻，2003（5）：38.

[37] 官春云，谭太龙，王国槐，等. 四种油菜测产方法的比较研究[J]. 中国油料作物学报，2010（2）：187-190.

[38] 郝宗张. 种植业保险大面积灾害定损法探析[J]. 经济研究导刊，2013（7）：141.

[39] 郭宗义. 种植业保险田间抽样调查法初探[J]. 保险理论与实践，1990（6）：24.

[40] 余泽高，顾正清，陈航. 作物田间试验中改进测产方法的研究[J]. 中国种业，2003（6）：28-29.

[41] 邢君，田灵芝. 小麦测产方法综述[J]. 安徽农学通报，2011（8）：94-95.

[42] 王晓丹，潘广东，姜永春. 政策性畜牧业保险发展问题的研究[J]. 养殖技术顾问，2013（11）：259.

[43] 苗利锋，李锟鹏，赵彩玲. 生猪保险任重道远[J]. 中国畜牧业，2016（1）：38.

[44] 贾伟龙. 浅谈养殖业政策性保险现状[J]. 中国畜禽种业，2016（11）：3.

[45] 温连杰，周全，侯佩兴，等. 国内外养殖业保险发展研究现状[J]. 上海畜牧兽医通讯，2011（1）：42.

[46] 刘卫东，赵云焕. 畜禽环境控制与牧场设计[M]. 郑州:河南科学技术出版社,2012.

[47] 蔡长霞. 畜禽环境卫生[M]. 北京：中国农业出版社，2006.

[48] 毛江涛. 试论养殖场动物疫病防控措施[J]. 中畜牧兽医，2017（3）：130.

[49] 吴晓丽，符日光. 浅谈如何做好大型猪场春季防疫工作[J]. 新农村，2012（10）：115.

[50] 张吉昌. 养殖场动物疫病防控措施[J]. 中国畜禽种业，2016（12）：13.

[51] 李家艳. 家畜寄生虫病综合防治[J]. 四川畜牧兽医，2011（7）：54.

[52] 肖长灵，陈维会，付龙. 冬季奶牛饲养管理的技术措施[J]. 养殖技术顾问，2010（3）：4.

[53] 王福兆. 奶牛学[M]. 北京：科学技术文献出版社，1993.

[54] 邱怀. 牛生产学[M]. 北京：中国农业出版社，1995.

[55] 刘先珍. 养牛学[M]. 北京：中国文联出版社，2005.

[56] 王中华. 牛的生产与经营[M]. 北京：高等教育出版社，2004.

[57] 王蒙宁. 奶牛保险理赔问题探索[J]. 保险实践与探索，2010（5）：35.

[58] 林安生. 犊牛与育成牛的饲养管理[J]. 养殖技术顾问，2010（7）：1.

[59] 徐宝芝，孙浩，孟丹. 夏季奶牛饲养管理的要点[J]. 养殖技术顾问，2014（12）：22.

[60] 王吉恒，王新. 农产品市场风险与市场预测研究[J]. 农业技术经济，2003（3）：1.

[61] 张莉敏. 浅析我国乳品企业风险及其防范策略[J]. 中国农垦，2010（2）：50-52.

[62] 周銮宁，杨君香，黄文明，等. 对我国规模奶牛养殖模式的思考[J]. 中国畜牧杂志，2010，46（12）：35-41.

[63] 李胜利. 中国奶牛养殖产业发展现状及趋势[J]. 中国畜牧杂志，2008，44（10）：45-49.

[64] 王艳丰，张丁华. 肉牛健康养殖与疾病防治宝典[M]. 北京：化学工业出版社，2016.

[65] 刘强，闫益波，王聪. 肉牛标准化规模养殖技术[M]. 北京：中国农业科学技术出版社，2013.

[66] 莫放，李强，赵德兵. 肉牛育肥生产技术与管理[M]. 北京：中国农业大学出版社，2012.

[67] 孙颖士. 牛羊病防治[M]. 北京：高等教育出版社，2010.

[68] 蔡宝祥. 家畜传染病学[M]. 北京：中国农业出版社，2001.

[69] 肖定汉. 奶牛疾病学 M. 北京：中国农业大学出版社，2002.

[70] 赵书广. 中国养猪大成[M]. 北京：中国农业出版社，2000.

[71] 苏振环. 现代养猪实用百科全书[M]. 北京：中国农业科学技术出版社，2003.

[72] 李德发. 猪生产学[M]. 北京：中国农业大学出版社，1997.

[73] 豆卫. 禽类生产[M]. 北京：中国农业出版社，2001.

[74] 吕振亚. 养禽学[M]. 北京：中国农业出版社，1980.

[75] 林建坤. 禽的生产与经营[M]. 北京：中国农业出版社，2001.

[76] 张成，龙文军，王瑞民. 我国水产养殖业保险发展特点、问题和建议[J]. 中国渔业经济，2013（6）：5-7.

[77] 赵君彦，王卫国. 构建保险与病死畜禽无害化处理联动机制[N]. 中国保险报，2017-03-28.

[78] 曾玉珍. 政策性农业保险内涵、功能及作用途径路径的新论释[J]. 经济问题，2011（4）：96-101.

[79] 孔繁文，刘东生. 关于森林保险的若干问题[J]. 林业经济，1985（4）：28-32.

[80] 国家林业局森林资源管理司. 第七次全国森林资源清查及森林资源状况[J]. 林业资源管理，2010（1）：1-8.

[81] 高岚. 森林灾害经济与对策研究[M]. 北京：中国林业出版社，2003：110-125

[82] 赵铁珍，柯水发，高岚，等. 森林灾害对我国林业经济增长的影响分析[J]. 北京林业大学学报（社会科学版），2004，3（2）：37-40.

[83] 谷瑞升，于振良，杜生明. 我国森林生物灾害及其基础研究[J]. 中国科学基金，2004（3）：162-165.

[84] 田芸. 林业保险浅析[J]. 林业经济问题，1996（2）：51-55.

[85] 中国林业工作手册编纂委员会. 中国林业工作手册[M]. 北京：中国林业出版社，2006：385.

[86] 曾菊平，戈峰，苏建伟，等. 我国林业重大害虫松毛虫的灾害研究进展[J]. 昆虫知识，2010（47），451-459.

[87] 刘春兴. 森林生物灾害管理与法治研究[D]. 北京：北京林业大学，2011：11.

[88] 中国林业工作手册编纂委员会. 中国林业工作手册[M]. 北京：中国林业出版社，2006：385.

[89] 魏书精，孙龙，魏书威，等. 气候变化对森林灾害的影响及防控策略[J]. 灾害学，2013，28（1）：36-40.

[90] 谢晨，赵萱，王赛，等. 气候变化对森林和林业的影响及适应性政策选择——基于全球和我国的相关研究进展[J]. 林业经济，2010（6）：94-104.

[91] 赵凤君，王明玉，舒立福等. 气候变化对林火动态的影响研究进展[J]. 气候变化研究进展，2009，5（1）：50-55.

[92] 张长达. 完善我国政策性森林保险制度研究[D]. 北京：北京林业大学，2012.

[93] 田芸. 发展林业保险，保护林业资源[J]. 林业财务与会计，1995（11）：47.

[94] 陈盛伟，薛兴利. 林业标准化促进林业保险发展的机理分析[J]. 林业经济问题，2006（2）：138-141.

[95] 刘红梅，周小寒，王克让. 加快发展我国林业保险的研究[J]. 经济体制改革，2007（1）：169-172.

[96] 田芸. 林业保险浅析[J]. 林业经济问题，1996（2）：51-55.

[97] 赵铁珍，柯水发，高岚，等. 森林灾害对我国林业经济增长的影响分析[J]. 北京林业大学学报（社会科学版），2004，3（2）：37-40.

[98] 姜禹西，陈子宸，秦涛. 我国政府介入森林保险的必要性与模式选择[J]. 安徽农业科学，2011，39（14）：8477-8478，8480.

[99] 李军军. 引入竞争机制发展农业保险：中国《资本论》研究会第13次学术研讨会福建师范大学代表论文集[C]，2006：240-243.

[100] 马晨明. 四大因素制约商业性森林保险发展[N]. 金融时报，2009-08-27（3）.

[101] 福建省林业厅. 福建省森林保险开展情况介绍[Z]. 福州：福建省林业厅，2010.

[102] 贺勇. 北京为千万亩公益林买保险[N]. 人民日报，2016-07-16（10）.

[103] 周世明. 森林火灾原因及防止措施[J]. 园艺园林，2017（11）：27-29.

[104] 张国庆. 森林健康与林业有害生物管理[J]. 四川林业科技, 2017, 6 (29): 77-90.

[105] 林江达. 林业有害生物防治与营造健康森林的有效措施分析[J]. 绿色科技, 2016 (13): 99-100.

[106] 兰永平. 新技术在林业有害生物防治中的应用分析[J]. 林业科技, 2015, 5 (32): 159.

[107] 宋玉双. 新技术在林业有害生物防治中的应用分析[J]. 中国森林病虫, 2010. 4 (29): 40-44.

[108] 李秀芬. 森林低温霜冻灾害干扰研究综述[J]. 生态学报, 2013, 33 (12): 3563-3574.

[109] 刘兰芳. 中国南方林业冰冻灾情评价及防灾减灾对策——以 2008 年湖南水灾为例[J]. 农业现代化研究, 2009, 30 (2): 195-198.

[110] 国家林卫局. 森林火灾成因和森林资源损失调查方法: LY/T 1846—2009. 北京: 中国标准出版社, 2009.

[111] 国家林卫局. 林业有害生物发生及成灾标准: LY/T 1681—2006. 北京: 中国标准出版社, 2006.

[112] 苏金乐. 园林苗圃学[M]. 北京: 中国农业出版社, 2010.

[113] 叶凤仪, 贺红军. 谈影响苗木生产的自然灾害及预防[J]. 林业勘查设计, 2003 (2): 51.

[114] 国家质量技术监督局. 主要造林树种苗木质量分级: GB 6000—1999. 北京: 中国标准出版社, 2000.

后　记

政策性农业保险在我国已走过 12 个年头，发展规模与速度让世界瞩目。农业保险以其所特有的功能，将市场化风险管理机制与政府社会管理职能紧密结合，逐渐成为我国现代农业发展的支撑要素和农村社会稳定的重要保障。2013 年我国第一部农业保险法规《农业保险条例》颁布实施，为农业保险经营提供了法律依据，同时也意味着我国农业保险开始由探索试验阶段向规范化经营阶段过渡。

农业保险实践发展推动和呼唤着农业保险理论的丰富和深化。2017 年南开大学农业保险研究中心通过招标方式，组织编写农业保险系列教材，《农业保险理赔实务》便是其中一本。该书实践性较强，需要由熟悉农业保险实务操作的公司人员编写，然而作为教材，理论层面的总结、提炼和升华也至关重要，这就决定了本书的编写难度较大。基于此，2018 年 4 月，南开大学农业保险研究中心决定，由理事单位中国保险行业协会组织行业公司，与院校专家一起成立了《农业保险理赔实务》编写组。在第一次全体编写人员会议上，与会人员讨论了于 2017 年 9 月在山东召开的"南开农险中心丛书评审会"上制订的编写思路、大纲和规范，统一了编写思想，确定了分工。由于农险实务操作教材编写没有先例可循，我们以 2015 年原保监会颁布的《农业保险承保理赔管理暂行办法》为参照，结合农业保险理赔实践中的内容、特征与差异，最终于2018 年 7 月在黑龙江伊春丛书主编会议上，确定按照险种来搭建《农业保险理赔实务》的理论框架。

本书第一章为农业保险理赔概述，阐述农业保险理赔的概念、特征、任务、作用、目标和原则，对其他各章节起到统领作用。第二、三、四章按照险种的顺序分别为种植业保险理赔、养殖业保险理赔和林木保险理赔，从理赔概述、理赔流程、理赔的技术要点和理赔案例几个方面展开。考虑到我国农业保险产品和技术的创新，为了体现教材内容的前瞻性，增设第五章"创新型农业保险产品理赔"、第六章"新技术在农业保险理赔中的运用"。本书适合作为农险公司基层员工业务培训教材，指导农业保险一线员工操作使用，同时也适合科研院所和高等院校老师和学生参考使用。

本书编写安排大致如下：第一章由河北农业大学编写；第二章由华农财产保险股份有限公司编写；第三章由中原农业保险股份有限公司编写；第四章、第五章由中国人民财产保险股份有限公司编写；第六章由中国太平洋财产保险股份有限公司牵头编写。此外，河北农业大学还编写了第二、三章的部分内容和各章的拓展阅读材料，整合全书附录，补充各章学习目的、思考题和专业术语等配套内容。本书成稿后由河北农业大学赵君彦教授进行统撰和修订。赵君彦教授在农业保险研究方面具有多年的学术积累，并利用河北农业大学多学科交叉互补优势，对农作物和畜禽生长特征、风险识别与管理、保险定损与理赔方法等内容提出宝贵意见，并在书稿理论框架构建、专业术语解析、学术规范等方面对每章节内容进行深化、扩展和完善。

本书的编写得到了银保监会财产险部农险处的高度重视和南开大学农业保险研究中心理事单位中国保险行业协会的大力支持。中国保险行业协会的精心组织确保了历次研讨会的高效进行，在此表示衷心感谢！同时还要感谢各农业保险公司领导的大力支持，感谢参与编写的人保财险、太保财险、华农财险、中原农险公司以及参与调研的中华联合财险、阳光农险、安华农险、国元农险公司。尽管日常业务繁忙，各家公司仍积极参与编写组的每一次会议研讨，贡献宝贵的撰写意见和丰富的案例资料。可以说，如果没有银保监会财产险部农险处的高度重视，没有中国保险行业协会的精心组织，没有各家农险公司的鼎力支持，就无法完成此书。在此，我们一并表示衷心的感谢！

我们深知，由于主客观条件的约束，本书仍存在诸多不尽如人意之处，并且随着我国农业保险实践的快速发展，很多理赔中的做法将会更加科学完善。然而，作为我国第一本专业的农业保险理赔书籍，本书凝聚了太多农险人的心血和汗水。农业保险的发展既是我国农村改革开放的重要成果，也是我国现代农业走向世界的新起点，愿本书的出版能够促进我国农业保险的高质量发展和规范化进程。

《农业保险理赔实务》编写组

2019 年 10 月 30 日